초연결시대
인간-미디어-문화

KB074086

이 저서는 2019년 대한민국 교육부와 한국연구재단의 지원을 받아 수행된 연구임 (NRF—2019S1A5C2A02082760)

초연결시대
인간-미디어-문화

초연결시대
치유인문학
총 서 ❶

유영성 한상기 신정원 이상범 이민용 곽영빈 홍단비 조병철 정락길 | 강원대 인문과학연구소 엮음

앨피

차례

머리말 9

1부 초연결사회의 표면과 이면

초연결성과 우리 삶의 의미_유영성   23

초연결성의 네 가지 영역
초연결사회 추동 사회상과 변화 동인
초연결사회에서의 일상생활
초연결사회와 우리 삶의 문화적 측면
초연결사회의 어두운 면과 우리의 자세

가짜뉴스, 허위 정보, 인포데믹의 현황과
문제점 그리고 대응_한상기   45

가짜뉴스, 허위 정보는 무엇이고 왜 만드는가
가짜뉴스 판별 연구는 어떻게 이루어지고 있는가
가짜뉴스에는 어떤 대응이 필요한가
허위 정보, 가짜뉴스, 폭력, 혐오발언과 싸우는 각국 정부
인공지능의 악용 딥페이크의 문제
딥페이크에 대한 대응 현황
팬데믹 시대 인포데믹과의 전쟁

은폐와 폭로—초연결성의 여성주의적 함축 _신정원 79

은폐로 인해 유지된 일상의 파기: #미투운동으로부터
연결성과 파급력: 노드node로서의 여성주의
확장되는 기회, 확장되는 위험, 그리고 여성철학의 과제

2부 초연결성의 근원과 존재론

4차 산업혁명 시대의 인간다움에 대한 성찰과 철학의 역할 _이상범   109

4차 산업혁명 시대와 철학의 과제
"신의 죽음"과 인간다움에 대한 철학적 성찰
"신의 죽음"과 삶에 대한 비극적 인식
"신의 죽음": 전통적 인간 해석의 해체
"신의 죽음": 삶과 죽음의 자연성으로의 회귀
니체의 새로운 인간 이해: 몸Leib
철학의 역할과 철학자의 의무

하이퍼텍스트와 상호텍스트성, 그리고 내러티브 연결 _이민용   147

초연결사회와 하이퍼텍스트, 그리고 신화 내러티브
상호텍스트성과 하이퍼텍스트, 그리고 서사이론
히포텍스트로서의 게르만신화 로키 내러티브
로키 관련 게르만신화의 하이퍼텍스트
로키 관련 하이퍼텍스트의 연결과 변용의 원리

초연결사회와 초과객체 사이: 자연과 미디어의
오래된 미래_곽영빈   187

초연결성과 초과객체들
'사물들 가운데에서In Media Res'
(비)자연과 (비)유기적인 것
노화하는 기계, 또는 자연으로서의 미디어
말랑말랑한 가소성 시대의 자연과 미디어
칸트와 미래의 기억

3부 초연결의 가상 혹은 미래 표상

초연결시대, 연결의 딜레마와 주체의 (재)탄생   219
_홍단비

초연결시대의 도래와 주체의 딜레마
만물인터넷: '접속'에의 욕망과 주체의 박탈성
원본과 복제본: 소통에 대한 욕망과 주체의 분리
빅데이터: 인간적 리얼리티의 해체와 주체의 확장
포스트릴레이션을 위하여

초연결사회의 상상력과 미디어 라이프_조병철　251

미래 초연결사회의 상상력: SF영화에서 묘사된 초연결사회
초연결사회의 통치성은 무엇인가
미디어 스펙터클 사회와 개인화 서비스란 무엇인가
나아가는 길: 새로운 미디어 라이프

영화를 통해 본 포스트휴먼_정락길　273

스필버그의 영화 세계와 포스트휴먼
가상의 신체화embodiement
〈A. I.〉: 인간과 비인간의 경계
몰입의 욕망과 그 이면

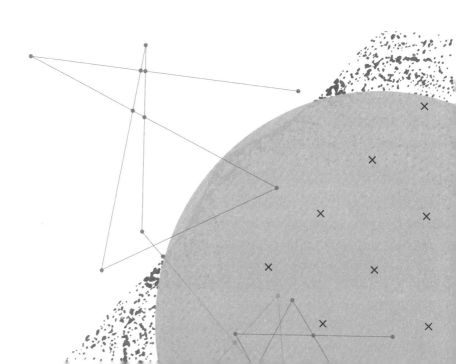

강원대학교 인문과학연구소는 2019년 인문사회연구소 지원 사업에 '초연결시대, 이질성과 공존의 치유인문학'이라는 어젠다로 최종 선정된 바 있다. 하지만 선정의 기쁨은 잠시였다. 본격적인 연구를 시작하기도 전에 세계는 코로나19에 깊숙이 휘말렸고, 본 연구소의 연구진들 역시 새로운 상황 앞에서 적잖은 당혹감을 느끼며 곤혹스러워했다. 많은 사람들이 앞으로 뉴노멀의 시대가 도래한다고 이야기한다. 분명 바이러스가 만들어 낸 변화된 세계로부터 미래는 새롭게 준비되고 사유되어야 할 것이다. 하지만 강제된 거리두기 속에서 많은 이들이 불안과 우울을 경험하고 있기도 하다. 급작스레 맞이한 강제적인 변화로 인해 당황하고 많은 어려움을 겪었지만 그래도 가능한 연구의 대안이 나올 수 있었던 것은, 초연결시대가 가져다준 문명의 혜택 덕분임을 부인할 수 없다. 본 연구소가 발간하는 '초연결시대 치유인문학 총서'의 출발을 알리는 《초연결시대, 인간-미디어-문화》는 예기치 못한 바이러스의 출현과 초연결시대 새로운 연구 환경이 주연으로 합작한 결과물이라고 할 수 있다. 물론 이러한 환경에서 소중한 원고를 보내 준 9명의 필진들이 진정한 주인공임은 새삼 강조할 필요도 없을 것이다.

◆ ◆ ◆

'초연결시대 치유인문학 총서'는 다음의 네 가지 방향성을 갖는다. 첫째, 초연결에 대한 기존의 기술적·산업적 차원의 연구에 머물지 않고 그것의 본질과 구조에 관한 인문학적 차원의 연구에 초점을 맞추고 있다. 초연결성은 이질성을 함축하며, 이러한 이질성은 과거와는 매우 다른 구조와 발현 양상을 보인다. 따라서 총서 시리즈는 인문학적 방법에 따라 초연결의 현상에 대한 다양한 관점의 적용을 지향한다. 둘째, 초연결시대 이질성의 근원을 이분법의 해체를 통해 접근하고자 한다. 인문학적 접근이 오랫동안 인간-동물, 인간-기계, 정신-신체의 이분법에 따라 전개되어 왔지만, 초연결시대는 전통적인 실재와 가상, 인공물과 유기물, 그리고 기계(로봇)와 인간 사이에 어떤 본질적이고 절대적 경계도 없다는 인식에 근거해 있다. 초연결시대 첨단기술에 의한 '정신화된 신체body in mind'와 '신체화된 정신embodied mind'의 구현으로 인해 나타나는 주체와 대상의 새로운 관계에 관한 연구가 필요하며, 본 총서는 이러한 관점을 명확히 하고 있다. 셋째, 초연결시대의 매체가 제공하는 가상공간에서 대상들은 사용자에 의해 활성화되기까지 유예된 상태에서 부유하고, 접속이 이루어지기를 기다리며 무한한 가능성 속에 놓여 있다는 점에 주목한다. 그 대상들은 사라지지 않고, 원칙적으로, 접속과 함께 무한히 현존한다. 이러한 가상공간의 대상들은 주체의 전이를 통해 비로소 활성화되는 독특한 대상이다. 따라서 초연결시대는 소위 가상공간에서 이루어지는 다양한 콘텐츠의 환경과 그 문화의 가능성을 적극적으로 탐색할 필요가 있다는 점에서 초연결망의 매체 연구이기도 하다. 마지막으로 초연결시대는 이전과 다른 특이한 실존적 문제를 불러일으키며 바로 이러한 점에서 치유인문학 연구가 요구된다. 철학자 하이데거Martin Heidegger는 현존재의 근본 구조는 '세계-내-존재'이며, 현존재의 존재는 '염려'라고 주장했다. 하이데거는 인간의 실존을 '본래적 실존'과 '비본래적 실존'으로 구분하는데, 초연결성 시대의 실존적 문제는 많은 사람이 비본래적 삶을 살게 될 위험성이 존재한다는 데 있다. 그래서 우리 총서 시리즈는 초연결시대의 병리성을 비본래적 삶을 중심으로 분석하고 초연결성으로 인한 현대사회의 병리 현상을 치유하기 위한 치유인문학을 지향한다. 이러한 기획 의도에서 시작되는 총서 시리즈의 첫 번째 결과물이 바로 《초연결시대, 인간-미디어-문화》이다.

◆　◆　◆

《초연결시대, 인간-미디어-문화》는 크게 3부로 구성되어 있다. 1부 '초연결사회의 표면과 이면'에는 유영성, 한상기, 신정원의 글이 실려 있다. 유영성의 글은 초연결사회의 일반적인 정의로부터 시작된다. 우선 초연결성을 정보통신의 사이버 세계에서 나타나는 현상으로 정의하면서, 특히 인터넷 연결 차원에서 초연결성을 이해할 것을 제안하고 있다. 이는 사람인터넷IoP: Internet of People, 사물인터넷IoT: Internet of Things, 만물인터넷IoE: Internet of Everything, 만물지능인터넷IIoE: Intelligent IoE으로 나누어지며 우리가 사는 2021년 현재는 사람인터넷 단계에서 사물인터넷 단계로 옮겨 가고 있는 단계라고 할 수 있다. 지속적인 기술 발전, 데이터 활용의 증가, 경제적 효율, 더 나아가 초연결성을 온몸에 체화한 세대의 등장 등이 이미 대세를 형성하고 있다. 필자는 어느 시점이 되면 초연결성의 구현이 급속도로 이루어질 것이며 초연결사회가 도래했을 때 우리들 일상의 삶은 지금과 다르게 전개될 것으로 전망하고 있다. 초연결성을 충분히 가치 있는 자산으로 활용하면서 삶의 발전을 도모할 것으로 판단되지만 부정적인 측면 또한 공존할 가능성이 크다. 결론적으로 유영성의 글은 '초超' 수준에서 연결성이 이루어질 때 과연 어떤 일들이 벌어지고 우리 삶에 어떤 변화가 나타날지에 대한 사례들을 풍부하게 제시하고 있으며, 초연결성에 대한 인문학적 안목에서 우리 삶의 의미를 따져 본다.

한상기의 글은 소셜미디어와 모바일로 연결된 초연결사회에서 사회적으로 가장 큰 문제를 일으키는 이슈에 주목한다. 특히, 프라이버시 침해, 허위 정보 그리고 가짜뉴스의 확산과 함께 지나치게 많은 부정확한 정보로 겪는 인포데믹 현상에 주목한다. 인포데믹은 정치적으로 이용되기도 하고, 경제적 이득을 위해서 만들어지기도 하며, 장난과 유희로 발생하기도 한다. 특히 코로나19 팬데믹 상황에서 사회에 큰 비용을 치르게 하고, 전 세계적으로 가장 큰 사회적 위협 요인이 되고 있다. 필자는 이런 가짜뉴스와 허위 정보의 특성과 확산 유형을 설명하면서 이를 기술적으로 최소화하기 위한 노력, 각 기업과 정부의 대응 방안을 소개하고 있다. 또한 점점 발전하는 인공지능 기술을 이용한 딥페이크 문제의 심각성과 이를 방지하기 위한 연구자들의 노력과 주요 기업의 대응 방식 역시 제시하고 있다. 연구계와 업계의 공동 노력 역시 초연결사회에 맞게 모든 내용을 공개하고 협력과 공동 노력을 통하여 이 문제에 접근하는 것이 현재 개발자 커뮤니티의 기본 철학임을 밝히고, 이런 협업을 하기 위한 방안을 제시하고 있다.

신정원의 글은 기술의 급속한 발달을 배경으로 새롭게 일어나고 있는 여성주의운동을 #미투운동을 중심으로 살펴보고, #미투운동이 나타내고 있는 여성주의운동의 이론적·실천적 변화의 철학적 함축을 기술과학과 연관된 측면에서 다루고 있다. 특히, 개인의 경험이 SNS의 개방적 네트워크를 통하여 집단의 경험으로 변화되고 사회의 변화를 이끌어 내는 과정은 여성주의운동의 역사에서 매우 새로운 현상이며, 기술의 발전을 여성주의운동이 수용하는 한 방식을 보여 주고 있음을 주목하고 있다. 신정원은 여성주의운동의 이와 같은 변화를 '노드node로서의 여성주의'라는 용어로 파악하고 있다. 이 용어는 순간적으로 주체의 존재가 확인되는 데이터들이 모여들어 힘을 가지게 되는 순간적 결집의 여성주의 권력화를 나타낸다. 노드로서의 여성주의에서 어떤 것이 여성주의 어젠다인지, 어떤 것이 여성주의가 나아갈 방향인지, 어떤 것이 수용할 만한 규범인지의 문제는 동의나 거부를 표하는 참여자들의 입장 표명을 통해서 순간적으로 정해지고 토론되고 변경될 수 있다. 연결의 점들은 각각의 참여자들이 이해하고 실천하는 범위와 관심사에 따라서 다양하게 구성될 수 있다. 결론적으로 신정원의 글은 기술의 변화가 여성주의 담론과 실천에 위기와 기회를 제공할 것이며, 초연결 사회의 도래로 인한 인간 주체와 환경의 변화가 여성주의에 어떤 도전과 가능성을 제공하게 될 것인지 등, 초연결성의 여성주의적 함축에 대하여 사유하고 있다.

◆ ◆ ◆

2부 '초연결성의 근원과 존재론'은 이상범, 이민용, 곽영빈의 글로 구성되어 있다. 이상범의 글은 초연결을 통한 기술융합 시대로 대변되는 4차 산업혁명을 니체의 철학적 인간학의 관점에서 살펴보고 있다. 저자의 문제의식은 인간과 세계, 인간과 인간의 관계를 변화시켜 온 초연결 Hyper-connected이 NBICNano-Bio-Information-Cognitive(나노, 바이오, 정보통신, 인지과학) 기술을 통해 인간의 진화에 직접적으로 개입함으로써 그의 존재론적 조건을 변화시키고 있다는 사실로부터 시작한다. 과학기술을 통해 인간의 유한성과 필멸성이 극복될 수 있다는 것은 위대한 혁명적 진보이다. 하지만 이러한 과학적 진보 속에 인간 본연의 존재론적 특성이 은폐된다면 앞으로 도래할 미래 시대에 인간은 자신의 인간다움을 어떻게 규정하고 정당화할 수 있을까? 인간의 인간다움을 규정해 주는 것은 형이상학적 진리와 종교적 신이 아니라, '인간적인' 현상에 대한 인정과 허용이다. 하지만 이제 인간의 존재론적 본성을 변화시키는 초연결의 기술들은 형이상학과 종교의 사상적이고 신학적인 시도들을 과학적으로 실현시키고자 한다. 저자가 '신의 죽음'을 통해서 4차 산업혁명 시대 인간다움의 의미를 성찰해 보는 이유는, 니체가 이 선언을 통해서 형이상학과 종교 안에 은폐되었던 인간의 인간다움을 해방시켰기 때문이다. 필자의 말처럼, 철학은 관계를 사유하는 학문이다. 영혼과 육체, 내세와 현세를 사유했던 철학이 오늘날 초연결로 대변되는 인간과 기계의 관계를 존재론적이고 윤리학적으로 사유하고 점검할 수 있는 학문으로서의 역할을 할 수 있다고 필자는 강조한다.

　이민용의 글은 현대사회가 많은 것들에 연결되어 있으며 현실을 반영하는 텍스트의 경우도 바로 그러한 사실임을 주목하고 있다. 그에 따르면, 텍스트의 본고장인 문학에서 시작하여 예술·문화에 이르기까지 텍스트는 역사적으로 연결 확산의 과정이었다. 이민용의 글은 주네트 Gérard Genette의 이론과 포스트고전서사학(서사텍스트학) 이론을 근거로 하여, 상호텍스트성과 히포텍스트, 하이퍼텍스트의 관점에서 로키 관련 게르만신화와 MCU(마블 코믹스 유니버스)의 로키신화 관련 영화 시리즈를 다룬다. 구체적으로 히포텍스트로서의 게르만신화집에 나타난 로키 관련 게르만신화가 상호텍스트성을 통해 하이퍼텍스트, 혹은 하이퍼 미디어 텍스트로서의 MCU 영화 〈토르〉 시리즈와 〈어벤져스〉 시리즈에 연결되고 변용되어 리스토리텔링되는 양상과 원리, 방법을 분석한다. 이를 통해 필자는 게르만신화의 로키 이야기가 현대에서 하이퍼텍스트로 연결되어 표현될 때 서사텍스트학의 디스코스 이론과 상호텍스트성의 원리에 따라 로키의 성격과 행동 및 게르만신화 내용이 다양하게 변용되어 등장하는 것을 확인하고, 이와 함께 초연결사회의 상호텍스트성과 내러티브 연결에 관해 살펴보고 있다.

곽영빈의 글은 '이제 인류는 시리Siri와 알렉사Alexa 사이에서 살고 있다'는 과장된 표현이 시사하는 것처럼, '모든 것이 연결된다'는 초연결사회의 전제가 폭넓은 반향을 얻고 있음을 주목하면서 시작한다. 하지만 '사물인터넷'이란 표현이 웅변하듯 이러한 현상과 논의는 대개 '인터넷'이 전면화된 21세기에 들어와서야 생겨난 것이라는 암묵적 전제를 무비판적으로 받아들이고 있음을 지적하고 있다. 그의 글은 티모시 모튼 Timothy Morton과 프리드리히 키틀러Friedrich Kittler, 마르틴 하이데거와 도나 해러웨이Donna Haraway, 주디스 버틀러Judith Butler와 앙드레 르루아―구랑André Leroi-Gourhan, 발터 벤야민Walter Benjamin과 임마누엘 칸트 Immanuel Kant 등의 논의를 새롭게 겹쳐 읽으면서, '자연과 미디어'는 물론 '유기(체)적인 것과 비유기(체)적인 것' 사이의 경계가 구분 불가능해진 상황으로 초연결사회를 파악하고, 동시에 그것의 '오래된 미래'라 할 수 있을 지평을 새롭게 재규정한다. 또한 글의 후반에서 일련의 예술 작업들을 살펴보고 있다. 전 지구적인 위기로 2020년을 강타한 코로나19 팬데믹 사태와 기후위기, 그리고 인류세Anthropocene 담론을 그 말의 근원적인 의미에서 '감각학aisthesis'인 '미학'의 차원에서 감각적이면서도 역사적이고 거시적인 차원에서 바라보고 있다. 또한 '아방가르드'라는 표현이 편향적으로 강화하는 '최첨단'의 함의와 더불어, 초연결사회 못지않게 근과거의 기술 발전을 물신화하는 포스트휴머니즘 논의의 맹점을 예를 들어 '장애 연구disability studies'의 시각에서 비판적으로 살펴보면서 인간과 비인간, 정상성과 비정상성의 구분을 시혜나 연민의 작동으로부터 탈각시키고, 궁극적으로 그러한 논의가 우리보다 먼저 와 있던 미래의 기억들이라는 사실, 그 '오래된 미래'의 함의를 제시하고 있다.

◆　◆　◆

마지막 3부 '초연결의 가상 혹은 미래 표상'에는 홍단비, 조병철, 정락길의 글이 실려 있다. 홍단비의 글은 윤이형의 소설 세 편을 중심으로 초연결시대의 특징과 거대주체의 함정, 이데올로기의 문제, 개인의 욕망과 증상 등을 살펴봄으로써 초연결시대, 연결의 딜레마와 초연결자로서 주체의 (재)탄생 가능성을 논의하고 있다. 〈완전한 항해〉는 초연결시대, 자본주의적 욕망으로 구축된 강한 연결의 위험성과 주체성의 박탈, 그리고 강한 연결을 비껴 감으로써 경험과 존재의 의미를 생성해 가는 새로운 주체의 가능성을 보여 주고 있음을 분석하고 있다. 또한 〈결투〉는 초연결시대의 강한 연결 속에 함몰되지 않기 위해서는 자신이 만들어 낸 복제본, 즉 자신의 증상에 귀 기울임으로써 끊임없이 내부의 타자성을 마주할 수 있어야 하며, 동시에 타자와의 관계 속에 들어감으로써 자신과 타자의 동시적인 변이를 꾀해야 함을 피력하는 작품임을 강조한다. 홍단비가 마지막으로 소구하는 작품은 〈로즈가든 라이팅 머신〉이다. 빅데이터와 초연결 기술이 집약된 창작머신과 인간의 대화적 글쓰기라는 사건을 중심으로, 주체란 처음부터 위계 없는 것들이 초-연결된 상태임을 그려 내며, 초연결적 주체화란 '공통 세계를 함께 나누는 자로서 자신과 타자를 긍정'하고 그 복수의 세계, 복수의 리얼리티로 자신을 개방할 때 가능함을 이야기하고 있음에 주목하고 있다. 이러한 분석을 통해, 윤이형의 소설이 '연대'를 바탕으로 하는 타자성의 윤리를 제시하고 있음을 결론으로 제시하고 있다. 내부의 타자성을 통해 스스로 변화하는 동시에 타자에게 손을 내밀어 타자화의 기회를 마련해 주는 것, 이것이 초연결시대 이데올로기나 자본주의의 메커니즘에 종속되지 않고, 차이를 가로지르면서 연결을 이어 갈 수 있는 주체의 실천적 움직임이자 포스트릴레이션임을 필자는 강조하고 있다.

조병철의 글은 코로나19로 비대면 서비스가 일상화된 진정한 초연결사회가 가속화되고 있음을 주목하며 시작한다. 미래 초연결사회의 상상력을 표현하려는 노력은 근대 초기 영화에서부터 〈블레이드 러너〉, 〈매트릭스〉, 〈공각기동대〉 그리고 〈마이너리티 리포트〉 등 많은 SF영화에서 쉽게 찾아 볼 수 있다. 실제로 할리우드 SF영화의 상상력은 현실에서 이미 상당 부분이 실현되었다. 국제공항, 도심지 쇼핑몰의 디지털 광고판, 인터넷 홈페이지의 광고 팝업창은 빅데이터와 인공지능 기술을 활용하여 고객의 소비 패턴을 분석한 후 실시간으로 관련 상품 정보를 예측하고 파악하여 서비스하고 있다. 즉, 초연결사회는 5G/6G 기술을 활용하여 초고속 실시간 네트워크 기술의 표준화라는 새로운 '권력의 효과'를 창출하고 있는 것이다. 이처럼 미래 초연결사회에서의 인류 문명은 과학기술 발전에 따라 무의식 중에 인간의 신체가 하나의 부품처럼 통제되는 문제점을 동시에 갖고 있다. 개인들은 어쩌면 일상의 소중한 기억들을 잊어버리고 이러한 초연결사회를 갈망하고 있는지 모른다. 또한 이로 인하여 초연결사회는 인간적 차원뿐만 아니라 문화적 위기까지 야기하여 삶의 총체적인 위기를 초래할 수 있다. 따라서 현대인은 '사막과 같은 초연결사회'에서 새로운 미디어 라이프 서비스와 교육 프로그램을 재검토해야 하는 시점에 직면해 있다. 새로운 미디어 라이프 서비스와 교육 프로그램의 취지는 소외된 계층과 세대들을 위해 대면과 비대면 미디어 라이프 교육 프로그램을 동시에 활용하여 전 세대와 전 계층을 아우르는 참여를 유도하기 위함이다. 예비청년을 위한 '비대면 문화 콘텐츠 제작', '지역 비대면 문화예술 프로그램'은 소외된 지역 시민 스스로 삶의 의미와 성찰을 통해 자존감 회복을 실천하는 지역 미디어 교육 프로그램이기도 하다. 이러한 미디어 라이프 서비스를 위한 사회적 실천과 교육 프로그램 구현을 위해서 인문학, 문화예술, 문화 콘텐츠, 미디어공학 그리고 정책 등 초학제 간 연구가 지속적으로 요구되어야 함을 강조하고 있다.

　마지막으로 정락길의 글은 2000년대 이후 스필버그의 SF영화들로부터 초연결사회의 함의를 살펴보고 있다. 미래 사회와 연관된 기술과 인간의 관계, 그리고 인간과 비인간의 경계, 기계의 사랑과 인간의 사랑의 문제에 대해 단순히 영화적 판타지에 머무르지 않는 모순적인 문제들을 스필버그의 영화가 제기하고 있음을 분석하고 있다. 필자는 현재 활발히 논의 중인 포스트휴먼post-human의 입장 중 남성중심주의적이고 폐쇄적인 근대적 휴머니즘에 거리를 두면서도 인간중심주의의 깊은 필요성을 주장하는 포스트휴먼적 철학post-humanist philosophy의 입장에 따라 2000년대 이후 스필버그의 SF영화들을 두 가지 방향에서 해석하고 있다. 첫 번째는 스필버그 영화 속에 나타나는 몰입경험의 구조를 분석하고 이를 통해 기술과 인간 경험의 관계를 검토하고 있다. 그리고 두 번째는 〈A.I.〉를 중심으로 이 영화 속에 나타난 아동 안드로이드의 재현 방식을 동일시와 소격효과로 구분하여 그 미적 경험을 분석하면서 이 경험 속에서 제기되는 인간과 기계의 문제와 인간의 유한성과 사랑의 의미를 검토하고 있다.

우리의 첫 총서 시리즈 《초연결시대, 인간-미디어-문화》는 참여한 저자 각각의 다양한 관점들을 제시하고 있다. 다가올 초연결시대라는 근미래에 대한 각 저자들의 입장이 귀중한 것은, 그들 각자가 섣부른 이상화된 낙관이나, 혹은 두려움에서 비롯된 배척의 태도에서도 벗어나 있다는 점에 있다. 이 저작은 하나의 모색이자 미래에 대한 정직한 마주섬의 출발이다. 이어질 총서 시리즈에서 더욱 충실하고 구체적인 논의들이 담길 것을 기대하고 약속한다.

2021년 1월
저자들을 대표하여
정락길

1부

초연결사회의 표면과 이면

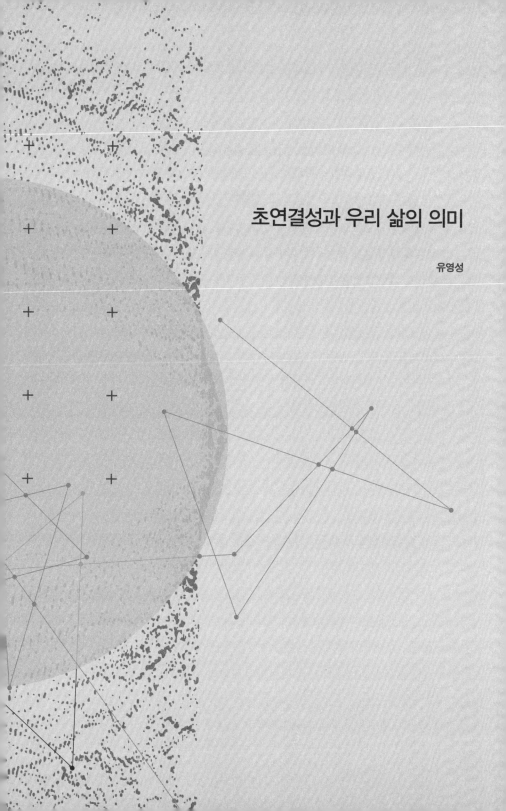

초연결성과 우리 삶의 의미

유영성

이 글은 강원대학교 인문과학연구소 초청세미나(2020년 5월 21일)에서 발제한 자료 (PPT)의 주요 내용을 텍스트로 정리한 것이며, 글의 대강은 "유영성(대표저자), 《초연 결사회의 도래와 우리의 미래》, 경기연구원 엮음, 한울 아카데미, 2014"에 근거하고 있다.

| 초연결성의 이해 |

우리 삶에서 사이버cyber상의 연결은 이제 보편적 현상이다. 스마트폰의 발달로 기존 PC 중심의 인터넷, 네트워크 등이 모바일 방식으로 급속히 그리고 광범위하게 변화를 거친 후 이제 어느 곳에서나 심지어 이동 중에도 실시간 연결이 실현되는 세상이 되었다. 사람들은 이러한 현상을 한마디로 기술 발전, 특히 정보통신기술의 발전으로 말한다. 혹자는 이를 4차 산업혁명이라고도 한다. 이런 단어가 우리 시대 키워드라고 할 수 있다. 요는 이러한 기술 발전이 최근 들어 급속히 일어나고 갈수록 가속이 붙고 있어, 이로 인해 앞으로 생겨날 사회 변화를 가늠하기 쉽지 않다는 것이다. 물론 우리는 '트렌드'를 읽을 수 있는 능력이 있고, 이러한 트렌드 파악을 통해 앞 세상을 예상할 수 있다. 다만, 트렌드를 통해 미래 흐름을 파악하는 것은 어느 정도 변화 궤도의 규칙성이 보일 때 가능한 일이다. 지금은 그 규칙성이 보이기도 하지만 탈규칙적이거나 궤도를 벗어나는 변화 양상이 다양하게 펼쳐지고 있다. 그 변화 현상 중 하나가 연결성 강화를 넘어 이제 초연결성hyper-connectivity으로 나타나고 있음을 들 수 있다. '초超'라는 단어에는 우리의 일상 관념이나 지식을 훌쩍 넘어선다는 의미가 깔려 있다. 쉽게 말해 사물의 핵심을 그동안의 방식으로는 가늠하기 어렵고, 탁월한 상상이나 고도의 예지력을 동반해야 한다는 것을 의미한다.

이 글에서는 미래에 펼쳐질 초연결 현상에 대해 다뤄 보려고 한다. 궁극적으로 우리가 보려는 건 초연결 현상 자체이기보다 그 현상 속에서 펼쳐질 수 있는 우리의 삶, 더 나아가 그 삶의 의미일 것이다. 이 글에서는 초연결성에 의해 구현되는 초연결사회가 우리의 삶에서 어떤 의미를 지니는지 살펴보고자 한다. 먼저 초연결성의 대표적인 현상 중 하나를 들어 보자. 이른바 사물인터넷IoT: Internet of Things이란 것이 있다. 지금까지 우리는 인터넷이라고 하면 그것이 스마트폰에서 모바일 방식으로 구현된다고 하더라도 사람들 간의 연결을 중심으로 하는 것으로 여겼으며, 그런 인터넷을 당연시했다. 그런데 사물인터넷은 인터넷 위의 연결 대상에서 사람이 사라지고 사물이 나타남을 의미한다. 물론 사물만 연결하는 것은 아니고 이 속에 사람도 당연히 포함된다. 다만 사람 수에 비해 사물 수는 상상할 수 없을 정도로 많고, 연결의 동학적 맥락이 전혀 다르다는 점에서 사물인터넷은 사람인터넷과는 차원이 다른 현상이다. 이 사물인터넷 속에서 사물의 연결 대상이 기하급수적으로 확대되면서, 사람들도 사람들 간의 연결을 사물 중심으로 하고 또 늘려가게 된다. 이는 사람과 사람이 대화하기보다 사람과 사물이 대화하는 방식이 더 보편화된다는 것을 의미한다. 이것을 기기를 매개로 사람들간에 대화하는 것이라고 오해하면 안 된다.

　사물인터넷에서는 사물조차 사람처럼 대화하는 주체가 된다. 그렇다고 사물이 생명체가 되고 본질적으로 인격성을 지닌다는 의미는 아니다. 단지 사람처럼 역할을 하는 로봇(컴퓨터) 같다고 할 수 있다. 예를 들어, 내가 손에 쥐고 있는 펜이 비록 그 작동 원리는 모른다고 하더라도 사람처럼 말을 하고 나와 대화한다는 것을 상상해 보라. 내 주위에 있는 수많은 사물들이 이렇게 나와 대화할 수 있는 존재가 되는 것이 바로 사물인터넷 세상이다. 이게 말이 되는지 어리둥절할수도 있다. 하지만 차분히 주위를 둘러보라. 전기밥솥이 때가 되면 밥이 다 되었다고 말하지 않는가. 스마트폰 속 대화해 주는 앱은 어떤가. 지금 우리들은 비록 일부지만 사물인터넷의 초기 모습을 체험하며 살고 있다. 다만 이를 뚜렷하게 의식하지 못할 뿐이다.

미래를 연구하는 학자에 의하면, 지금으로부터 10여 년 전인 2009년에 이미 네트워크에 연결된 사물이 세계 인구를 초과하였다. 네트워크를 바탕으로 하는 사물 간 연결의 사물인터넷은 지금도 가속도로 확대되며 커 가고 있다. 향후 20년 내에 사물인터넷은 더 발전된 형태의 미래 인터넷으로서 사람-사물의 인터넷을 넘어 공간과 시스템을 하나의 그물망으로 엮는 연결 생태계를 만들어 갈 것으로 예측되기도 한다. 이러한 것을 압축적으로 표현하여 단지 연결성이 매우 높은 수준을 넘어서서 연결성 자체를 초월한 새로운 것을 의미하는 '초연결성'이라고 한다.

| 초연결성의 네 가지 영역 |

초연결성은 정보통신의 사이버 세계에서 나타나는 현상이고, 이는 인터넷 세계를 전제하는 만큼, 인터넷 연결 차원에서 이해해 보는 것이 좋다. 초연결성은 인터넷 연결 차원에서 크게 네 가지 영역으로 구분된다. 즉, 사람인터넷IoP: Internet of People, 사물인터넷IoT, 만물인터넷IoE: Internet of Everything, 그리고 만물지능인터넷IIoE: Intelligent IoE으로 나눠 볼 수 있다(〈표1〉 참조).

이러한 구분은 연결의 대상 폭과 지능 수준이 점차 확대·발전해 가는 단계를 보여 준다. 정도의 차이는 있지만 단계가 뒤로 갈수록 초연결성이 강화되며, 마지막 단계에서 초연결성이 완성적 모습으로 나타

〈표 1〉 초연결성의 영역 구분 및 특징

구분	특징
사람인터넷	ICT를 통한 사람들 간의 연결 극대화
사물인터넷	사물들간의 연결, 사물과 사람간의 연결
만물인터넷	프로세스를 중심으로 사람과 사물, 데이터 연결
만물지능인터넷	인간을 중심으로 사물, 데이터, 프로세스, 시간과 공간, 지식 등의 지구와 인류 문명의 모든 요소를 상호 연결

난다고 할 수 있다. 이러한 초연결성을 각 사회적 상황과 맞물려서 바라보면, 시작은 인터넷에 의해 연결성이 일정 수준을 넘어서서 강화된 형태의 사물인터넷 초연결사회이고, 마지막 단계는 성숙한 연결 수준을 보이는 만물지능인터넷 초연결사회라고 할 수 있다. 초연결사회는 각 단계별로 약간의 차이는 있지만 기본적으로 인간과 인간을 둘러싼 환경 요소들이 상호 연결되어 가고, 따라서 인간을 둘러싼 시공간의 제약이 극복되어 가며, 그 결과 새롭게 펼쳐지는 인간-자연-사회 융합의 세상을 의미한다.

이를 하나씩 구체적으로 살펴보자. 첫째, 사람인터넷은 수많은 사람들 간의 연결이 유·무선 기기 사용으로 가능한 것을 말한다. 작은 지역 단위든 전 지구적 차원이든 적용 공간의 범위 차이는 있을지언정 이러한 연결이 이루어지면 사람인터넷이 작동하고 있는 것이다. 사람인터넷 상태의 초연결사회에서는 스마트폰 사용과 복수의 통신 수단(전화, 이메일, 인스턴트 채팅, SNS 등)에 의해 사회 구성원들의 연결성이 크게 증대된 네트워크 중심의 삶의 모습이 펼쳐진다고 할 수 있다.

둘째, 사물인터넷은 기기 또는 사물 간에 통신과 연결이 가능한 사이버상의 네트워크 환경을 말한다. 이는 인간과 사물의 연결도 당연히 포함한다. 다만, 사물들 간에 연결과 통신이 이루어지는 데 인간의 인위적인 개입이 없거나 있더라도 최소인 상태를 전제한다. 한마디로 말해 사물들 간에 소통하는 지능형 인프라가 깔린 세상을 의미한다. 그렇다고 사물인터넷IoT을 통신·연결의 주체를 기기 중심으로 보는 사물지능통신M2M으로 생각해서는 안 된다. 사물인터넷IoT은 인간을 둘러싸고 있는 환경(사물)을 중심으로 이해하는 개념이기 때문이다. 사물 중심으로 이해한다는 것은, 구체적으로 통신과 IT 기술을 결합하여 원격지의 사물, 차량, 사람의 상태정보, 위치정보 등을 확인할 수 있도록 연결하는 역할을 하며, 더 나아가 모니터링·감시·제어·트래킹·결제·정보 제공 등을 수행하는 것을 말한다. 유영성(2014)은 사물인터넷의 단계를 인간의 창의성 발현과 연결지어 "주변의 사물로부터 필요한 측정값 등을 제공받던 데이터data 단계를 지나, 사물이 서로 연결되는 환경을 통해 지능적 통신 기반을 마련하는 정보information 단계로 진화하고, 더 나아가 인터넷 네트워크를 기반으로 자율적으로 정보를 생성, 전달, 저장하며 이를 가공, 변환하는 지식정보 단계를 거쳐, 최종적으로는 네트워크를 통해 모든 사물이 연결되고 이를 통해 인간과 밀접하게 창의성을 가진 지혜wisdom가 생성되는 단계(사물인터넷 시대)로 나아가는 흐름 속에 있다"라고 말한다.

셋째, 만물인터넷은 사람과 사물의 연결을 넘어 데이터와 연결 과정 자체가 상호 밀접하게 연결되는 새로운 형태의 네트워크 환경을 말한다(〈그림 1〉 참조). 이는 사물인터넷 단계를 넘어서서 세상의 만물이 서로 밀접하게 연결되는 인터넷 환경을 뜻한다. 사물인터넷 단계에서도 사물들이 연결됨에 따라 컴퓨팅 능력과 상황 인식 능력이 자연스럽게

〈그림 1〉 만물인터넷IoE의 개념

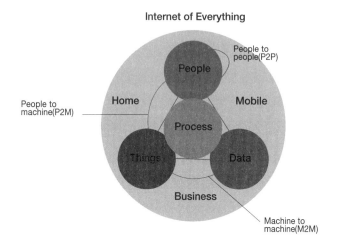

자료 : Dave Evans, 〈The Internet of Everything: How More Relevant and Valuable Connections Will Change the World〉, 《Cisco IBSG》, 2012.

향상되는데, 그 연장에서 전원 공급의 독립성까지 확보되면 세상 사물들 간의 연결이 기하급수적으로 늘어나고 그 상호 밀접성 또한 엄청나게 확장되어 이전에는 몰랐던 전혀 새로운 정보가 생성되고, 이런 정보에 접근 가능하게 될 것이란 생각이 바로 만물인터넷 개념으로 펼쳐진 것이다. 만물인터넷은 네트워크의 네트워크 개념이다. 곧, 수많은 사람들과 사물, 그리고 데이터가 프로세스를 중심으로 연결된 상태에서 또다시 프로세스 간 연계가 이루어지는 상태를 말한다. 이는 수십억, 아니 수조 개에 달하는 네트워크의 폭발적 연결이 나타날 수 있음을 암시한다. 만물인터넷은 그 강조점이 프로세스와 데이터에 있다. 그런 점에서 사물인터넷과 특히 차별된다.

넷째, 만물지능인터넷은 인간을 중심으로 한 인터넷 환경이 정점에 달한 상태로서 구체적으로 인간, 사물, 데이터, 프로세스, 시간과 공간, 지식 등이 모두 망라되어 서로 연결되고 융합된 네트워크 환경을 말한다. 이러한 융합된 물리적 세계와 디지털 세계는 센서와 액추에이터 actuator를 통해 유지된다. 이는 만물인터넷의 업그레이드 버전으로서 전 지구적 차원에서 지능이 발현되는 새로운 네트워크 환경이 조성되는 것을 의미한다. 이 상태에서는 인류의 지능이 시간과 공간의 제약을 극복하게 되는 유비쿼터스 세상이 이루어질 것으로 보인다. 이것이 바로 가장 완숙한 상태의 초연결사회라 할 것이다.

초연결사회 추동 사회상과 변화 동인

우리 삶에서 초연결성이 실현된다는 것은, 그 이면에 빅데이터big data 활용과 클라우드 컴퓨팅cloud computing의 도움이 보이지 않게 작동하기에 가능하다. 빅데이터와 클라우드 컴퓨팅은 초연결사회의 필수불가결한 요소라 할 수 있다. 먼저 빅데이터를 살펴보자. 초연결사회는 셀 수 없이 많은 네트워크 및 각종 사물들의 연결을 기본으로 하여 형성된다. 이 환경에서는 천문학적인 규모의 디지털 빅데이터가 실시간 발생한다. 빅데이터란 그 규모가 방대하고, 생성 주기도 짧고, 형태도 수치 데이터뿐 아니라 문자와 영상 데이터를 포함하여 복잡해 수집 · 저장 · 검색 · 분석이 난해한 데이터를 말한다(커뮤니케이션북스. http://commbooks.com/p/). 초연결사회는 이러한 빅데이터를 필요로 하며, 또 이를 실시간으로 처리해야만 유지될 수 있다. 빅데이터의 실상을 보여 주는 좋은 예로서 시스코

CISCO사에 의하면 1인당 평균 보유 데이터량이 2010년 128기가바이트 GB에서 2020년 130테라바이트TB로 증가하며, IDC에 의하면 2020년 전 세계 보유 데이터량이 2009년보다 44배나 많다(〈그림 1〉 참조).

빅데이터라는 빅뱅적 현상은 이를 처리할 컴퓨팅 능력과 함께할 때 의미를 갖는다. 이러한 컴퓨팅 능력은 클라우드 컴퓨팅으로 표현되어 나타난다. 이는 인터넷만 연결되어 있으면 언제 어디서든 필요한 데이터와 애플리케이션을 간단히 이용할 수 있는 환경을 제공해 준다. 이 환경 하에서는 '클라우드'라는 디지털 저장소에 각자 가지고 있는 데이터를 담아 놓고 필요할 때 쓰면 되므로, 군이 개별적으로 하드웨어와 소프트웨어를 가질 필요가 없으며 또 이것들을 업그레이드하거나 유지 보수할 이유가 없게 된다. 이러한 클라우드 컴퓨팅이 좀 더 본격화

〈그림 1〉 데이터량의 증가 전망

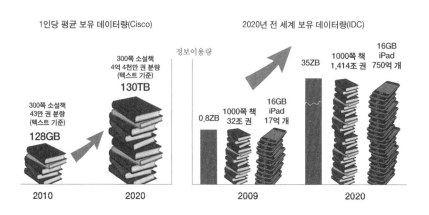

자료 : 유영성 외, 《초연결사회의 도래와 우리의 미래》, 경기연구원, 2014, 40쪽.

될 때 초연결사회의 폭발적이고 천문학적인 데이터 발생량을 충분히 처리하는 IT 환경이 조성된다고 할 수 있다. 클라우드 컴퓨팅 서비스는 지난 2010년대에 연평균 20퍼센트를 넘는 고성장을 이루었으며, 이를 볼 때 그 시장 규모가 확대일로에 있어 향후에는 더욱 급격히 커질 것으로 전망된다.

이제 이러한 빅데이터와 클라우드 컴퓨팅이라는 주요 사회상의 내면에서 실제로 우리 사회를 초연결사회로 변화시키는 동인들을 살펴보자. 크게 세 가지를 거론할 수 있다. 즉, 주도세력 요인, 기술경제적 요인, 전략적 요인이 그것이다. 첫째, 주도세력 요인으로 'C세대'의 등장과 이들의 '연결' 욕구 증대를 들 수 있다. C세대는 연결세대의 다른 표현이다. 이들은 ICT에 친숙하며 현실offline과 가상online 세계를 넘나들면서 네트워크를 형성하고 거대한 양의 정보를 생산, 소비하기에 언제 어디서나 더 신속하고 믿을 수 있는 '연결'을 지향하는 특성을 지닌다. 이들은 태어날 때부터 스마트폰을 위시한 스마트 기기를 통한 눈 활동에 익숙하다. C세대는 연결의 핵심 수단인 모바일 기기를 활용한 콘텐츠 중심 소비가 일상화된 세대이다(〈그림 2〉 참조). C세대가 우리 사회에서 상당수가 된 것은 이미 오래전이고, 지금은 주력 세력을 형성했다고 할 수 있다.

다음으로 기술경제적 요인을 들 수 있다. 기술경제적 요인에는 연결에 따르는 비용의 감소와 속도의 증가가 있다. 연결 비용이 감소한다는 것은 연결의 효율성을 극대화시킬 수 있는 기술 발달의 필요조건이 충족된다는 것을 의미한다. 또한 연결 비용 감소로 자연스럽게 네트워크에 연결된 기기 및 서비스의 수를 증대시킬 수 있는 경제적 조건도 형성된다. 에릭슨Ericsson(2011)이 10여 년 전에 5백억 개의 기기 등이 네

〈그림 2〉 초연결사회에서 C세대의 특징

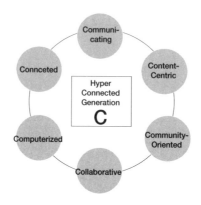

자료 : 유영성 외, 《초연결사회의 도래와 우리의 미래》, 경기연구원, 2014, p. 48.

트워크에 연결될 수 있고 연결 지향의 새로운 서비스들이 등장할 수 있게 된 배경 중 하나로 연결 비용의 감소를 제시한 바 있듯이, 연결 비용의 감소는 초연결사회의 변화 동인 중 중요한 위치를 차지한다. 한편, 연결 속도의 증가는 연결 대상 간 지속적인 상호작용을 가능하게 해 주는 등 다양한 서비스를 제공할 수 있는 기반이 된다. 지속적인 연결 비용의 감소와 연결 속도 증가가 이루어질 때 C세대의 욕구를 충족시키면서 초연결사회로의 변화가 원활하게 이루어질 수 있다. 2020년 현재 연결 비용 감소와 연결속도 증대는 빠른 속도로 이루어지고 있다.

마지막으로 전략 요인을 들 수 있다. 이는 구체적으로 롱테일Long Tail의 중요성 증대를 말한다. 크리스 앤더슨Chris Anderson이 처음 소개한 롱테일 법칙은 매출의 80퍼센트는 20퍼센트의 제품에 집중된다는 파레토Pareto 법칙과는 달리, 무관심의 대상이었던 80퍼센트의 제품이 20

퍼센트의 제품보다 장기적인 매출 성장에 더 많이 기여한다는 경제 원리를 말한다. 이는 인터넷 등 ICT 기술의 발전으로 다양한 제품과 시장 욕구 간 연결이 더 자유로워짐에 따라 기존 물리적 시공간의 제약을 극복하게 되어 새로운 비즈니스 모델들이 탄생하게 되었다는 것을 말해 준다. 이는 다양한 틈새시장의 등장과 그 중요성을 제시하는 데, 이것이 산업구조의 변화를 촉진한다는 측면에서 그 전략적 활용이 점점 커지는 추세이다. 롱테일에 의한 산업전략적 차원의 변화는 초연결사회로의 변화를 추동하는 요인이 될 수밖에 없다.

| 초연결사회에서의 일상생활 |

이제 초연결사회의 면모를 제법 보이기 시작할 것으로 예상되는 미래 (향후 20~30년 정도) 어느 시점에서 우리들의 생활 모습을 가늠해 보자.

첫째, 초연결사회에서는 지능로봇이 일상생활의 필수품으로 자리 잡게 될 것이다. 초연결사회에서 가정이라는 공간은 그 자체가 하나의 거대한 컴퓨터이자, 동시에 미세하면서도 촘촘한 컴퓨터들의 집합이라고 할 수 있다. 이 컴퓨터들이 인터넷이라는 가상공간 속에서 작동하도록 만들어진 거대 로봇이 바로 가정이라고 해도 좋다. 초연결성이 강화될수록 언제 어디서나 일상생활을 지원해 주는 로봇 서비스가 가정이라는 지능로봇과 함께 정착되는 것이다. 지금은 스마트폰이 이러한 지능로봇의 일부 기능을 한다고 볼 수 있다. 이렇게 로봇이 중심이 된 상태에서 가정이라는 하나의 거대한 컴퓨터가 우리 삶의 편리성을 제고시키고, 이와 함께, 사무실은 물론이고 이동하는 공간조차 초대

용량 회선으로 연결될 것이다. 이는 일상생활에서 직장과 가정의 구분을 흐리게 하며, 일 차원에서 가정이 곧 직장이 되는, 즉 재택근무가 일상이 되는 일이 가능해질 것이다. 물론 이러한 사태를 추동한다는 것이지 재택근무 형태가 완전히 보편화된다고 단정하는 것은 아니다. 세상의 변화는 기술적 맥락에서의 추동력으로만 온전히 이루어지는 것은 아니기 때문이다.

둘째, 전자종이 내지 플라스틱 만능 디스플레이가 일상에서 보편화될 것이다. 두께가 극도로 얇은 초박막 전자종이나 플라스틱이 실용화됨과 동시에, 한쪽에서는 입체 영상 홀로그램이 전자종이와 같이 커뮤니케이션의 도구로 활용될 수도 있다. 이 만능 디스플레이는 개인 맞춤형 언론, 학습장, 레저 등의 표현 도구 역할을 할 것이며, 단말기의 일부로 장착되어 클라우드 컴퓨팅과 빅데이터 처리도 할 수 있게 된다.

셋째, 지금의 스마트폰보다 월등히 발전된 포스트 스마트폰과 결합한 형태의 웨어러블 단말기가 출현하여 생활상의 편리성을 증대시킬 것이다. 웨어러블 단말기는 더 경제적이 되기 위해 진화·발전을 거듭할 것이며, 홈서버·재택로봇 등에 연결되어 미래 통신의 허브 역할을 할 것으로 보인다. 이러한 웨어러블 컴퓨터를 통해 집 안팎의 상황에 관한 정보를 실시간으로 취득하고, 상황 인식 후 적절한 원격지 조치를 취하는 일이 가능해질 것이다.

넷째, 우리 일상에서 비가시적인 형태로 작동하는 유비쿼터스형 네트워크와 어마어마한 규모의 빅데이터를 생성·유지하고 또 실시간 처리하는 클라우드 컴퓨팅이 기본적인 생활환경이 될 것이다. 유비쿼터스 네트워크가 활성화되면 정보기기, 가정, 사무실, 심지어 자동차가 항상 가상적으로 하나의 공간처럼 연결된다.

다섯째, 초연결사회에서 우리의 삶은 가정, 직장, 일상생활 등 시공간에서의 연결이 일상이 될 것이다. 그 결과, 구체적으로 모바일 및 입체 가상공간 라이프가 실현되고, 소셜미디어가 관계 형성의 핵심 채널이 되며, 비즈니스 채널의 다양화 및 수익 모델의 진화 발전으로 가치지향적 비즈니스가 확산될 것이며, 언제 어디서나 원하는 맞춤형 서비스를 이용할 수 있게 될 것이다.

| 초연결사회와 우리 삶의 문화적 측면 |

초연결사회에서 우리 삶의 문화적 측면을 크게 다섯 가지 주요 현상을 중심으로 살펴보겠다. 첫째, 공간의 융합이다. 미래 사회의 모습은 '물리 세계와 사이버 세계가 융합된 환경'이 될 것으로 전망된다(McKinsey&Company. 2013). 초연결사회에서는 당연히 사이버 세계와 물리세계가 융합된다. 그런 만큼 우리 삶의 문화적 측면에서도 이들 간 융합에 의한 제3의 문화가 탄생할 것이다. 이는 문화 전환을 의미한다. 예를 들어, 애플이 개발 중인 홀로그램 기술을 접목한 아이폰IPhone(스마트폰)이 현실화되면 사람들은 일상에서 홀로그램을 사용하여 통화를 할 것이다(〈그림 3〉 참조). 또한 증강현실augmented reality 기술과 홀로그램 기술이 스마트폰이나 웨어러블 디바이스에 접목되면 우리가 실감하는 만큼의 제3의 문화로의 전환이 이루어질 것이다. 이들 중 일부가 이미 상용화되고 있다는 점에서 미래 초연결사회에서 이의 실현과 문화적 전환은 충분히 예견 가능해 보인다.

둘째, 리셋증후군reset syndrome이 나타날 것이다. 리셋증후군은 오래

〈그림 3〉 홀로그램 스마트폰

자료 : www.hologramresources.com

전부터 나타난 현상인데, 이것이 특히 제3의 문화 현상으로 부각되는 것은 가상현실과 물리 현실 간의 융합인 초연결사회의 특징과 연결되기 때문이다. 리셋증후군은 리셋 버튼만 누르면 컴퓨터를 처음부터 다시 시작할 수 있듯이 현실 세계도 리셋이 가능한 것으로 착각하는 현상을 일컫는다. 이는 가상현실이 실제 현실에 가져온 문화 현상으로, 이러한 문화 현상이 초연결사회에서 특히 강하게 표출될 수 있다는 것이다. 즉, 사람들이 현실에서 저지른 범행이나 잘못된 행동도 리셋 버튼만 누르면 아무 문제가 되지 않을 거라고 착각하기 쉬워진다는 것이다.

셋째, 이미지 중심의 문화를 들 수 있다. 초연결사회에서 생성되는 데이터나 정보는 사람이 감당할 수 있는 양을 월등히 초과한다. 이는 사람들로 하여금 직관적이고 감성적인 이미지를 선호하게 만든다. 이와 같은 현상은 정보처리 양의 과다와 청보처리 시간의 부족에서 연유한다. 예컨대, 요즘에도 우리는 이메일을 며칠만 안 열어 봐도 수신된 이메일이 어마어마하게 쌓이는 것을 경험하고 있다. 초연결사회에서는 아무리 개인 빅데이터 분석 로봇의 도움을 받는다 해도 더 말할 나위가 없을 것이다. 초연결사회에서 직관적이고 감성적인 이미지 중심의 문화가 강화될 것이라고 보는 것은 전혀 무리가 아니다. 니콜라스 카Nicholas Carr는《생각하지 않는 사람들The Shallows: What the Internet Is Doing to Our Brains》에서 디지털 시대 사람들의 사고력 저하를 잘 설명하고 있다. 한편 이미지 중심의 문화는 문화의 감성화를 촉진시키고 사람들의 상상력을 자극하여 창의적인 역할을 담당하게 만든다는 점에서 긍정적인 측면이 있다.

넷째, 디지털 해독 문화를 들 수 있다. 초연결사회에서는 여가를 즐길 시간이 사라지고 장소와의 경계가 모호해질 수 있다. 일과 여가의 경계가 사라지면서 업무가 과중되거나 그로 인한 피로도가 증가할 수 있다. 이에 대한 반동으로 초연결사회에서 '홀로 있을 권리Right to be Alone'를 찾는 문화가 확대될 수 있다. 이는 일종의 디지털 해독digital detox' 현상이라고 할 수 있다. 이미 캐나다의 문화운동그룹 애드버스터는 매년 4월 셋째 주를 디지털 해독 주간Digital Detox Week으로 정하고 있기도 하다. 초연결사회에서는 디지털 해독 요구 문화가 엄청나게 강하게 나타날 것으로 예상된다.

다섯째, 쏠림현상을 들 수 있다. 초연결사회에서는 나와 비슷한 의견과 생각을 가진 사람들과는 연대하고 다른 사람에겐 배타적인 태도를 취하는 사회적 쏠림현상이 강화될 수 있다. 자신들의 견해만이 옳다는 주장을 SNS을 통하여 유통하고 확산시키면서 자기들과 다른 의견에 대해서는 거센 비난으로 공격하는 행태는 지금의 디지털화 수준에서도 비일비재한 현상인 만큼, 초연결사회 상태에서 그 규모나 강도가 어느 정도가 될지 상상하기 어렵다. 그런데 이러한 자기동조적 집단에 대한 쏠림도 인스턴트 현상으로 끝날 가능성이 높다. 비슷한 의견을 가진 사람들 내에서조차 사안별로 이견이 생길 수 있고 그 결과 서로 단절하려 들기 쉽기 때문이다. 이러한 인스턴트화 문화 현상은 사회 구성원 간의 연대의식을 약화시킬 수 있다. 초연결사회에서 이를 극복하기 위한 문화적 현상들 또한 여러 가지 연결의 도구를 활용해 같이 나타날 것으로 보인다.

ㅣ 초연결사회의 어두운 면과 우리의 자세 ㅣ

에반스Dave Evans(2011)가 네트워크에 연결된 사물이 세계 인구를 초과했다고 한 지 벌써 10년이 되었다. 에릭슨(2011)도 10여 년 전에 네트워크에 연결된 기기의 수가 증가함에 따라 기존보다 높은 수준의 성장과 가치 있는 거시경제 트렌드 변화가 이루어질 것이라고 전망하였다. 이들이 초연결사회 도래가 임박했다는 취지로 이런 말을 한 것은 아니지만, 당시 사회가 초연결시대로의 변화 과정에 있음을 암시한 것은 분명해 보인다. 그렇다면 그 변화 과정 중 2020년 현 시점은 초연결사회의 진행 단계 중 어디에 해당될까? 아마도 IoP 단계를 지나 IoT 단계에 있으면서 IoE 단계를 향해 나아가고 있지 않을까 생각된다. 완숙된 초연결사회가 이루어지기까지는 엄청나게 긴 시간이 소요되겠지만, 현 추세를 살펴볼 때 시간이 흐를수록 그 성숙도는 커져 갈 것으로 보인다. 이를 되돌릴 필요성과 되돌리고자 하는 의지나 동력은 일단 없다고 판단된다.

앞에서 살펴본 단계별 초연결성의 영역에서 인간의 한계를 극복하는 정도와 이를 통해 더 발전되고 나아지는 우리 사회의 모습을 그리고 있는 것에서 보듯, 초연결성은 우리에게 좋은 이미지로 해석되고 있다. 이를 경제적으로 표현하면 초연결사회는 새로운 성장 기회와 가치의 창출이 단계별로 가능하고 더 커지는 사회라고 할 것이다. 하지만 긍정적 가치만 투영시켜 초연결성을 너무 환상적으로 보는 것은 큰 착각일 수 있다. 초연결사회는 여러 가지 어두운 면을 지니기 때문이다.

구체적으로 살펴보면 우선 사람과 사물, 사건이 밀접하게 연결됨에 따라 모든 것들의 경계가 모호해질 수 있다. 개인의 프라이버시가 위협받기 쉽고, 모든 개체가 해킹 대상이 될 수 있다. 뿐만 아니라 모든 것이 연결되어 있기 때문에 시스템이 예기치 못한 방향으로 작동할 경우 자칫 시스템 불안정을 넘어 시스템 붕괴로 이어져 막대한 재난적 상황이 발생할 수도 있다. 또한 경제/사회적 양극화의 심화, "연결 속 소외 Connected, but Alone" 문제도 발생할 수 있다. 초연결사회의 부정적 측면과 관련하여 특히 중요한 것으로 빅브라더big brother 현상과 정보 침해를 들 수 있다. 어찌 보면 이런 현상들은 충분히 감당할 수 있고 대응 방안을 마련하여 극복해 갈 수 있는 것들이라고 할 수도 있다. 하지만 초연결사회는 우리의 과거 경험이나 관리 능력 안에서 판단하기엔 그리 간단치 않은 그야말로 '초' 현상들이란 점에 주목할 필요가 있다. 각별한 주의와 인류의 집단 공동지성, 민주적 공동 대응이 필요할 것이다.

다만, 초연결성은 사회 전반에서 실현되어 가고 있는 거대한 시대적 흐름이며, 사회 자체를 새로운 가치 창조의 플랫폼으로 작용하게 하고 있다. 그런 만큼 여러 선진국들이 국가의 경쟁력 제고 전략 차원에서 초연결성에 각별한 관심을 기울이고, 국가의 운명을 좌우할 중요한 요소로 받아들이고 있다. 이를 볼 때 우리가 초연결성의 부정적 측면에 안목을 고착시켜 국가경쟁력 제고 자원으로 활용하는 데 너무 소극적일 필요는 없다. 그리고 어느 시대, 어느 사회에서나 그랬듯 초연결사회에서 나타나는 부정적 상황이나 문제에는 이를 극복하기 위한 우리의 노력이 수반되고, 또 이를 필요로 할 것이다. 그런 만큼 우리의 대응자세는 초연결사회의 특성에 대한 좀 더 깊은 탐구를 바탕으로 적극적이며 긍정적인 자세로 임하는 것이 아닐까 생각해 본다.

참고문헌

Nicholas G. Carr, *The Shallows: What the Internet is Doing to Our Brains*, W.W Norton & Company, 2010.

Ericsson, "DEVICE CONNECTIVITY UNLOCKS VALUE", *ERICSSON WHITE PAPER*, January 2011.

유영성(대표저자),《초연결사회의 도래와 우리의 미래》, 경기연구원 엮음, 한울아카데미, 2014.

유영성 외,《초연결사회의 도래와 우리의 미래》, 경기연구원, 2014.

유영성, 〈초연결성과 우리 삶의 의미〉, 강원대학교 인문과학연구소 초청특강, 강원대학교, 2020.

Dave Evans, "The Internet of Things: How the Next Evolution of the Internet Is Changing Everything", *CISCO White Paper*, 2011.

Dave Evans, "The Internet of Everything: How More Relevant and Valuable Connections Will Change the World", *Cisco IBSG*, 2012.

McKinsey & Company, *McKinsey Global Survey Results: A Rising Role of IT*, 2011.

www.hologramresources.com

커뮤니케이션북스, http://commbooks.com/p/

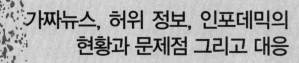

가짜뉴스, 허위 정보, 인포데믹의
현황과 문제점 그리고 대응

한상기

이 글은 2017년부터 2020년까지 한국정보화진흥원 〈KISA REPORT〉에 기고한 글을 모아서 재편집한 것으로, 2020년 6월 5일 강원대학교 인문과학연구소 초청세미나에서 발표한 내용을 추가로 정리하였다.

| 들어가며 |

모바일과 소셜미디어는 전 세계 수십억 명을 연결하면서 우리를 항상 인터넷에 접속한 '올웨이즈-온always-on' 상태로 만들었고, 새로운 혁신과 아이디어를 창출하게 하거나 사회문제에 좀 더 적극적으로 대응할 수 있게 했다. 이런 초연결 세상은 전 지구적 연구를 가능하게 하고, 민주주의를 위한 항거를 효과적으로 조직하게 하며, 우리의 근무 방식이나 협업을 새로운 단계로 진화시키기도 했다.

그러나 초연결이 갖는 부정적인 면 역시 여러 측면에서 드러나는데, 프라이버시 침해와 함께 사회에 가장 큰 위협이 되는 것은 의도적으로 조작하거나 무지에서 비롯한, 또는 일부의 사실과 거짓이 혼재된 다양한 유형의 허위 정보, 가짜뉴스의 폭발적 확산이다.

2016년 옥스퍼드 사전은 올해의 단어로 '탈진실post truth'을 선정했다.[1] 브렉시트Brexit와 미 대선을 거치면서 전 세계에서 '가짜뉴스(페이크 뉴스fake news)' 문제가 크게 주목을 받으면서 '탈진실'이 올해의 단어로까지 선정된 것이다. 옥스퍼드 사전에 따르면, 탈진실은 '감정이나 개인적 믿음이 공공 여론을 형성하는 데 객관적 사실보다 더 영향을 발휘하게 되는 상황'을 의미한다. 이 단어는 2015년에 비해 2천 퍼센트 더 많이 사용되었다고 한다.

---

[1] *The Guardian*, 2016년 1월 15일, "Post-Truth named word of the year by Oxford Dictionaries."

미국 NBC의 시사 대담 프로그램 〈미트 더 프레스Meet the Press〉에 출연한 켈리앤 콘웨이Kellyanne Conway 백악관 선임고문은 '대안적 사실 alternative facts'이라는 용어를 사용하여 거짓을 교묘하게 포장했다는 비판을 받았는데,[2] 이 말이 조지 오웰George Orwell의 《1984》에 나온 '신어'를 연상시킨다고 하여 아마존에서 이 책이 베스트셀러 1위에 오르기도 했다.[3]

가짜뉴스가 정치적으로 큰 영향력을 발휘하기 전에는 여러 사이트에서 '풍자'를 위한 가짜뉴스를 생성하고 퍼뜨렸다. 그러다 방문자가 많아져 수입이 늘면서 점점 더 '풍자'가 아닌 거짓을 만들어 내기 시작했고, 이것이 다시 정치가나 선동가들에 의해 사용되는 악순환이 벌어졌다. 게다가 트럼프Donald Trump 같은 정치인이 CNN 등의 메이저 미디어를 '가짜뉴스'라고 공격하면서, 지지자들에게 오히려 '진짜' 가짜뉴스를 믿게 만들도록 함으로써 스스로 가짜뉴스 확산에 더 개입하고 있는 것도 사실이다. 한마디로 가짜뉴스는 나치의 괴벨스Paul Joseph Goebbels가 즐겨 사용한 '선동'과 다르지 않다. 거짓 정보와 루머로 상대방을 공격하는 것은 인류 역사에서 늘 있어 왔다. 하지만 과거에는 주로 선동적 정치가가 가짜 정보 또는 허위 사실을 퍼뜨리는 데 앞장섰다면, 이제는 돈을 노리는 개인들의 참여가 너무 쉽게 이루어지고, 이를 다시 손쉽게 확산시킬 수 있는 플랫폼이 제공되기 때문에, 여러 나라에서 이 문제로 인해 큰 사회적 비용을 치르고 있다.

---

2 《한겨레》, 2017년 1월 23일, 〈트럼프 또 아무말 … '얼터너티브 팩트' 엉뚱한 신조어〉.

3 *LA Times*, 2017년 1월 25일, "Not an 'alternative face': George Orwell's '1984' tops Amazon's bestseller list."

가짜뉴스가 사회와 민주주의에 위협이 되는 이유는 그 확산 속도가 매우 빨라 이를 바로잡고 진실을 알리기 어렵다는 점에 있다. 2018년 MIT 경영대학원의 시나이 아랄 교수 등은 트위터상에서 가짜뉴스가 진짜 뉴스에 비해 속도 빠르고 확산 범위가 매우 빠르다는 것을 확인했다.[4] 또한 《사이언스Science》에 실린 논문에 따르면, 가짜 이야기가 진짜 이야기에 비해 리트윗될 가능성이 70퍼센트 이상 높으며, 같은 숫자의 사람들에게 도달하는 데 진짜 사실이 6배나 더 시간이 걸린다고 한다. 또한 연속으로 이어지는 캐스캐이드 형태를 보면 가짜뉴스나 가짜 이야기가 사실에 비해 10~20배 더 깊게 연결된다고 한다.

이런 특성 때문에 각 나라들은 가짜뉴스의 확산을 저지하고 이를 최소화하기 위하여 법률을 제정하고 규범을 세우며, 인공지능 등의 첨단 기술로 가짜뉴스와 허위 정보를 판별하기 위한 연구를 진행하고 있다. 또한 소셜미디어 회사는 자체 모니터링을 강화해 허위 정보 확산을 막기 위한 투자를 확대하고 있다.

가짜뉴스와 허위 정보는 단지 재미나 실수 차원에서 이루어지는 것이 아니라, 일부 집단에게는 중요한 수입원이 되고 정치 집단에게는 시민들의 판단을 왜곡시키는 도구가 된다. 또한 이로 인해 사회 불안이나 폭력 상황이 초래되기 때문에 초연결사회에서 우리가 가장 적극적으로 대응해야 하는 사회 이슈로 부각되고 있다.

---

[4] *MIT News*, 2018년 3월 8일, "Study: On Twitter, false news travels faster than true stories".

| 가짜뉴스, 허위 정보는 무엇이고 왜 만드는가 |

가짜뉴스를 어떻게 정의할 것인가?《미디어 오늘》은 2017년 기사에서 다음과 같이 정의하면서 문제점을 지적했다.[5]

> 황용석 건국대 교수에 따르면 '가짜뉴스'는 "실제 뉴스의 형식을 갖춘, 정교하게 공표된 일종의 사기물 또는 선전물, 허위 정보"를 말한다. … 가짜뉴스는 오보나 왜곡된 뉴스와 다르다. … '내용이 거짓이라서가 아니라 언론이 아닌데 언론인 것처럼 포장하고, 그래서 진짜 뉴스인 것처럼 사람들을 속일 수 있기 때문에 우려스러운 것이다.'

해외에는 이런 가짜뉴스를 의도적으로 생성해 수입을 올리는 사이트들이 많은데 대표적인 곳이 '엠파이어 뉴스'와 '내셔널 리포트'이다. 더군다나 2016년 미국 대통령선거 당시 트럼프 캠프에서 주류 미디어를 왜곡과 거짓을 일삼는 저널리즘으로 몰아세우면서, 지지자들이 원하는 가짜뉴스를 전문적으로 생성하는 사람들이 늘어났다.[6]

국내에서는 2017년 탄핵 정국과 조기 대선 움직임에 따라 가짜뉴스가 새로운 사회적 이슈가 되기 시작하여, 여러 언론에서 가짜뉴스의 문제점을 지적하고 팩트 체크를 통해 어떤 뉴스가 가짜뉴스인지를 밝히기도 했다. 국내 문제가 더 어려운 점은 가짜뉴스가 페이스북이나 트위

---

5 《미디어오늘》, 2017년 2월 17일, 〈어느 것이 진짜 '가짜뉴스'인가〉.

6 *The New York Times*, 2017년 1월 18일, "From Headline to Photograph, a Fake News Masterpiece."

터·구글 검색을 통해 확대되는 해외와 달리 카카오톡 같은 메시징 서비스를 통해서 전파되고 있기 때문이다. 페이스북/트위터/구글 플랫폼은 여러 사람들의 신고에 의해 가짜뉴스로 판정되거나 알고리즘으로 방어될 수 있지만, 메시징 플랫폼에서 전파되는 가짜뉴스는 메신저에서 보내는 메시지 내용을 들여다보지 않는 이상 막을 수 있는 방안이 별로 없다.

2016년 11월 《워싱턴포스트The Washington Post》에 실린 유명한 가짜뉴스 생성자 폴 호너Paul Horner 관련 기사에 따르면,[7] 그는 '아미시파들이 트럼프에게 투표하기로 했다', '게이 결혼식 밴', '오바마가 스포츠 경기에서 국가 부르기를 금지했다' 등의 가짜뉴스를 만들어 돈을 벌었으며, 대표적인 가짜뉴스 사이트 '내셔널 리포트'의 주요 기자 역할도 한다. 또한 《뉴욕 타임즈The New York Times》에 소개된 카메론 해리스는 단 15분을 투입해 만든 가짜뉴스를 6백만 명이 공유하게 하고, 이를 통해 5천 달러를 벌었다. 한마디로 돈을 벌 수 있는 것이다. 국내에서 가짜뉴스를 생산하는 여러 사이트들도 방문자 급증을 통한 광고비 수입을 노리는 것이다.

가짜뉴스가 점점 더 많은 사람들에게 받아들여지고 정치적이 되면서 더 큰 영향을 미치게 되었고, 해리스의 가짜뉴스는 트럼프 아들 트위터에 링크되고 구글 뉴스 사이트에서 검색되기도 했다. 대선이 끝난 뒤 '2016년 최종 선거 결과'를 구글에서 검색하면 트럼프가 총득표수에서도 클린턴을 앞섰다고 하는 가짜 뉴스 사이트 '70News'가 나타나기도

---

7 *Washington Post*, 2016년 11월 17일, "Facebook fake-news writer: 'I think Donald Trump is in the White House because of me.'"

했다. 이렇게 유입된 방문자는 바로 광고 수입의 기반이 되기 때문에 많은 가짜뉴스 사이트들이 죄책감 없이 가짜뉴스를 좀 더 그럴듯하게, 더 노골적이고 자극적인 헤드라인과 사진 등을 이용해 만들어 내고 있다.

인터넷에서 이루어지는 루머 확산과 관련하여 하버드대학의 캐스 선스타인Cass Sunstein 교수는 《루머On Rumours》, 《우리는 왜 극단에 끌리는가Going to Extremes》 등의 저서에서 사회적 폭포 효과와 집단 극단화 현상을 지적했다. 사회적 폭포 현상은 정보의 폭포 현상과 동조화 폭포 현상으로 구성된다. 앞선 사람이 하는 말이나 행동을 보고 따라하는 것이 정보의 폭포 현상이라면, 동조화는 자기가 아는 대부분의 사람들이 어떤 루머를 믿으면 자기도 그 루머를 믿는 경향을 의미한다.

집단 극단화는 같은 생각을 가진 사람들끼리 정보 교류를 통해 더 극단적인 견해를 갖는 것을 의미하는데, 가짜뉴스가 이런 방식으로 집단 동질성을 강화하는 데 사용된다. 즉, 가짜뉴스의 확산에는 인간이 갖고 있는 '확증편향' 특성이 큰 역할을 한다. 확증편향은 선택편향의 한 종류로 자신의 선입견을 확증하는 정보만을 선택적으로 탐색하려는 경향이다. 반대로 자신이 믿는 바에 반하는 정보들은 그다지 찾으려고 노력하지 않는다. 국내의 경우 가짜뉴스가 일반적 확산이나 검색 왜곡보다 카페나 메신저·그룹 등을 통해서 퍼져 나가는 이유도 결국 믿음의 확증이며, 그룹 정체성을 강화하고 결속력을 갖기 위한 수단으로 더 많이 사용되는 측면이 있는 것이다.

| 가짜뉴스 판별 연구는 어떻게 이루어지고 있는가 |

가짜뉴스 또는 허위 정보를 최소화하고 그 폐해를 줄이려면, 정부의 개입이나 법에 의한 처벌, 시민들의 노력뿐 아니라 분석 능력으로 이를 판별하고 초반에 차단 또는 삭제 등의 대응을 할 수 있는 기술 개발이 필요하다. 2016년 미국 대선 이후 가짜뉴스에 대한 연구가 많이 이루어졌다. 팩트 체킹, 페이크 기사 판독, 트롤에 대한 공략, 뉴스 소스의 신뢰성 측정 등이 주 연구 방향인데, 그중 뉴스 소스에 대한 신뢰성 측정이 허위 정보 판별에서 가장 중요한 기술 분야이지만 가장 연구가 부족한 상태다.

가짜뉴스 판별은 다중의 정보 소스를 기반으로 판단해야 하며, 사람을 속이기 위해 만든 것이라 뉴스의 내용만으로는 판단이 어렵다는 점에서 난해한 작업이다. 사용자의 참여나 유도된 행위 같은 사회적 문맥까지 봐야 하고, 페이크와 사실이 전달되는 방식이나 사용자들이 보이는 의견 등 동적 정보가 중요한 역할을 하기 때문이다.

많은 연구가 이미 사실 확인이 이루어진 내용과 얼마나 부합하는가 혹은 충돌하는가로 뉴스 소스의 신뢰성을 규정하는 방식으로 진행되었다. 스놉스닷컴snopes.com과 폴리팩트PoliFact 같은 사이트가 중요한 기준이 되었고, 페이스북 등의 소셜미디어 기업도 이런 팩트 체크 기관과 협력해서 진실성을 검증하는 방식을 선택했다.

이처럼 팩트 체크 사이트를 기준으로 판정하는 방식은 사람에 의한 체크이며, 미디어 기관의 역사를 평가하는 것이어서 현재 당면한 내용을 평가하는 데에는 부족한 면이 있고, 이미 확산된 뒤에 검증이 이루어질 가능성이 높다는 문제점이 있다.

페이스북의 마크 저커버그Mark Zuckerberg는 의회 청문회에서, 향후 인공지능을 통해 가짜뉴스 문제를 해결할 수 있을 것이라는 전망을 제시하면서 기술적 해결 의지를 표명하였다.[8] 그러나 그 기술이 언제 어떻게 가능할 것인지에 대해서는 말하지 않았고, 아직도 그 결과를 명확히 제시하지 못하고 있다.

가짜뉴스 관련 초기 연구 중, 2014년 페이스북 데이터 팀의 연구[9]와 2013년 카이스트 차미영 교수의 연구[10] 등은 소셜미디어에서 루머의 확산 유형이나 패턴을 파악해 루머와 사실 정보가 어떻게 다르게 나타나는지를 다루었다. 2015년 정보과학과기술학회ASIS&T에서 웨스턴온타리오대학의 콘로이N. Conroy 등이 발표한 논문에서는 가짜뉴스 확인을 위한 연구 현황을 크게 언어적 신호와 머신러닝 방식 그리고 네트워크 분석 방법, 두 가지로 분류했다.[11]

2018년 도쿄대학의 오시카와R. Oshikawa와 캘리포니아주립대 키안J. Qian과 왕W. Y. Wang이 조사한 자연어 처리 기반의 가짜뉴스 연구 조사에서는, 대부분의 연구가 분류와 회귀분석으로 나누어지는데 분류 방

8 *Washington Post*, 2018년 4월 11일, "AI will solve Facebook's most vexing problems, Mark Zuckerberg says. Just don't ask when or how."

9 Friggeri, A. et. al., "Rumor Cascades," *Proc. of the 8th AAAI Conf on Weblogs and Social Media*, 2014.

10 Sejeong Kwon, Meeyoung Cha, Kyomin Jung, Wei Chen, Yajun Wang, "Prominent Features of Rumor Propagation in Online Social Media," In *Proceedings of the 13th IEEE International Conference on Data Mining (ICDM 2013)*, Dallas, Texas, U.S.A., Dec. 2013.

11 Conroy, N., Rubin, V., Chen, Y., "Automatic Deception Detection: Methods for Finding Fake News," *ASIST 2015*, Nov. 2015.

식이 더 많음을 확인했다.[12] 또한 분류 방식에서는 페이크와 사실의 이분법보다는 일부 사실과 일부 허위와 같은 다중 클래스 접근이 많으며, 회귀분석은 결과를 진실성에 대한 점수로 표시하는 방식을 취하고 있음을 알 수 있다.

인공지능 기술인 머신러닝을 사용하는 연구는 비신경망 방식과 신경망 방식으로 분류할 수 있다. 비신경망 방식은 SVM, 나이브 베이즈 분류기(NBC), 랜덤 포레스트 같은 결정 트리 방식이 사용되고, 신경망 방식은 자연어 처리에 널리 사용되는 RNN이나 LSTM 모델이 사용되지만 문서 분류에 사용되었던 CNN 모델 역시 사용되고 있다. 다중 소스/다중 클래스 프레임워크를 연구한 카리미H. Karimi 등은 CNN 모델로 각 문장의 로컬 패턴을 분석한 후 LSTM으로 전체 문장의 시간적 의존성을 분석했다.[13]

2017년 인디애나대학의 샤오C. Shao 등이 연구한 바에 따르면, 2016년 미 대선 당시 1,400만 개의 메시지를 분석한 결과 소셜 봇이 가짜뉴스 전파에 중요한 역할을 했음을 알 수 있다.[14] 소셜 봇은 특히 초기 확산에 관여했으며, 인플루언서들을 타깃으로 전파했다. 소셜 봇을 이용한 가짜뉴스의 확산은 많은 소셜미디어 회사가 가짜 계정을 찾아내 삭제하는 방법으로 대응하고 있다.

12 Oshikawa, R., Qian, J., and Wang, W. Y., "A Survey on Natural Language Processing for Fake News Detection," *arXiv*, Nov. 2, 2018.

13 Karimi, H., Roy, P., Saba-Sadiya, D., and Tang, J., "Multi-source multi-class fake news detection," In *Proceedings of the 27th International Conference on Computational Linguistics*, pp. 1546–1557, 2018.

14 Shao, C. et. Al., "The spread of fake news by social bots," *arXiv*, Jul. 24, 2017.

딥러닝을 이용한 최신 연구로 MIT, 카타르컴퓨팅연구소QCRI, 소피아대학이 수행한 결과에 따르면, 뉴스 기관을 65퍼센트 정확도로 사실 여부에 대해 '낮음', '중간', '높음' 단계로 판별할 수 있다.[15] 이들은 9백 개 이상의 변수를 기반으로 미디어 출처의 신뢰성을 예측하는 모델로, 이 변수의 여러 조합을 통해 머신러닝 모델을 학습시켰다. 연구팀은 콘텐츠 분석, 전반적인 사이트 지시자, 미디어 매체의 영향력 등을 변수로 사용해 학습하는 모델을 제시했는데, 이런 변수에는 헤드라인의 문장 구조, 기사의 단어 다양성, URL 구조, 웹사이트 트래픽, 소셜미디어 인게이지먼트나 위키피디아 페이지 등을 포함한다.

딥페이크 같은 방식으로 콘텐츠를 조작하는 가짜뉴스를 찾아내는 기술을 개발하는 미국 DARPA의 미디어 포렌식MediFor 팀은 딥페이크 콘텐츠를 확인하는 도구를 개발 중이며 첫 결과물을 2018년에 제공했다.[16] 이 프로그램은 2016년에 시작하여 2020년까지 지원받을 예정이고, 주요 기술 회사들이 각 사 플랫폼에 연구 결과를 통합하도록 지원할 예정이다.

한편, 아이오와대학의 존 쿡J. Cook 등의 연구팀은 2017년 6월 발간한 '페이크 뉴스 연구 프로젝트' 보고서에서 2016년 미국 대선 2주일 전의 1,860만 개 트윗을 대상으로 한 가짜뉴스 확산 연구 결과를 발표했다.[17] 이 연구는 올브라이트의 그룹 306 리스트, B.S. 디텍터의 리스

---

15 *MIT Technology Review*, 2018년 10월 3일, "Even the best AI for spotting fake news is still terrible."

16 *MIT Technology Review*, 2018년 8월 7일, "The Defense Department has produced the first tools for catching deepfakes."

17 Cook, J., Le, H., Shafiq, Z., "Fake News Research Project," *Research Report*, The

트, 스놉스닷컴 등 팩트 체크 사이트 3곳의 소스를 통해 확인된 가짜뉴스 도메인에 포함된 트윗을 확인하는 방식을 취했다. 이 연구에서는 시간에 따른 트윗 활동, 계정 자동화 확률, 트윗 총량, 널리 공유된 인터넷 주소에 대한 일시적 영속성, 후보와의 연관성 등 다차원 분석을 통해 가짜뉴스의 확산 특성을 파악했다. 이를 통해 가장 인기 있는 가짜뉴스 URL은 짧은 기간에 광범위하게 공유되지만 12~48시간 안에 빈도와 양이 급격히 줄어드는 것을 발견했다.

| 가짜뉴스에는 어떤 대응이 필요한가 |

가짜뉴스가 사회에 미치는 악영향에 대한 우려가 커지면서 제작자 또는 대량 배포자 처벌이 논의되기도 한다. 이는 특히 국내에서 나타나는 특징으로, 여러 정부기관에 의한 제재와 처벌 방안이 논의되고 있다. 2017년 2월 7일 경찰청장이 가짜뉴스가 수사 대상이며 이를 엄단할 것이라고 했으며,[18] 선관위도 대선을 앞두고 가짜뉴스 배포를 사이버상의 비방 및 흑색선전에 해당하는 것으로 판단하여 '비방흑색선전 전담 TF'를 꾸렸다고 발표했다.[19]

이에 대해 시민단체 오픈넷은 '국가기관이 나서서 무엇이 가짜이고

University of Iowa, Jun. 26, 2017.

[18] jtbc 〈뉴스룸〉, 2017년 2월 13일, 〈판치는 가짜뉴스에 칼 빼든 경찰 '악의적 뉴스 수사'〉.

[19] 《미디어오늘》, 2017년 2월 16일, 〈가짜뉴스 단속 나선 선관위, 지난해 총선 1만 7천 건 글 삭제됐다〉.

진짜인지를 결정하고, 이를 기준으로 표현 가능성을 결정하는 것이 바로 헌법이 경계하고자 하는 검열'이라고 우려를 표명했다. 2016년 총선에서 1만 7천 건의 글이 삭제되었는데, 여기에는 의혹 제기나 정치적 풍자도 포함되어 있었기 때문이다. 또한, 이미 정보통신망법상 임시 조치나 방송통신심의위원회의 통신 심의, 언론중재위원회의 조정과 중재 절차가 있는데도 선관위가 관여하는 것은 문제가 있다는 것이다.

해외에서는 확산에 가장 큰 역할을 하는 소셜미디어와 검색 서비스인 페이스북, 트위터, 구글 등이 플랫폼 자체에서 이를 최소화하기 위한 노력을 하고 있다. 가장 대표적인 것이 '신고' 기능이다. 이는 우선 많은 사람의 참여를 통한 집단지성에 큰 역할을 맡기겠다는 의지이다. 페이스북, 구글, 트위터 등은 가짜뉴스에 대응하기 위해 정책을 바꾸고 사용자의 참여를 촉구했다.[20]

페이스북은 프랑스에서 8개 미디어 회사와 함께 '사실 확인'을 하면서 프랑스 대통령선거에 대비해 가짜뉴스를 필터링하겠다는 정책을 발표했으며,[21] 구글은 가짜뉴스 사이트에 대한 광고비 분배를 제한하는 정책을 발표했다.

2017년 리코드의 코디 미디어 컨퍼런스에서 애플의 에디 큐Eddy Cue 는 애플을 포함한 기술 회사들이 가짜뉴스 확산 현상에 모두 책임이 있다고 주장했다.[22] 애플의 CEO 팀 쿡Tim Cook 역시 가짜뉴스가 사람들

---

20 *The New York Times*, 2016년 11월 14일, "Google and Facebook Take Aim at Fake News Site."

21 *The Verge*, 2017년 2월 6일, "Facebook launches fake news filter in France."

22 *The Verge*, 2017년 2월 13일, "Apple's Eddie Cue, 'We all have responsibility' for fake news."

의 마인드를 훼손하고 있으며 기술 회사들이 이런 현상에 적극 대응해야 한다고 밝혔다.

그러나 가짜뉴스에 제대로 대응하려면 정책과 기술적 해결과 함께 사용자들의 노력도 필요하다. 어쩌면 사용자들이 진실에 대한 문해력 (리터러시literacy)을 키우는 것이 가장 효과적인 방법일 수 있다. 영국의 BBC는 가짜뉴스 확인 가이드라인을 다음과 같이 제시하여 시청자들의 올바른 판단을 돕고 있다.[23]

전에 들어 본 적이 있는 뉴스 제공사인가?

내가 생각한 그 뉴스 소스인가 아니면 비슷한 곳인가?

일어났다고 하는 곳이 지도상에서 정확히 알 수 있는 곳인가?

다른 곳에서도 보도된 적이 있는 이야기인가?

이러한 주장에 대한 하나 이상의 증거가 있는가?

이 이야기가 아니고 다른 이야기일 수 있는가?

가짜뉴스는 사회의 신뢰를 무너뜨리고, 악용되고 있으며, 부당한 이득을 제공할 수 있다. 이 문제를 해결하려면 전체 사회 구성원이 적극적으로 의지를 갖고 참여해야 하며, 미디어 기업, 기술 기업, 정책 기관, 사용자들이 각자 자신이 할 수 있는 최선의 방식을 활용해 함께 협력하는 방안을 만들어야 한다.

---

[23] BBC, 2016년 11월 22일, "How to report fake news to social media."

허위 정보, 가짜뉴스, 폭력, 혐오발언과 싸우는 각국 정부

허위 정보와 가짜뉴스가 시민사회와 민주주의에 매우 강력한 위협이 되고 있다는 것을 각국 정부가 인식하면서 이를 방지하거나 최소화하기 위한 법률, 규율을 만들기 시작했다.

2019년 3월 뉴질랜드에서 대량살상의 폭력 사건이 일어난 이후 오스트레일리아 정부는 소셜미디어에서 폭력적인 콘텐츠 확산에 빠르게 대처하지 못한 기업을 크게 제재하는 법안을 마련했다. 해당 기업 임원에게 최대 3년 형을 내리거나 전체 매출의 10퍼센트를 벌금으로 물릴 수 있는 강력한 법안이다.[24] '혐오적 폭력 자료 공유' 법으로 부르는 이 법에서 지목하는 영상은 테러리스트 활동, 살인, 살인 시도, 고문, 강간 그리고 유괴 등이다.

이 법은 2019년 4월 오스트레일리아 의회를 통과했다. 거대 기술 기업은 이 법안이 폭력적인 콘텐츠를 제거하지 못한 기업의 누구라도 범죄자로 만들 수 있다는 이유로 크게 반발했다.[25] 특히 구글, 페이스북, 트위터, 아마존, 버라이즌 미디어를 대변하는 오스트레일리아 디지털 산업 그룹은 이 법안이 충분한 검토 없이 통과되었고, 사용자들이 만든 콘텐츠로 인해 기술 기업이 벌금을 내야 하는 문제가 있다고 지적했다.

오스트레일리아 정부가 이런 강력한 조치를 취하게 된 것은 당시 살

---

24 CNBC, 2019년 3월 29일, "Australia plans tougher social media laws for companies which fail to thwart violent content quickly."

25 *The Guardian*, 2019년 4월 4일, "Australia passes social media law penalizing platforms for violent content."

해 장면이 페이스북 라이브를 통해 생중계되었으며, 그 영상이 다양한 채널을 통해 확산되었음에도 유튜브·페이스북·트위터에서 이를 막기 위한 책임 있는 자세를 보이지 않았기 때문이다.

유럽연합 역시 강력한 제재 조치에 나서고 있는데, 특히 주목하는 영역은 혐오발언이다. 2016년 유럽 집행위가 페이스북, 트위터, 유튜브, 마이크로소프트와 합의한 '행동지침'에서는 '불법적인 혐오발언'을 다음과 같이 정의하고 있다.

> "인종, 피부색, 종교, 국적이나 민족을 기준으로 그룹 또는 특정인에 대한 폭력과 혐오를 유도하는 대중 선동"

독일 의회는 2017년 독일 법을 위반하는 혐오발언 포스팅을 24시간 안에 제거하지 않는 기업에 최대 5천만 유로를 벌금으로 부과할 수 있는 법(네트워크 강제 법NetzDG)을 통과시켰다. 2018년 1월 1일부터 시행한 이 법에서 벌금 대상은 2백만 명 이상이 사용하는 소셜미디어인데, 왓츠앱과 같은 개인 메신저 서비스는 제외했다.

유럽 집행위 디지털 싱글 마켓의 부위원장 앤드러스 앤십에 따르면 이러한 규율에 따라 기업들이 문제가 있다고 판단된 콘텐츠의 89퍼센트를 24시간 안에 삭제하고 있으며, 이는 2016년에 비해 2배 정도 개선된 결과이다.[26] 그는 이를 4개 미디어 기업과 합의한 '행동지침'에 의한 효과로 평가했다.

그러나 일부 시민단체나 언론 자유 주창자들은 '불법적인 혐오발언

---

[26] *Deutsche Welle*, 2019년 4월 2일, "EU hails social media crackdown on hate speech."

의 정의가 모호하며, 이를 민간 기업의 판단에 맡겨 수행하는 것의 문제점을 계속 지적하고 있다.[27] 더군다나 페이스북이 홀로코스트를 부정하는 콘텐츠를 삭제하지 않겠다고 하여 논란의 여지가 남아 있다.[28] 페이스북은 반유대주의는 커뮤니티 표준을 위배한 것으로 보지만, 홀로코스트 부정은 심각하게 공격적이라고 보지 않고 있다.[29]

영국에서는 정부 주도로 연구 발행한 '온라인 유해 백서Online harm white paper'가 공개되면서 논란이 커졌다. 2017년 자살한 몰리 러셀 사건과 뉴질랜드 크라이스트 처치 총기 난사 사건을 계기로 발행된 이 백서에는, 정부가 테러리스트 활동이나 아동 성적 착취와 같은 특정 이슈에 대해 직접적인 규제를 가할 수 있고, 소셜미디어 기업의 연간 투명성 보고서에 유해 콘텐츠가 얼마나 퍼졌고 그에 대해 어떤 조치를 취하고 있는지 공개해야 하며, 경찰과 다른 법 집행기관이 폭력 선동이나 불법적인 무기 판매와 같은 불법적 유해물에 대해 협력해야 한다는 권고안이 담겨 있다.[30]

또한 이를 통해 새로운 법안을 준비하는데, 여기에 불법적이지 않지만 유해한 행동을 방지하도록 노력해야 하는 기업의 책임을 언급하면서, 이런 관리 의무를 다하지 않은 기업에 벌금을 부과하거나 고위 임원에 대해 사법 조치를 취하거나 사이트 전체를 블록할 수 있다는 내용

---

[27] *Deutsche Welle*, 2016년 1월 6일, "Users #StandWithHateSpeech to debate EU agreement."

[28] *Vox*, 2018년 7월 20일, "The controversy over Mark Zuckerber's comments on Holocaust denial, explained."

[29] 그러나 2020년 10월 페이스북은 홀로코스트를 부정하거나 왜곡하는 콘텐츠를 삭제하겠다고 공식적으로 선언했다.

[30] UK Government, "Online Harms White Paper," Apr. 8, 2019.

이 담길 것으로 보인다.[31]

　프랑스 역시 2018년 11월에 새로운 법을 통과시켰다. 판사에게 선거 캠페인 기간 중에 가짜뉴스를 즉각 삭제하라고 명령할 수 있는 권한을 주는 법으로, 이는 서유럽에서 잘못된 정보를 추방하기 위한 첫 번째 공식적인 시도로 평가된다.[32] 이를 통해 후보나 정당은 선거 3개월 전부터 '허위 정보'를 중지해 달라고 판사에게 요청할 수 있게 되었다. 나아가, 프랑스 방송위원회는 해외 국가가 운영하거나 상당한 영향력을 가진 텔레비전 채널에 대해서도 중단시킬 권한을 갖게 되었다. 위반한 사람은 1년 이하의 징역이나 7만 5천 유로의 벌금을 내야 한다.

　스웨덴, 아일랜드, 체코 역시 가짜뉴스를 억제하는 법률에 관심을 보이거나 법 제정을 하고 있는 중이다. 인도는 가짜뉴스를 퍼뜨리는 것으로 의심되는 저널리스트를 정직할 수 있는 법을 만들다가 철회했고, 말레이시아는 전통적인 뉴스 기관, 디지털 출판사, 소셜미디어 등에 가짜뉴스를 퍼뜨리는 자에게 6년 이하 징역이나 8만 8천 파운드의 벌금을 부과할 수 있는 법을 통과시켰다. 태국, 싱가폴, 필리핀 역시 법률을 만들거나 보고서를 준비 중이다.

　각 나라는 '가짜뉴스'라고 부르는 허위 정보나 조작된 콘텐츠가 선거 등에 개입해 민주주의에 큰 위험이 될 수 있다고 우려하며 이에 대한 대응책 마련에 신경을 쓰고 있다. 그러나 조작된 콘텐츠를 두고 어디까지가 삭제 대상이고 어디까지가 표현의 자유인가에 대한 논란이 계속

31　*The Guardian*, 2019년 4월 8일, "Internet crackdown raises fears for free speech in Britain."

32　*Euronews*, 2018년 11월 22일, "France passes controversial 'fake news' law."

되고 있다.

'국경 없는 기자회'는 향후 엄격하고 신뢰할 수 있는 저널리즘을 위해 '저널리즘 신뢰 이니셔티브'를 만들어 투명성, 신뢰 이슈에 대한 표준을 정해 이를 통해 인증할 방안을 찾고 있다.[33]

2019년 미 하원 의장 낸시 펠로시Nancy Pelosi의 발언 영상을 조작하여 그녀가 마치 술이 취했거나 인지에 문제가 있는 것처럼 보이도록 만든 영상이 퍼졌다. 트럼프도 이 영상을 트윗에 올렸다.[34] 이 영상이 말을 더듬는 것처럼 조작된 것이 알려지자, 펠로시는 주요 소셜미디어에 이의 삭제를 요청했고, 유튜브는 바로 삭제했다. 하지만 페이스북은 이를 거부했으며, 페이스북의 사실 검증을 하는 제3기관에 의해 '허위'로 확인되었음에도 확산만 막으려고 노력할 뿐 이를 삭제하지 않았다.

이에 대한 반발로 두 명의 예술가와 이스라엘의 광고 스타트업인 캐니 AICanny AI가 저커버그가 등장하는 조작 영상을 인스타그램에 올렸다. 그러나 이 영상은 조작된 것임을 명확하게 드러내고 있어서, 악의적인 목적이 아니라 풍자의 성격임을 알 수 있다.[35]

이 사건은 이후 각종 중요한 선거에서 조작된 영상이 매우 중대한 변수가 될 수 있음을 보여 주었다. 미 의회 정보위원회는 소위 '딥페이크'라고 부르는 인공지능 활용 기술로 만들어진 거짓 영상이 2020년 대통

33 Reporters Without Borders, "RSF and its partners unveil the Journalism Trust Initiative to combat Disinformation," Apr. 3, 2018.

34 *New York Times*, 2019년 5월 24일, "Distorted Videos of Nancy Pelosi Spread on Facebook and Twitter, Helped by Trump."

35 *New York Times*, 2019년 6월 11일, "A Fake Zuckerberg Video Challenges Facebook's Rules."

령 선거에 어떤 위협이 될 수 있는지를 검토하기로 했다.[36]

펠로시 영상은 딥페이크 수준의 기술도 아닌 아주 단순한 조작임에도 큰 문제가 되었다. 더욱더 정교하고 쉽게 판단할 수 없는 수준의 영상·음성 조작 기술이 나오고 있어서 앞으로도 이 문제는 정치, 사회, 언론, 사법기관에서 중요한 이슈가 될 것이고, 선거를 치르는 많은 나라에서 매우 민감한 문제가 될 것이다.

각 나라에서 사회적으로 용납할 수 없는 수준의 혐오발언이나 폭력 유도, 허위 정보와 가짜뉴스를 어떤 기준으로 금지하거나 소셜미디어에서 추방할 것인가의 문제는 앞으로 인터넷 전체의 신뢰 문제 차원에서 매우 중요하게 논의되어야 할 이슈이자, 건강한 민주주의를 만들기 위해 기준을 정하고 합의를 이루어 내야 하는 과제이다.

| 인공지능의 악용 딥페이크의 문제

딥페이크란 '딥러닝'과 '페이크fake'의 합성어로, 인공지능 기술을 이용해 일반적으로 구별하기 어려운 가짜의 이미지와 음성 그리고 동영상을 만든 결과물 또는 이를 만드는 과정을 말한다.

2017년 미국 레딧Reddit 사이트에 '딥페이크스'라는 가명을 가진 회원이 여러 개의 가짜 포르노 비디오를 올렸고, 그중 영화배우 데이지 리들리, 갤 가돗, 스칼렛 요한슨 등의 배우 딥페이크 콘텐츠가 주목을 받

---

36 CNN, 2019년 6월 4일, "Congress to investigate deepfakes as doctored Pelosi video causes stir."

았다. 이 영상은 주로 기존 영상에 유명인의 얼굴을 덧입히는 방법으로 제작되었으며 케라스Keras나 텐서플로Tensor Flow 등의 오픈 소스를 이용한 것이었다. 또한 영상 제작에 사용된 데이터가 구글 이미지 검색, 사진 서비스, 유튜브 비디오 등 일반적으로 구할 수 있는 것이어서, 이 방식이 누구나 쉽게 할 수 있음을 보여 주었다. 레딧의 이 회원 아이디에서 딥페이크라는 용어가 일반화되었다. 그는 엔비디아NVIDIA 연구자가 개발한 이미지 전환 알고리즘과 유사한 것을 사용했다고 밝혔는데, 이는 VAEVariational AutoEncoder와 GAN(적대적 생성 신경망) 모델을 사용한 것이다.

이후 레딧 커뮤니티에서 가짜 비디오의 버그를 해결하면서 진품과 구별하기 어려운 수준으로 발전시켰고, 이에 대해 많은 미디어에서 문제점과 우려를 보도하였다. 레딧의 또 다른 사용자는 '페이크앱FakeApp' 이라는 애플리케이션을 만들어 각자 갖고 있는 데이터로 누구나 영상물을 만들 수 있게 했고,[37] 사용자들은 니콜라스 케이지를 많은 영화에 등장하게 만드는 놀이를 즐기기도 했다.

2018년부터 각종 정치인을 이용한 딥페이크 콘텐츠가 가짜뉴스로 활용되기 시작하면서 사회적 문제로 부각되었다. 배우이자 감독인 조던 필Jordan Peele은 버즈피드BuzzFeed의 비디오 프로듀서인 제럴드 소사와 함께 오바마 영상을 이용해 딥페이크가 얼마나 위험할 수 있는지 경고하는 딥페이크 영상을 공개한 바 있다.[38] 그들은 이 영상을 제작하기

---

37 Motherboard, 2018년 1월 25일, "We Are Truly Fucked: Everyone Is Making AI-Generated Fake Porn Now."

38 Vox, 2018년 4월 18일, "Jordan Peele's simulated Obama PSA is a double-edged warning against fake news."

위해 56시간 동안 학습을 시켰다고 했는데, 영상 속에서 가짜로 오바마가 트럼프를 비난하는 부분이 들어 있어서 그 여파가 더 컸다.

이제 선거를 앞둔 많은 나라에서 이런 페이크 영상이 전체 선거를 크게 왜곡시킬 수 있다는 문제를 인식하고 있으며, 사람들을 완전히 속여 여론을 호도할 수 있다는 점에서 이러한 영상 제작 기술을 매우 위험한 기술로 판단하고 있다.

그러나 사실 이런 기술은 사기나 허위를 만들어 내기 위한 것이 아니라 컴퓨터 그래픽 기술을 이용하여 새로운 영상을 제작하기 위해 연구 개발된 것이다. 2017년 컴퓨터 그래픽 기술 연구를 중심으로 열리는 시그그라프 학회에서 워싱턴대학 연구팀이 음성파일을 이용해 자연스럽게 립싱크가 이루어지는 영상물을 생성할 수 있음을 보였다.[39] 특히 오바마 전 대통령 영상을 이용해 학습시킨 결과물로 공적으로 발표된 영상을 얼마든지 활용할 수 있음을 보여 주었는데, 이는 온라인에 공개되어 있던 2009년부터 2016년까지 3백 개의 주간 연설 영상을 학습에 사용한 것이다.

2016년 CVPR 학회에서 발표된 에를랑겐-뉘른베르크대학, 막스 플랑크 연구소, 스탠퍼드대학의 연구 결과인 '페이스2페이스' 기술은 일반적인 웹캠을 이용해 한 사람의 얼굴 표정을 다른 영상물로 재연할 수 있음을 보여 주었다.[40] 또한 스탠퍼드의 마이클 졸회퍼 교수팀이 2018년에 발표한 '딥 비디오 포트레이츠Deep Video Portraits' 기술은 단지 얼굴

39 Suwajanakorn, S., Seitz, S.M, and Kemelmacher-Shlizerman, I., "Synthesizing Obama: Learning Lip Sync from Audio," ACM Trans. *On Graphics*, Vol. 36, No. 4, Jul. 2017.

40 Thies, J., et. al., "Face2Face: Real-time Face Capture and Reenactment of RGB Videos," *CVPR*, 2016.

만이 아니라 3차원 유형의 머리 부분, 회전, 얼굴 표정, 눈의 움직임까지 재연했다.[41] 타깃 영상 생성에는 GAN(적대적 생성 신경망) 기술이 이용되었다.

이런 기술들은 영화 산업에서의 활용이나 비디오 영상 회의에서 영상 교정 등을 목적으로 하기 때문에, 악용되는 것에 매우 민감하게 대응하고 있다. 딥 비디오 포트레이츠 팀은 같은 기술을 이용해 역으로 비디오 위조를 판정할 수 있을 것이라고 주장한다.

| 딥페이크에 대한 대응 현황 |

딥페이크 영상물이 포르노에 사용되는 경우 악용되는 유명인뿐만 아니라 기존 영상 출연자도 큰 상처를 입는다. 또한 리벤지 포르노나 협박용 메일로도 사용될 수 있기 때문에 사회적으로 큰 문제가 될 수 있다. 2018년 2월 레딧은 자사의 콘텐츠 정책을 위반하는 모든 포럼을 영구히 정지시키면서 문제가 되는 비디오 영상을 제거했다. 즉, 레딧에 올리는 미디어를 저장하는 Gfycat 호스팅 플랫폼에서 문제가 되는 기프GIF 이미지들을 삭제한 것이다.[42] 이후 디스코드Discord, 폰허브pornhub 등도 딥페이크 영상을 제거했다.

정치 영역에서 악용함으로써 가짜뉴스 생성에 동원될 수 있다는 것

----

41 Kim, H., et. al., "Deep Video Portraits," ACM Trans. *Graph.*, Vol. 37, No. 4, Aug. 2018.

42 Motherboard, 2018년 2월 1일, "AI-Generated Fake Porn Makers Have Been Kicked Off Their Favorite Host."

도 큰 문제인데, 이미 국내에서도 문제가 발생하고 있다. 미국 다트머스대학의 디지털 포렌식 전문가 하니 파리드는 미국이 2018년 11월 중간선거와 2020년 대선에서 딥페이크로 인해 문제를 겪을 것이라고 우려를 표명한 바 있다.[43] 새로운 미국안보센터CNAS에서 발표한 보고서에서는 인공지능 기술의 발전이 프로파간다, 스파이, 사이버 범죄를 더 강화해 '진실의 종말'을 가져올 수 있다고 우려했다.[44]

딥페이크 이미지 판정 연구로 유명한 뉴욕 알바니주립대학의 시웨이 류Siwei Lyu 교수는 영상 속 얼굴이 눈을 어떻게 깜박거리는가를 기준으로 딥페이크 영상물을 찾는 방안을 제시했다.[45] 딥페이크 콘텐츠가 주로 정지 이미지를 통해서 학습되기 때문에 영상의 얼굴이 눈을 깜박거리지 않거나 비정상적으로 깜박이는 측면에 주목한 것이다. 보통 사람은 2초에서 10초마다 눈을 깜박거리는데 딥페이크 영상은 그렇지 않으며, 특히 깜박거릴 때 비정상적인 눈동자 움직임을 보인다는 것이다.

다트머스대학 교수이며 DARPA의 메디포 팀 멤버인 해니 파리드는 조명이 일관되지 않는 점과 같은 물리적 접근을 통해 문제를 해결하고자 했고,[46] 로스 앨러모스 연구진은 이미지에 실제 저장된 정보량을 측정하는 방식을 사용하는데, 이는 조작된 이미지가 시각적 요소를 재사

---

[43] 그러나 2020년 선거에서는 딥페이크보다는 가짜뉴스와 허위 정보가 엄청나게 생산되어 각 선관위가 이를 처리하느라 힘들어하고 있다고 2020년 10월 29일 《뉴욕 타임스》가 보도하였다.

[44] *Center for a New American Security*, "Artificial Intelligence and International Security," Jul. 2018.

[45] *Houston Chronicle*, 2018년 8월 29일, "Detecting 'deepfake' videos in the blink of an eye."

[46] *AXIOS*, 2018년 7월 23일, "The impending war over deepfakes."

용했기 때문에 진짜 사진보다 더 단순하다는 점에 착안하고 있다.

국내에서는 과학기술정보통신부 주최로 '2018 인공지능 R&D 챌린지 대회'를 열어 합성사진을 찾는 기술 개발을 유도하였다.[47] 2017년 가짜뉴스 찾기에 이어 인터넷에서 혼란을 일으키고 잘못된 정보를 제공하는 인공지능 악용 사례를 막기 위한 기술 개발을 지원하고 있다.

미국 온라인 매체 악시오스Axios의 카베 와델이 제시한 딥페이크에 대응하기 위한 네 가지 방안을 정리하면 다음과 같다.[48]

- 검증된 콘텐츠 중심의 독립적인 웹사이트 운영
- 트위터, 페이스북, 레딧 같은 소셜미디어 사이트들이 협력하는 플랫폼 수준에서의 검증 시스템 운영
- 블록체인 같은 기술로 진본을 추적하는 시스템(이미 트루픽이라는 회사가 등장했음)
- 구글의 텐서플로 같은 오픈 소스를 이용해 생성하는 이미지에 워터마크 같은 눈에 보이지 않는 정보를 삽입하는 방안

| 팬데믹 시대 인포데믹과의 전쟁 |

2020년 현재 팬데믹 시대에 살고 있는 우리는 바이러스뿐 아니라 또 다른 적과 전쟁을 벌이고 있다. 바로 코비드-19와 관련된 수많은 거짓

---

47 http://airndchallenge.com/g5/
48 32번과 같음.

정보와 가까뉴스가 범람하는 인포데믹과의 전쟁이다. 2020년 3월 UN 사무총장 안토니우 구테흐스Antonio Guterres도 바이러스에 대한 잘못된 정보가 창궐하는 것에 대해 경고하면서, 허위 정보에 의한 인포데믹을 또 다른 적이라고 선언했다.[49] 테드로스 게브레예수스Tedros Ghebreyesus 세계보건기구WHO 사무총장 역시 우리가 에피데믹뿐 아니라 인포데믹과 싸우고 있으며, 가짜뉴스가 바이러스보다 더 빠르고 더 쉽게 퍼지고 있다고 언급했다.

WHO는 인포데믹을 '문제에 대해 지나치게 많은 정보로 오히려 문제 해결을 어렵게 만드는 것'이라고 설명한다. 수많은 허위 정보에 대응하기 위해 WHO는 핀터레스트에 'Myth-busters'라는 보드를 만들어 사람들에게 올바른 정보를 제공하고 있다. 또한 디지털 솔루션 매니저가 페이스북 본사를 방문해 20여 개의 빅테크 기업 사람들에게 도움을 청하기도 했다. 여기에는 우버와 에어비앤비도 포함된다.[50] 이후 시애틀의 아마존을 방문해 사람들이 마스크나 인공호흡기를 살 때 정확한 건강 정보를 제공해 주도록 요청했다.

인터넷 거대 기업들도 인포데믹을 세계 보건과 건강을 위협하는 중대한 문제로 인식하면서 일반적인 허위 정보와 다른 차원에서 적극적으로 대응하고 있다. 2020년 3월에는 페이스북, 구글, 링크드인, 마이크로소프트, 레딧, 트위터, 유튜브 등이 힘을 합쳐 코비드-19에 관련한

---

49 *The United Nations Department of Global Communications*, "UN tackles 'infodemic' of misinformation and cybercrime in COVID-19 crisis," Mar. 28, 2020.

50 *New York Times*, 2020년 2월 6일, "W.H.O. Fights a Pandemeic Besides Coronavirus: An 'Infodemic'."

허위나 거짓 정보와 싸우겠다고 발표했다.[51]

코비드-19과 관련된 대표적인 허위 정보를 정리하면 다음과 같다.

- 흑인은 바이러스에 저항력이 높다. 또는 멜라닌 색소가 많은 사람은 저항력이 높다.
- 확진이 되면 바로 경찰서에 가서 보고해야 한다.
- 이산화염소(클로린 다이옥사이드)가 코로나 바이러스를 파괴한다.
- 끓인 마늘 물로 바이러스를 치료할 수 있다.
- 헤어드라이어로 바이러스를 방지할 수 있다.

이외에도 영국에서는 5G 기술이 바이러스 확산을 일으킨다는 거짓 정보로 77개의 중계탑을 불태우는 어처구니없는 일이 일어났다. 국내에서는 정부가 방역 마스크를 북한에 보내 마스크가 부족해졌다, 중국 유학생에게 대통령 명의의 도시락이 제공되었다 등 갈등을 불러 일으키는 허위 정보도 나타났다.

인포데믹의 온상 중 한 곳으로 지목된 페이스북은 이를 최소화하기 위해 노력하면서 자사의 여러 서비스인 페이스북, 메신저, 왓츠앱, 인스타그램의 특성에 맞춰 대응하고 있다. 예를 들어, 인스타그램에서는 사용자들이 신뢰할 수 있는 건강 정보에 연결할 수 있도록 일부 국가에서 인스타그램 톱 피드에 WHO의 정보나 정부기관의 건강 관련 정보를 제일 먼저 제공하고 있다. 페이스북은 2020년 4월 동안 코비드-19

---

51 *The Verge*, 2020년 3월 16일, "Major tech platforms say they're jointly combating fraud and misinformation about COVID-19."

와 관련된 페이스북 콘텐츠 중 5천만 건에 '경고' 레이블을 붙였는데, 이는 7,500개의 기사를 바탕으로 독립적인 팩트 체킹 파트너들의 확인 과정을 거쳐 이루어졌다. 또한 팩트 체킹 기관들이 거짓으로 판명한 뉴스나 소식이 페이스북이나 인스타그램에서 확산되는 것을 막고, 이미 공유한 사람들에게도 경고를 다시 보내기로 했다. 2020년 4월 현재 60개가 넘는 팩트 체킹 기관이 50개 이상의 언어로 되어 있는 콘텐츠를 리뷰하고 평가한다.[52]

또한 페이스북은 3월에 뉴스 산업에 1억 달러를 투자하여 저널리스트 지원에 나섰다. 여기에는 페이스북 저널리즘 프로젝트로 지역 뉴스 기관에 지원한 긴급 자금 2,500만 달러가 포함되어 있다. 이와 함께 팩트 체킹 기관에 1백만 달러, 국제 팩트 체킹 네트워크에 1백만 달러를 지원했다. 광고에 대한 제약도 강화해서 의료용 마스크, 손 세정제, 바이러스 제거용 물수건, 코비드-19 진단키트 광고를 금지하고, 위기 상황에서 금전적 이득을 취하려고 하는 광고를 배제했다.

구글 역시 이 문제에 심각하게 접근하고 있다. 구글은 평소와 다르게 코비드-19 허위 정보와의 싸움에 매우 적극적인 입장을 취했다. 일단 검색에서 코로나 바이러스와 관련된 검색은 신뢰할 수 있는 공공 뉴스 사이트와 질병관리본부나 WHO 정보가 우선 노출되도록 했다.[53] 유튜브에서는 의학적 치료가 아닌 엉터리 바이러스 방지법을 소개하는 영상을 삭제했다.

---

[52] Facebook, "An update on our work to keep people informed and limit misinformation about COVID-19," Apr. 16, 2020.

[53] *The Verge*, 2020년 3월 11일, "Google has been unusually proactive in fighting COVID-19 misinformation."

구글 플레이에서도 바이러스와 관련된 앱들을 삭제했는데, 심지어 이란 정부가 감염자를 추적하기 위해 만든 앱도 삭제했다. 또한, 자사의 매출을 포기하는 수준으로 수만 건의 바이러스 관련 광고를 금지했고, 유튜브에서도 비슷한 광고를 없앴으며 정부나 NGO에 무료 광고 공간을 제공했다. 뉴스와 보도 영역에서도 여러 지원을 하고 있다. 허위 정보와 싸우는 팩트 체커와 비영리기관에 650만 달러를 지원하고 구글 뉴스 이니셔티브GNI가 퍼스트 드라프트First Draft라는 비영리기관 설립 멤버로 참여했다.[54] 이 기관은 기자들을 교육하고 위기 시뮬레이션을 할 수 있는 온라인 자원 허브를 제공하며, 글로벌 수준으로 광범위하게 사실 확인을 하도록 도와주는 크로스체크 네트워크를 활용한다. 그 외에도 데이터, 과학 전문지식, 팩트 체크를 위해 다양한 기관을 지원하고 있다. 미국 고등과학원과 오스트레일리아 과학 미디어센터가 만든 싸이라인SciLine, 공중보건 전문가와 협력하여 기자를 위한 데이터베이스를 만드는 미단Meedan, 코비드-19를 다루는 기자를 위해 글로벌 데이터 자원을 만드는 스탠퍼드 대학의 JSK 저널리즘 펠로우십 등을 지원한다.

트위터 역시 이런 움직임에 매우 적극적이다. 일단 영국에서 유행했던 5G 관련 거짓 정보에 팩트 체크를 하라는 경고를 붙였다. 3월에는 사람들로 하여금 해로운 행동을 하게 만들 수 있는 문제가 되는 트윗 2,230개를 삭제했다.[55] 또한 '트위터 세이프티' 계정을 통해서 문제가 되

---

54 *Google News Initiative*, 2020년 4월 2일, "COVID-19: $6.5 million to help fight coronavirus misinformation."

55 *The Verge*, 2020년 4월 22일, "Twitter will remove misleading COVID-19 related tweets that could incite people to engage in 'harmful activity'."

는 트윗이나 정보에 대해 지속적으로 안내하였다. 트위터가 바이러스 접촉을 유도하고 퍼뜨릴 수 있는 문제 콘텐츠로 분류한 것은 '전문가 안내를 부정하는 것', '거짓 또는 효과가 없는 치료, 방지, 진단을 고취하는 내용', '전문가나 정부당국의 발표 내용을 오독하게 만드는 것'과 같은 콘텐츠들이다. 불완전하거나 논쟁의 소지가 있는 콘텐츠에 대해서는 아직 유보적이다.

인포데믹에 대한 우려로 유럽연합은 미국의 기술 대기업들에게 자사 플랫폼에서 가짜뉴스에 어떻게 대응하는지 매달 정기적으로 상세 데이터와 함께 보고서를 제출하도록 했다.[56] 구글, 페이스북, 트위터가 주요 대상이다. 특히 안티 백신 운동을 하는 그룹이 온라인에서 허위 정보를 퍼뜨리는 데 중심이 되고 있어 이에 대한 대응이 필요하다고 본 것이다. 강제성은 없으나 대부분의 기업이 유럽연합의 결정에 따르기로 한 점을 주목할 필요가 있다.

국내에서도 네이버나 카카오가 기존 시스템을 이용해 가짜뉴스를 막고 있고, 뉴스제휴평가위원회가 뉴스사업자 검증을 통해 가짜뉴스 사이트를 차단하고 있다. 네이버는 서울대 언론정보연구소와 협력하여 뉴스 사이트에 팩트 체크 서비스를 제공하지만, 코로나19에 대해서는 그룹으로 모아 놓고 있을 뿐이다. 카카오톡은 메시지 내용을 검증할 수 없기 때문에 사용자 신고에 의존하고 있다.

우리나라 인터넷 기업도 해외 기업처럼 더 적극적으로 함께 행동하는 모습을 보여 주고, 사용자들이 가장 많이 사용하는 페이지에 질병관

---

56 *European Commission*, "Coronavirus: EU strengthens action to tackle misinformation," Jun 10, 2020.

리본부나 전문가의 정확한 정보가 좀 더 명확하게 노출되게 할 필요가 있다. 또는 무료로 광고 페이지를 제공해서 신뢰할 수 있는 기관이나 NGO에서 발표하는 정보가 사람들에게 도달할 수 있게 해야 한다. 포털뿐 아니라 게임 사이트, 맘 카페 등 다양한 커뮤니티가 모두 함께하는 노력을 보여 줌으로써 팬데믹 상황에서 사람들이 인포데믹으로 혼란을 겪거나 잘못된 행동을 하지 않도록 하는 것이 이 시대 인터넷 기업의 기본 임무라고 생각한다.

| 맺는 말

지금까지 살펴본 것처럼, 가짜뉴스와 허위 정보는 경제적 이익을 목적으로 만들어 확산시키는 그룹과 정치적인 목적을 갖고 의도적으로 제작 확산시키는 그룹이 있다. 어떤 경우도 민주주의를 크게 훼손하며 큰 사회적 비용을 치르게 만든다.

정부나 사회단체, 거대 기술 기업 모두 이 문제를 인식하고 있으며, 법률 제정, 새로운 규율, 시민 교육 등을 통해 그 피해를 방지하거나 최소화하려는 노력을 하고 있다. 이의 확산은 주로 모바일 메신저나 소셜미디어를 통해서 매우 빠르게 이루어지는데, 이것이 프라이버시 침해 문제와 함께 초연결사회가 갖는 가장 큰 부정적 모습이라고 볼 수 있다.

이런 위험성 때문에 연구자들은 인공지능과 같은 첨단 기술을 활용해 허위 정보 자체나 이를 확산하는 주체를 빠르게 탐지하고자 하며, 소셜미디어 기업은 다양한 기능 개선과 자원 투입을 통해 소셜미디어가 거짓 정보의 확산 플랫폼이 되지 않도록 적극 대응하고 있다.

인공지능은 거짓 정보를 탐지하고 방어하는 데에도 사용되지만 반대로 정교한 거짓을 만들어 내는 데에도 사용되고 있다. 기술 기업과 인공지능 연구가들이 이런 기술의 양면성을 인식하여 사전에 확산을 방지하거나 위/변조를 빠르게 찾아내기 위한 기술 개발을 서두르고 있지만, 아직은 도전적 과제이다. 일부만 허위이거나 논쟁적인 글, 문맥을 통해서만 허위 여부를 알 수 있는 좀 더 복잡하고 교묘한 허위 정보도 많이 나타나고 있기 때문이다.

가짜뉴스, 허위 정보에 대응하는 연구진이나 기업의 공동 노력 역시 전 세계적인 연결망을 통해서 빠르게 그 결과가 공개되고, 서로 개방하고 공유하는 개발자 커뮤니티의 철학을 바탕으로 협업이 이루어지고 있다. 이런 노력과 움직임이 가능한 것 역시 초연결사회의 새로운 디지털 플랫폼 덕분임을 고려하면, 초연결사회가 우리에게 어떤 의미를 갖는가의 문제는 결국 초연결망에 존재하는 개인이나 조직의 역량 강화와 높은 가치 창출에 대한 다양한 경험을 갖게 하는 것에 달려 있다고 할 수 있다.

은폐와 폭로−초연결성의
여성주의적 함축

신정원

이 글은 《한국여성철학》 제31권(2019)에 게재된 원고를 수정하여 재수록한 것이다.

| 들어가는 말 |

2018년 이후 한국 사회는 숨겨져 있던 가부장적 권력의 민낯을 목격하고 있다. 법조계, 정치계, 학교와 대학, 그리고 자유, 도전, 창의를 대표하는 문화예술계 안에서까지 여성이 성적으로 대상화되고 착취되어 왔음을 보여 주는 미투운동 지지자들의 증언은, 사회적으로 높은 가치를 인정받는 제도권의 상층부 이면에 여성에 대한 성적 착취와 일부 권력자들의 이중적 행태가 숨겨져 있었음을 적나라하게 드러낸다. 비교적 최근에 발생한 피해 경험부터 수십 년이 지난 피해 경험까지 폭로하는 이 활동은 사건의 피해자들이 한국 사회 성평등 인식에 대한 신뢰가 높아졌거나 한국 사회의 법과 질서에 대한 신뢰가 높아져서라기보다는 "#Me Too"라는 전 세계적 운동의 맥락에서 확산되고 있다. 과거 성폭행 피해 경험을 세상에 알리는 용기 있는 결정을 하게 된 동기가 대면적 관계를 맺는 주변 사람들이나 자신이 속한 사회에 대한 신뢰와 애착을 기반으로 일어나는 것이 아니라, 동시대를 살고 있기는 하지만 한 번도 만나 본 적 없는 비대면적 관계로부터 촉발되고 있는 것이다. 이 글은 연결성과 초연결성으로 대표되는 기술의 변화가 여성주의적 인식에 미치는 영향을 철학적으로 탐구하려는 목표를 갖는다. 미투운동 참여자들이 사건 폭로로 인해 주변으로부터 겪게 될 고통을 감수하면서 성평등한 사회를 만드는 이상 추구에 동참하게 되는 과정과 이유들을 되짚어 봄으로써, 초연결사회의 도래가 여성주의에 어떤 가능성과 한계를 안길 것인지, 초연결성의 여성주의적 함축에 대하여 생각해 보려고 한다.

초연결성에 대한 기존의 연구들은 초연결성의 특성을 기술공학적으로 접근하고 이 기술이 미칠 사회적 파장과 인간 사회의 변화를 예측해 보는 시도들을 보여 주었다. 《초연결 사회의 도래와 우리의 미래》(2014)는 사회의 여러 분야에서 나타나는 초연결 현상들을 살펴본 후 그 의의를 포괄적으로 검토한 저술이다. 초연결성의 개념부터 각 사회 영역별로 예상되는 변화를 논의하고 있다. 이보다 좀 더 기술 변화가 인간에게 미칠 영향을 사회문화적 의미에서 다룬 연구로《인간, 초연결 사회를 살다》(2015)가 있다. 이 책은 사물인터넷, 빅데이터, 플랫폼, 콘텐츠와 같은 초연결사회의 주요 어젠다를 중심으로 인간이 직면하게 될 근본적인 문제들을 논하고 있다. 철학적인 맥락에서 초연결성의 본질을 논의한《제4차 산업혁명과 새로운 사회윤리》(2017)는 기술문명의 변화가 인간에게 무엇을 가져다줄지를 철학자의 입장에서 논하고 있다. 저자는 인간이란 어떤 존재이고 인간의 행복이란 무엇인지에 대한 성찰로부터 인간이 4차 산업혁명으로부터 어떤 가치를 얻을 수 있을 것인지에 대한 고찰로 나아간다. 특히 욕망을 실현하려는 존재로서의 인간이 과학기술로 인하여 극히 심각한 위기를 낳는 방식으로 욕망 구현을 추구하게 될 위험을 지적하고 있다. 이러한 연구들은 기술의 발전과 그것의 사회문화적 함축, 철학적 비판 등을 보여 주고 있으나 젠더 관점에서 이 기술이 어떤 가능성과 한계를 갖는지를 논의하는 연구는 부족한 실정이다.

이 글은 시론적 성격을 갖는 것으로서, 기술의 급속한 발달로 인하여 젠더 문제는 어떤 변화를 일으킬 것인지를 현재 일어나는 현상들을 기반으로 살펴보고 추론해 봄으로써 여성주의의 이론적·실천적 가능성을 모색할 것이다. 특히 초연결성과 여성주의적 연대에 주목하여 미투운동을 해석하고 잠재성을 평가해 보려 한다.

| 은폐로 인해 유지된 일상의 파기: #미투운동으로부터 |

무엇인가를 은폐한다는 것은 그것을 사회적으로 실존하지 않는 것처럼 보이도록 가려 놓는다는 의미이다. 사람들은 왜, 무엇을 은폐하는가? 사람들은 자신이 경험한 것들 중 밝히기 곤란하고 외상적인 것들을 종종 스스로 은폐하는데, 이것을 심리학에서는 자기-은폐self-concealment라고 한다. 자기-은폐가 개인의 정신건강을 해친다는 사실은 여러 연구에서 증명되었다. 심리적으로 충격적인 사건들에 대해 친구나 가족에게 말하지 않는 것은 오히려 계속 그 사건들을 집착적으로 생각하게 만들며, 높은 수준의 불안, 우울, 불면증 등 다수의 건강문제와 관련된다고 알려져 있다. 자기자신을 해치는 자기-은폐가 일어나는 원인은 무엇일까? 개인이 숨기는 경험들은 자신과 관련된 부정적이거나 수치스러운 일일 경우가 많으며, 은폐된 정보는 주로 내적인 개인적 정보로서 다른 사람이 알아채지 못하도록 적극적으로 지켜지며, 노출하는 경우에도 아주 소수의 사람들에게만 털어놓게 된다.[1]

은폐의 또 다른 측면은 넓은 의미에서 덮어서 감추거나 가리어 숨기

---

1 김정애·이민규, 〈자기은폐와 부적응적 완벽주의가 심리 건강에 미치는 영향에서 기본 심리 욕구 만족의 매개효과〉, 《한국심리학회지: 건강》 제19권 제4호, 2014, 1064~1065쪽.

는 것과 관련된다. 이 경우 은폐는 사건과 연관된 이해관계에 대한 판단으로부터 나온다. 진실을 은폐함으로써 일상적 삶을 통제할 수 있고, 다수의 삶에서 평온함이 유지될 수 있다는 믿음이 은폐를 적극적으로 유도하는 동기가 된다. 사실이 드러나는 것이 가족의 명예를 실추시킨다거나, 학교나 기업의 평판에 해가 된다는 이유에서 피해자보다 위계적으로 상위에 존재하는 구성원들은 피해자가 사건을 폭로하지 않고 덮는 것이 조직이나 피해자 자신에게 궁극적으로는 더 도움이 된다고 설득한다. 이 은폐는 한 사람의 희생으로 조직의 안녕과 일상의 평온함을 유지할 수 있다는 달콤한 환상으로 덮여 있다. 이와 같은 은폐는 피해자의 자기파괴적 희생을 대가로 한 '가해자의 인권 보호'라는 사회악을 어처구니없는 공공선으로 포장하면서 자행되어 왔다.

한국 사회에서 여성으로서 산다는 것에는, 인생의 과정에서 만나게 되는 수백 수천 명의 여자들이 은폐한 이야기들이 그들의 최측근을 통해 건너 전달되어 정확히 누가 어떤 성희롱과 성폭력 피해를 입었는지는 알 수 없으나 매우 유사한 구조로 이루어진 스토리를 듣는 경험이 포함되어 있다. 분명 누군가가 피해를 당한 것이 틀림없음을 지시하고 있고, 그들을 수치심과 위기에 몰아넣었을 이 개인적 경험의 이야기들이 마치 허구의 인물들이 극중에서 겪는 사건들처럼 이야기로 전달된다.

허구와 실재를 가로지르는 이런 이야기들의 실체적 흔적에 제3자가 다가갈 수 있다고 해도 자신이 발견한 사실을 사회에 고발하는 것은 쉽지 않다. 은폐된 사건의 폭로를 위해서는 고려해야 할 사항이 많고 복잡하다. 나 한 사람의 희생으로 모두의 일상이 평온할 수 있다는 환상과 싸우고 있는 피해자의 내적 고통과 상처, 그 일이 실제로는 별일 아니라며 덮으려 하는 주변 이해관계자들의 적극적 방해, 이해관계자들을 이용하여 자신의 비도덕적 행위를 숨기고 오히려 자신이 피해자라고 주장하는 가해자의 위장전략 사이를 파고들어 피해자에게 가장 좋은 방식을 찾아내는 것은 매우 어려운 일이다. 이 폭로로 인해 의도치 않게 피해자의 상황을 더 악화시킬 수도 있으며, 이해관계자들의 원망이 피해자의 상황을 극단으로 몰고 갈 수도 있다. 사회적 선을 위한 폭로는, 은폐된 진실이 폭로되어 환상이 깨진 뒤에도 피해자가 새로운 돌파구를 자신의 내부에서 찾을 수 있으리라는 믿음을 줄 수 있어야 하며, 실제로 환상이 깨진 자리에서 새로운 삶이 가능하도록 사회가 지지해 줄 수 있어야 가능하다.

그런데 2018년 우리는 진실의 폭로가 여성주의 운동가인 제3자에 의해서가 아니라 피해자 자신의 자율적 결정에 의해 일어나는 현상을 한국 사회에서 목격하게 되었다. 진실의 폭로를 통하여 이들은 단순한 피해자가 아니라 사회 개선에 대한 의지를 가진 '생존자'로 사회 안에서 새롭게 자리매김된다.

SNS상에 해시태그를 달아 성폭력을 고발하는 운동인 '#Me Too'의 이름은 아프리카계 미국인 인권운동가인 타라나 버크Tarana Burke에게서 기원한다고 알려져 있다. 타라나 버크는 사회에 널리 퍼져 있는 성적 학대와 성폭행에 대한 인식을 높이려는 의도로 2006년부터 'Me Too'라는 표현을 사용하기 시작했다.[2] 타라나 버크는 자신이 열세 살 흑인 소녀에게 성학대 경험을 들었을 때 너무 충격을 받아 아무 말도 할 수 없었음을 고백하면서 다시 그런 상황이 온다면 어떤 말을 들려주어야 할 것인지 오랜 세월 고민하다 '나도 그랬어'라는 뜻의 'Me Too'가

---

2 위키백과, https://ko.wikipedia.org/wiki/타라나_버크.

최선이라고 생각하게 되었다고 말했다.[3] 성희롱과 성폭력의 피해자들은 수치심과 보복의 두려움 때문에 이를 제대로 말하지 못한다. 타라나 버크는 "나도 그랬어'라는 말 한마디가 갖는 공감의 힘이 피해자들의 수치심을 털어 버릴 수 있게 한다"고 강조했다. 공감을 통한 역량강화 empowerment는 피해자들을 치유하여 자기파괴적 은폐에서 벗어나 사회적으로 새로운 돌파구를 찾아낼 수 있는 힘을 갖게 한다.

그로부터 10년 후 '#MeToo'운동은 SNS의 보급과 함께 전 세계적으로 확장되었다. 2017년 10월 16일 할리우드 배우 알리사 밀라노가 거물 영화제작자인 하비 와인스타인의 수십 건의 권력형 성추행을 폭로하며 성희롱이나 성추행을 당한 여성이라면 'Me Too'라는 댓글을 달아달라는 메시지를 트위터와 페이스북에 띄웠고, 귀네스 팰트로, 안젤리나 졸리 등의 배우들이 동참하면서 24시간 만에 50만 건 넘는 리트윗이 이루어졌고 페이스북에는 1,200만 건이 넘는 공유와 댓글이 달렸다. 10년간 타라나 버크가 벌여 온 조용한 캠페인이 알리사 밀라노와의 연대를 통해 전 세계적으로 확산되었다.

한국에서는 2016년 강남역 살인사건 이후 여성에게 가해지는 일상화된 폭력에 대한 인식이 커졌고, 여성들 스스로 문단 내, 미술계, 학내 성폭력에 대해 말하기 시작했다. 그러나 이 폭로들은 익명의 형태로 진행되어 일각에서 폭로의 진실성에 대한 의문이 제기되기도 했다. 2018년 1월 29일 서지현 검사가 JTBC 〈뉴스룸〉 인터뷰를 통해 안태근 전 법무부 경찰국장의 성추행 사실을 폭로하면서 익명으로 이어져 온 미

---

3 타라나 버크의 《뉴욕타임즈》 인터뷰. S. E. Garcia, "The Woman Who Created #MeToo Long Before Hashtags", *The New York Times*, 2017. (https://nyti.ms/2zocwiU)

투의 흐름은 실명으로 얼굴을 드러내고 피해 경험을 이야기하는 새로운 국면으로 전환되어 온·오프라인에서 급격히 확대되었다. 성폭력은 단순히 남녀 간의 원치 않는 성접촉의 문제가 아니며 사회의 다양한 공적 영역에 깊이 자리 잡은 성권력, 즉 가부장적 사회에서 성적 전리품과 저평가된 노동력이라는 이중적 역할을 여성에게 강요하는 젠더 불평등의 문제라는 것을 서지현 검사의 고발은 드러내 보였다.[4] 또한 이 운동에서 여성들은 "다른 피해자들에게 결코 당신의 잘못이 아니라는 말을 하고 싶다"고 밝힘으로써 공감을 통한 치유와 사회적 역량강화의 메시지를 전달하여 이것이 개인의 문제를 넘어 사회적 의미를 갖고 있음을 보여 주었다.

서지현 검사에 의해 촉발된 성추행 피해 폭로는 정계, 교육계, 종교계, 문화예술계 등 다른 영역의 미투 폭로로 확산되며 사회운동의 양태를 보였으며, 미투운동에 대한 일반인의 인식 수준도 과거와는 매우 달라졌다. 과거 개인 차원에서 전개된 피해의 폭로가 주위의 편견이나 가해자들의 명예훼손 고소로 인해 오히려 피해자들에게 큰 타격을 입혔던 것과는 달리, 시민들은 피해자들에게 공감하고 지지하는 #With You의 움직임을 나타냈다. 피해자가 얼굴과 실명을 드러내며 자신의 경험을 고발하는 양식의 이 운동은 심각한 2차 피해의 위험이 있음에도 불구하고 SNS상에서 지속되어 그동안 감춰졌던 성폭력의 문제들을 빠르게 사회의 가시적인 수면 위로 끌어올렸다. 이들이 제기하는 문제에 응답하면서, 한국 사회의 권력구조에서 여성이 갖는 취약한 위치와 젠더 불평등에 대한 반성적 성찰, 피해자들의 인권 보호에 대한 사회적·

---

4 김현미, 〈미투운동 왜, 지금 그리고 이후〉, 《젠더리뷰》, 한국여성정책연구원, 2018, 4쪽.

정책적 인식은 2018년 한 해 동안 여성운동계와 학계의 토론장에서 주요 쟁점으로 논의되었다. 미투운동의 확산은 한국 사회 여성문제에 대한 인식을 한 단계 끌어올렸으며, 다시 되돌아갈 수 없는 여성운동의 역사적 전환의 계기를 마련했다고 평가된다.

| 연결성과 파급력: 노드node로서의 여성주의 |

#MeToo운동으로 촉발된 최근의 페미니즘 담론은 학자의 논문이나 운동가들의 글을 통해서가 아니라 일상적인 소통 채널인 SNS를 통해 생산되고 전달되었으며 그로 인해 더욱 놀라운 파급력을 가졌다. 왜 SNS였을까? 인간이 자신의 생각과 경험을 사회와 타인을 향해 전달하는 매체는 현대까지 다양하게 개발되어 왔다. 신중하게 쓰여지고 출판되는 글이 아니라 SNS상의 참여와 공유가 더 많은 이들의 공감을 일으키는 이유는 무엇일까? SNS는 인터넷의 등장 이후 새로운 매체 실험의 과정에서 등장한 의사소통 양식으로서 다양한 인적 네트워크를 구축하고 의사소통을 도와주는 서비스를 통칭한다. 오프라인에서 인간 사이에 형성되는 사회적 관계를 온라인으로 가져와 개인들의 일상과 의견을 공유하고 소통하는 네트워크인 SNS는 모바일과 결합하면서 급속도로 정보 생산과 정보 공유 매체로 부상했다.

사용자는 페이스북과 트위터로 대표되는 SNS상에서 자신의 취향과 활동을 짧은 글과 사진 등으로 공유하거나, 타인의 취향과 활동을 관찰하고 모으는 과정에서 사회적 관계를 형성한다. 지리적으로 멀리 떨어져 있는 사람이나 현실에서는 관계 형성이 가능하지 않은 유명인, 사회

주요 인사의 일상생활과 취향까지도 SNS에서는 쉽게 접근하여 알 수 있으며, 그들이 어떤 사안에 대하여 무슨 의견을 갖고 있는지 실시간으로 파악할 수 있다. 포털 사이트를 이용하거나 온라인에서 쇼핑을 할 때 개인이 자신이 원하는 바에 따라 선택하는 활동에 중심을 두는 것과 달리, SNS는 많은 개인적인 정보들을 적극적으로 주고받으면서 형성되는 관계에 중점이 맞추어진다.

SNS는 다른 온라인 활동과 구분되는 몇 가지 독특한 특징을 나타낸다. SNS는 웹사이트나 블로그보다 좀 더 적극적으로 참여participation를 촉진한다. SNS상의 정보 생산과 공유는 자발적인 참여를 특징으로 한다. 개인들은 자신의 프로필 정보를 형성하여 원하는 조건에 따라 공개하고 타인과 연계하며 다양한 사람들과의 상호작용을 위하여, 최신 정보의 획득을 위하여, 혹은 새로운 자아를 구축하기 위하여 등의 다양한 동기를 갖고 SNS에 참여한다. 다른 사람이 올린 자료를 조용히 소비하는 수동적 콘텐츠 소비자와 달리, 참여자인 사용자들은 댓글을 통해 의견을 표현하고 자신이 공유하고자 하는 콘텐츠를 올리며 자신의 활동에 대한 적극적 반응을 유도한다. 이러한 참여 과정에서 말하는 주체인 화자와 청자 사이의 구분은 모호해지고 무수한 화자들 사이에서 빠른 공감을 통한 관계 형성이 이루어진다. 참여와 관계 형성이 사용자들이 원하는 대로 효율적으로 이루어질 수 있도록 SNS 서비스들은 경쟁적으로 서로 다른 소통의 방식을 제안해 왔다.

둘째, SNS는 개방성openness을 특징으로 한다. SNS는 자신이 올린 정보에 대한 타인의 피드백과 코멘트를 촉진하며, 타인이 정보에 접근하고 사용하는 데 있어 장벽을 철폐한다. 때로는 이것이 심각한 사생활 침해와 마녀사냥으로 이어지기도 하고 지나친 개방성으로 인해 스트레스를 증폭시키기도 하지만, 정보의 개방성이 없다면 정보의 공유와 관계의 확장도 가능하지 않기 때문에 자신이 생산한 정보에 대한 외부의 간섭과 개입, 원치 않는 연결과 공개 등은 SNS상에서 필요악으로 여겨진다.

셋째, SNS는 쌍방향 대화와 소통을 특징으로 한다. 누군가에 의해 잘 만들어진 콘텐츠를 일방적으로 전달하는 전통적인 매체와 달리, SNS는 서로 각자 생산한 콘텐츠를 공유하고 전달하고 공감을 표현하는 활동, 즉 사용자 간의 상호작용으로 이루어진다. 그렇기 때문에 SNS는 매우 짧고 가벼운 주제의 대화를 증진시키기도 하지만 정치 참여의 장, 사회문제에 대한 대화의 장으로서 공통의 관심사에 대하여 이야기하는 공동체를 형성하는 등 다양한 역할을 할 잠재성을 갖고 있기도 하다.

넷째, SNS는 연결성connectedness을 특징으로 한다. 이는 디지털 문화의 등장으로 인한 특성이다. 물론 인간 사회는 전통적으로도 관계로 연결되어 있었다. 그러나 전통사회의 관계는 혈연, 학연, 지연 등의 전통적인 관계성의 속성에 제한되어 있는 반면, SNS를 통해 확장되는 관계의 범위와 연결성은 동시대를 살고 있는 국적과 문화가 전혀 다른 사용자들에게까지 열려 있다. 이 연결은 개인의 관심사와 공감의 욕구를 바탕으로 하기 때문에 일시적이고 가벼운 것으로 치부되기도 하지만, 사회문제에 대한 공감과 정치적 의사 표명의 기능을 수행하는 연결에서는 가족이나 직장, 학교에서의 관계와는 또 다른 끈끈한 동의의 연결성이 발견된다.

관계 형성을 위해서 적극적으로 온라인상을 움직이며 네트워크를 형성하는 주체들의 활동은, 그들이 공유하는 주제가 취향에 관한 것이거나 새로운 트렌드에 관한 것 등 개인의 입장 차이가 다양성으로 인식되는 사안인 경우에는 SNS상에서 큰 충돌이 발생하지 않을 수 있다. 그러나 사회적으로 민감한 사안에 대한 정보나 집단 사이의 입장 차이가 충돌하는 경우 SNS의 개방성과 쌍방향적 연결성은 입장 차이에 따른 충돌을 실시간으로 증폭하면서 갈등을 격화시키기도 한다.

SNS는 쌍방향 정보고속도로가 연결되어 있고 수많은 정보들이 교차하는 정보의 광장이다. 이 광장에서 해시태그가 달린 정보들은 누구에게나 쉽게 검색되고 노출된다. SNS상에서 여성주의에 공감하는 생각이나 느낌을 표명하는 것은 '좋아요'를 누르는 새로운 사람들을 만날 수 있는 기회가 열림과 동시에, 여성주의에 부정적인 인식을 갖고 있거나 혹은 극도로 혐오를 표명하는 사용자들의 댓글에 시달릴 위험에 직면할 수 있는 일이다. 악성 댓글의 공격을 피하기 위해 사용할 수 있는 방어막은 혐오발언이나 악성댓글을 다는 사람들을 일일이 차단함으로써 불편함을 부분적으로 피하는 방법뿐이다. 정보의 광장에서 나의 활동이 타인들에게 보여지는 것을 근본적으로 막기는 어렵다. 심지어 SNS상에서 자신에게 불편한 멘션을 하는 사람들을 차단하는 행위는 SNS가 가진 토론의 기능을 약화시키는 행동으로서 부정적으로 평가되기도 한다.[5]

이 글의 초고를 발표했던 학술대회에서 논평을 맡아 준 서울시립대

---

[5] 2018년 5월 23일 《가디언The Guardian》의 보도에 따르면, 트위터를 자신의 정치적 발언의 창구로 적극 이용해 온 도널드 트럼프 미국 대통령의 트위터 계정에서 차단당한 7명을 대표하여 컬럼비아대학의 '수정헌법 제1조 기사 연구소'가 제기한 소송에서 뉴욕지방법원은 트럼프 대통령이 자신의 트위터 계정에서 대통령으로서만 할 수 있는 행위를 하고 있으므로, 트위터에서 다른 사용자를 차단하는 행위는 그들이 공개적인 토론에 참여할 권리를 보장하는 수정헌법 1조를 위반한 것이라 판결했다.

이현재 HK교수는 미투의 경우 개방성과 폐쇄성이 함께 상호작용하는 가운데 확산될 수 있었음을 강조하면서, 여성들이 서로를 지지해 준 상대적으로 폐쇄적인 커뮤니티의 존재가 성폭력 폭로 확산의 토대가 되었음을 강조했다. 커뮤니티 사이트에서의 성폭력 폭로전이 이후 개방적인 #미투가 가능하게 된 배경이 되었다는 주장에 넓은 의미에서 동의한다. 그러나 폐쇄적인 커뮤니티 사이트[6]에서의 '페미니즘 전략'에 #미투 참여자들이 공감하는지, 서로 다른 활동 양식을 보이는 다양한 페미니즘 단체, 커뮤니티, 개인들이 어느 정도까지 서로의 활동을 지지하는지는 좀 더 면밀한 연구가 필요해 보인다. 현대사회의 여성들, 특히 '밀레니얼세대'라고 일컬어지는 여성들은 끈끈하게 엮인 하나의 여성주의 전략에 강하게 연대하는 것에 종종 부담감을 나타낸다. #미투 참여자들과 지지자들은 매우 다양한 배경과 관심사를 갖고 있는 존재들로 가정될 수 있고, 이들이 누구인가는 #Me Too와 #With You의 의사표명을 했다는 것 외에는 온전히 알려지지 않고 있다. 이들이 '진짜' 여성주의자인지 여부를 확인하려고 이들의 정체를 파헤치는 것은 무의미한 활동이며, 여성주의 전략으로도 유효하다고 보기 어렵다.

사고방식과 행동에 있어서 일관성 있게 여성주의적 행위자로서의 모습을 보이는 페미니스트는 밀레니얼세대 이전의 여성들 가운데서도 거의 존재하지 않거나 이상적으로만 존재한다고 볼 수 있다. 한 사람에게 일생의 전 과정을 통해서 일관성 있게 페미니스로서의 선택과 행

---

6 폐쇄적 커뮤니티 사이트에서의 여성주의 활동에 대한 평가는 본 글에서보다는 여성주의 커뮤니티 활동의 성과를 주제로 탐구하는 연구자들에 의해서 적절히 다루어질 수 있을 것이라 생각한다.

동을 기대한다면, 세상에는 아마도 페미니스트가 존재하지 않을 것이다. 현실 속의 여성들은 특정 사안에 대해서는 페미니스트의 어떤 전략에 동의하지만, 다른 부분에서는 페미니스트들이 대개 동의하는 입장에 동의하지 않을 수도 있다. 현실 속에서 자신을 여성주의자로 생각하는 사람들은 반여성적인 어떤 행위에 함께 분노하고 문제의식을 느끼면서도 또 다른 종류의 반여성적 입장을 가진 종교에 속해 있고, 여성 억압적인 가족제도의 관례 안에서 여전히 전통적인 역할을 수행하며, 다른 여성을 향하여 우월한 계급적 지위에서 나오는 권력을 행사하는 복합적이고 다소 모순적인 존재들이다. 급진주의적 여성주의자의 글을 공감하면서 읽는 사람이 현실에서는 전통적인 성역할을 자연스럽게 수행하는 것을 볼 때 이를 근거로 그 사람이 여성주의자임을 의심한다면 페미니즘은 운동의 토대를 잃을 수밖에 없다. 포스트모더니즘 이후 많은 여성주의 이론가들이 비판해 왔듯이 인간의 본질, 여성의 본질, 페미니스트로 정체를 확인받기 위하여 가져야만 하는 본질적인 조건이란 없다. 정체의 확인은 매 순간 의사 결정과 의사 표현을 통하여 자신의 생각을 정립하고 확인하는 과정에서 순간적으로 확인되고 변화하며, 그 순간들을 넘어 연속성을 가지고 일관되게 존재하는 것이 실재하는지, 있다면 무엇인지는 충분히 설명되기 어렵다.

2018년 우리는 개인의 경험이 SNS의 개방적 네트워크를 통하여 집단의 경험으로 재탄생하는 것을 목격했다. 은폐했던 자신의 경험을 SNS상에서 해시태그를 달아 폭로했던 사람들은 자신들의 경험이 단순히 수치스러운 개인적인 경험으로 묻히지 않고, 성폭력과 성희롱에 대한 사회의 인식 변화에 기여하고 더 이상 피해자가 숨어서 고통받는 문화에 안주하지 않으며 가해자에 대한 적절한 처벌의 문화로 확대되기를 소망하면서 자발적으로 담론을 구성하고 확장했다. 시간적 제약이나 공간적 한계가 사라진 상황에서 여성주의 담론이 활동가나 이론가들이 아닌 여성 개인들에 의해 구성되고 있음을 목격하는 것은 매우 새롭고 놀라운 일이 아닐 수 없다. 또한 한국 사회가 점점 더 개인화되어 가고 있는 상황에서 여성주의 담론의 동력이 떨어질 것으로 우려했던 많은 사람들에게 이들의 폭로는 현대사회에 사람들이 알아채지 못하는 가운데 여성주의 담론의 새로운 층위가 생성되고 있음을 확인시켜 주었다는 점에서 놀랍고 반가운 일이 아닐 수 없다.

SNS상에서의 여성주의 담론은 매우 빠른 속도로 나타났다가 사라지기를 반복한다. 어떤 쟁점이 등장하면 짧은 시간에 참여자들의 토론을 통하여 행동의 방향이 결정되고, 재빨리 새로운 어젠다로 교체된다. 몇 분 동안 혹은 며칠 동안 다루어지는 어젠다들은 참여자들이 논쟁에 직접 뛰어들 수 있는 SNS의 개방적, 상호작용적, 직접행동주의적[7] 의사소통 구조를 적극적으로 활용하면서 일상 안에서 여성주의 담론을 살아 있게 한다.[8] 더 이상 전통적 지식의 위계에 주눅들지 않고 자신의 입장과 경험을 공유하는 새로운 존재들의 부상은 미투운동의 파급력이 지속될 수 있는 지지의 기반을 제공했다.

미투운동을 통해 그 존재가 확인된 새로운 페미니스트들은, 1980년대 이후 한국 사회의 구조화된 성폭력에 반대를 표명했던 여성주의운동의 맥락과 1990년대 이후 디지털 문화를 바탕으로 다양하고 불연속적으로 존재해 온 영페미니스트의 존재, 그리고 현재에도 충분히 가시

---

7   김현미, 〈미투운동 왜, 지금 그리고 이후〉, 5~7쪽.
8   정희진 엮음, 《미투의 정치학》, 교양인, 2019.

화되고 있지 않은 잠재적 페미니스트들의 연속선상에 존재하는 자발적이고 참여적인 사회적 연대의 실천가로 평가될 수 있다.

이 세대는 이전 세대들과 온라인을 대하고 활용하며 이해하는 방식에서 차이가 있는 것으로 확인된다.[9] 인터넷의 발달과 함께 등장한 새로운 공간으로서 가상공간은 초기에는 현실 공간과 완전히 분리된 공간으로 인식되었고, 가상공간에서 현실의 정체성을 넘어선 대안적인 정체성의 실험이 가능할 것으로 기대되었다. 그러나 가상공간과 현실 공간의 융합이 진행됨에 따라, 즉 모바일 기기와 SNS 등으로 언제 어디서나 누군가와 연결될 수 있는 상황이 됨에 따라, 이 두 공간을 성격이 완전히 다른 분리된 공간으로 보기 어려워졌다. 가상공간은 현실에 녹아들어 현실 공간에 통합된다. 오프라인의 관계가 온라인으로 연결되기도 하고, 온라인의 관계가 오프라인의 만남으로 이어지기도 한다. 융합의 시대에 가상공간에서 일어난 일은 현실에 연결되어 영향을 미치며, 가상공간의 자아와 현실의 자아가 서로 영향을 주고받는 융합적 정체

---

9 2013년 발표된 한 연구 결과에 따르면 13세 이상 59세 이하의 SNS 이용자로 구성된 각 연령대별 패널 토론에서, 온라인과 오프라인에서 자신의 정체성을 이해하는 방식에 있어 세대별로 의미 있는 차이가 있는 것으로 확인되었다. 40대 그룹의 경우에는 온라인에서의 행동을 이야기할 때 오프라인의 사회 규범을 기준으로 삼는 경향이 있으며, 오프라인에서 구축된 자신의 정체성을 온라인에 반영시키려는 태도가 확인되었다. 30대의 경우에는 오프라인의 사회 가치를 지키는 자아를 강조하는 점에서 40대 그룹의 태도에 가까운 모습을 나타냈다. 이와 달리 10대 그룹에서는 온라인과 오프라인의 정체성 구분 자체에 의문을 제기하며, 오프라인 정체성이 먼저 형성된다는 생각을 굳이 하지 않는 것으로 나타났으며, 20대의 경우도 10대에 가까운 태도를 보이는 것으로 나타났다. 이 연구에서 오프라인을 먼저 경험하면서 자란 후 온라인을 경험하게 된 세대와 태어나면서부터 온라인과 오프라인을 동시에 경험한 세대가 온라인과 오프라인을 이해하는 방식에서 차이를 나타내며 이것이 세대 차의 일부를 구성한다고 해석될 수 있다. 조성은 외, 〈초연결 사회에서 디지털 자아의 정체성 연구〉, 정보통신정책연구원, 2013.

성이 나타난다. 세상에 태어나면서부터 다양한 디지털 기기를 접한 디지털 원주민digital natives[10] 세대인 10대와 20대는 온라인 세계 역시 현실 세계인 것으로 경험한다. 이전 세대들의 익명성에 대한 다양한 실험들이 매우 급진적이었음에도 불구하고 가상성의 역설에 스스로를 가두었던 것과 달리, 이 새로운 세대의 행위 방식은 가상과 현실의 유기적 연결 속에서 어느 쪽이 더 진짜라는 허위의식에서 벗어나 훨씬 더 자유로운 선택과 행동을 보여 준다. 온라인은 더 이상 익명적 존재들의 가상적 자유 공간이 아니라 현실의 다양한 흔적들이 남겨지는 공간이 되었다.

셰리 터클Sherry Turkle은 초연결사회에서 항상 접속되어 있고 연결되어 있는 자아를 '묶여 있는 존재'로 이해한다. 수많은 연결망에 묶여 구속되어 버린 자아는 피상적인 관계 속에 얽매여 있다. 이 관계는 함께 있으나 항상 부재중이며 함께 있지 않으나 항상 연결되어 있다. 이런 얄팍한 소통으로 이루어진 관계는 함께 연결되어 있다는 허상을 갖게 하지만 깊이 있는 연대는 가능하지 않은 피상성을 특징으로 한다.[11] 그러나 이러한 부정적 전망과는 달리 온라인과 SNS에서 의미 있는 연대들이 형성되고 깊이 있는 상호작용이 일어나는 것을 #미투운동의 사례에서 확인할 수 있다. 디지털 원주민 세대는 SNS를 통한 연대를 단지 가상적인 것으로서가 아니라 현실적인 것으로 인식한다. 이들의 연대가 매우 일상적이고 편리한 기기와 서비스를 활용하면서도 강력한 힘을 발휘하는 이유가 여기에 있다.

이 새로운 세대에게 여성주의자로서 일관성 있는 삶의 이야기를 요

---

10 돈 탭스코트,《디지털 네이티브》, 이진원 옮김, 비즈니스북스, 2009.
11 셰리 터클,《외로워지는 사람들》, 이은주 옮김, 청림출판, 2010.

구하거나 끈끈한 자매애를 요청하는 것은 너무 많은 기대를 하는 것이
거나 잘못된 요청일 수 있다. 이들에게 페미니스트로 정체를 확인하는
작업은 긴 이야기 대신 몇 단어로도 가능한 일이며, 공감의 표현은 '좋
아요'로도 충분하고 강력할 수 있기 때문이다.

　이런 상황에서 새로운 여성주의 담론의 탄생을 축하하는 데 머물러
있기보다는, 이 현상들이 앞으로 계속 진행될 속도의 증진과 연결성 증
대의 와중에 나타나고 있음을 직시해야 한다. 4차 산업혁명 담론에서
이야기되고 있는 이른바 '초연결성'이 그것이다. 초연결성이란 지금의
것과는 비교되지 않을 만한 고도의 연결성과 그것으로 인한 사회적 확
산의 결합으로 특징지워진다. ICT 선두 기업들은 플랫폼을 통해 사용
자들의 정보를 대량으로 수집하고 분석하여 새로운 서비스를 내놓는
다. 이 활동들의 결과는 현재의 스마트폰과 빅데이터와는 질적으로 다
른 새로운 기술문화의 출현이 될 것으로 예측된다. 이 초연결사회에
서 다양한 세대와 관심과 목표가 공존하는 복합적이고 복잡한 존재들
의 연대로서 여성주의는, 주체들이 모여들어 논의하고 활동하는 실천
의 장이 되기보다는 노드node가 되어야 할 것으로 생각된다. 네트워크
상의 연결 지점으로서 '노드'라는 용어를 들여옴으로써 필자는 데이터
가 단순히 흘러 지나가는 길로서가 아니라, 순간적으로 주체의 존재가
확인되는 데이터들이 모여들어 힘을 가지게 되는 순간적 결집의 권력
화를 강조하려 한다. 노드로서의 여성주의에서 어떤 것이 여성주의 어
젠다인지, 어떤 것이 여성주의가 나아갈 방향인지, 어떤 것이 수용할
만한 규범인지의 문제는 동의나 거부를 표하는 참여자들의 입장 표명
을 통해 순간적으로 정해지고 토론되고 변경될 수 있다. 연결의 점들은
각각의 참여자들이 이해하고 실천하는 범위와 관심사에 따라서 다양

하게 구성될 것이다. 하나의 노드는 다른 노드와 특정 어젠다에서 연합할 수 있고 다른 어젠다에 대해서는 공감하지 않고 분리될 수 있다. 다양하게 변화하는 정체성과 복합적인 동기를 가진 존재들이 특정 어젠다에 공감을 표하며 모였다가 흩어지기를 반복하는, 분산적이지만 집중되어 있고 짧지만 강력한 연결의 점들을 다양하게 만들어 나가는 것, 이것이 여성주의가 아날로그 세대와 디지털 원주민들을 연결하면서 초연결사회에서 살아 있을 수 있는 유효한 방식이 될 것이다.

| 확장되는 기회, 확장되는 위험,
   그리고 여성철학의 과제 |

온라인과 오프라인이 융합되고 인간과 인간, 인간과 기계, 기계와 기계가 실시간으로 연결되는 초연결사회는 이미 시작되었다고 볼 수 있다. 2008년에 전자네트워크로 연결된 장비가 전 세계 인구를 초과했고, 2011년에는 스마트폰 사용자 수가 PC 사용자 수를 넘어섰다. 초연결사회는 좁은 의미에서 사물인터넷이 범용화되는 사회이다. 이것은 인간 주체들이 인터넷을 통해 연결되는 방식을 넘어 세상에 존재하는 모든 유형·무형의 객체들이 인터넷에 연결되어 언제, 어디서나 어느 것과도 연결할 수 있는 새로운 통신 환경을 의미한다. 이를 위해서는 모든 사물이 지능화되어야 하는데, 사물에 센서와 칩이 내장되면 사용자의 활용 정보를 수집할 수 있고 다른 사물과 정보를 교류하며 데이터를 분석하고 판단하여 사용자에게 최적화된 서비스를 제공할 수 있을 것이다.[12] 자신이 사용하는 컴퓨터와 모바일 기기를 와이파이에 접속하여 주체가 연결을 구성하는 방식과 달리 사물들, 즉 책상, 자동차, 버스 정류장뿐만 아니라 작업의 프로세스와 같은 무형의 대상들이 점점 더 지능화되고 스스로 인터넷에 연결되면 사용자가 알지 못하는 사이에 데이터의 전송과 교류가 이루어지고, 이로 인해 사생활 침해나 해킹 문제가 더욱 심각하게 대두될 것으로 전망된다. 넓은 의미에서 초연결사회는 이와 같이 확장되고 지능화된 환경에서 네트워크를 기반으로 디지털 기기와 서비스가 유기적으로 상호작용하여 시간과 공간의 확장, 지식과 관계의 확장, 일상생활 방식의 확장이 이루어진 사회를 의미한다. 이 사회가 어떤 방식으로 존재하며 이해될 수 있을지는 패러다임의 전환으로 평가될 만큼 현재와 큰 차이가 있을 것으로 예견된다.[13]

초연결사회는 자발적인 연결, 즉 자율성을 가진 주체들이 자유로운 의사 표현과 협력을 위해 네트워크상에서 능동적 연결 활동에 참여하는 것으로 보이지만, 실은 주어진 사회구조를 반영하며 주체와 객체들의 네트워크 의존성을 강화한다.[14] 초연결사회는 이질적인 구성 요소 간의 연결과 확장이 주요 가치가 되는 사회이기 때문에 인간중심적이기보다는 데이터 주도적이며 네트워크 의존적이다. 데이터에 젠더편향적인 가치가 내재되어 있다면 이 데이터는 젠더편향적인 데이터들

---

12 조성은 외, 《초연결사회의 지속가능성을 위한 사회문화적 조건과 한국사회의 대응 (II) 네트워크를 통한 창의적 협력과 탈경계의 문화확산》, 정보통신정책연구원, 2016, 12~14쪽.

13 조성은 외, 《초연결사회의 지속가능성을 위한 사회문화적 조건과 한국사회의 대응 (II) 네트워크를 통한 창의적 협력과 탈경계의 문화확산》, 14쪽.

14 이호영 외, 《초연결사회의 지속가능성을 위한 사회문화적 조건과 한국사회의 대응 (II) 총괄보고서》, 정보통신정책연구원, 2016, 79쪽.

을 연결된 기기들과 주고받으며 재생산하고 집합적으로 구성하는 데 기여할 것이며, 그렇게 구성된 맥락 안에서 사용자들의 선택을 유도할 수 있다. 그런 점에서 데이터 주도성과 네트워크 의존성은 여성주의 담론에 기회와 위험을 동시에 제공한다. 이 시대에 목격되고 있는 바와 같이 새로운 페미니스트 존재들이 데이터 네트워크 안에서 새롭게 창발할 가능성이 열려 있다. 그러나 이미 젠더 불균형이 내재된 데이터의 소통에 개인들이 영향을 받아 선택과 결정을 하게 된다면 직접행동주의 전략은 오히려 젠더 불균형을 강화하는 방향으로 진행될 수도 있다. SNS상에서 타인의 평가에 기대고 의존하는 존재들은, 점점 더 자신을 집단적인 마녀사냥식 공격의 대상이 되도록 데이터 공간에 노출하는 것일 수도 있다. SF적 상상력에 기반한 작품들이 경고하고 있는 것처럼 초연결과 초지능화는 '인공두뇌적 전체주의'를 강화할 수도 있다.[15]

전체주의의 재출현 대한 경고의 반대쪽 끝에는, 다양성과 이질성의 극대화로 인한 혼란을 경고하는 목소리도 존재한다. 기기들과 서비스들의 이질성, 그리고 이로부터 영향을 받는 인간 주체의 변화로 인한 복잡성의 증대는 인간에게 매우 혼란스럽고 해결하기 어려운 문제를 던져줄 수 있다. 논의의 중심축이 주체에서 데이터와 네트워크로 이동할 때, 인간이란 무엇인가에 대한 암묵적 동의에 기반하여 세계와 가치에 대해 사유해 온 철학은 이제 새로운 연구의 대상들을 마주하게 된다.

여성주의 정치학과 철학이 초연결사회에서 직면하게 될 문제들에는 무엇이 있을까? 우선, 데이터 주도적 사회에서 지능화된 기기의 토대가 되는 데이터들이 어떤 가치들을 담지하고 있는지, 어떤 관점에서 데이

---

15 조성은 외, 〈초연결 사회에서 디지털 자아의 정체성 연구〉, 5쪽.

터가 쌓이고 어떻게 학습이 되었으며 그것을 기초로 어떤 서비스와 발화가 이루어지고 있는지, 이들을 구조화하는 아키텍처에 숨어 있는 논리는 무엇인지를 여성주의 관점에서 개입하고 분석하고 비판적으로 성찰하는 작업이 여성주의 담론화에 중요하게 대두될 것이다.

현실과 가상의 구분은 지금도 상당히 모호한 편이지만 점점 더 구분하기 어려워질 것이다. 네트워크의 빠른 속도로 각종 라이브들이 실시간으로 제공되고 떨어져 있는 공간에서 일어나는 사건과 사물들이 생생하게 실시간으로 제공되면, 인간에 의해 만들어진 실재들과 인공지능에 의해 생성된 실재들이 구분 가능하지 않게 섞일 것이다. 무엇이 사실인지의 문제는 점점 더 풀기 어려운 과제가 되고, 세계에 대한 존재론적, 인식론적 성찰은 새로운 도전을 맞게 될 것이다.

인간과 기계 그리고 자연 사이의 구분 역시 더욱 모호해질 것이다. 포스트휴먼의 조건에 대해 이야기하는 우리 시대의 사상가들이 이미 지적하고 있듯이, 포스트휴먼의 징후들은 이미 여기저기서 나타나고 있다. 로지 브라이도티Rosi Braidotti는 유럽중심주의적이고 제국주의적인 휴머니즘의 전통이 끝났을 뿐 아니라, 휴머니즘과 반휴머니즘의 대립 역시 끝났음을 이야기하면서 반휴머니즘은 포스트휴먼으로 나아가는 이론적 경로의 하나라고 평가하고 있다. '여성/인간'의 죽음이라는 반휴머니즘적 전제를 출발점으로 하여 브라이도티는 휴머니즘의 원칙 위에서 여성을 설명하고 연대를 만들어 내려 했던 정치적 실천들의 이론적 기반도 죽을 수밖에 없음을 지적한다. 이 시대의 과학과 생명기술이 인간에 대한 기본 참조틀을 급진적으로 바꾸어 놓는 상황에 포스트휴먼적 동의가 놓여 있음을 확인한다면서, 브라이도티는 인문학이 현재 진행되고 있는 변화와 변형들을 긍정적으로 설명하면서 포스트휴먼으로의 중요한 변모 과정을 기꺼이 겪을 능력을 보여 준다면 살아남아 번성할 수 있으리라 전망하고 있다.[16]

미래 사회의 대안적 포스트휴먼 조건의 가능성에 대한 긍정적 전망과 도전들이 존재함에도 불구하고, 이 변화는 여성에게 유리한 지점을 쉽게 허용하지 않을 것으로 보인다. 기술로 인한 정보 과잉은 민주화와 평등을 강화하기보다는 양극화와 사회적 분배의 젠더편향성 문제를 점점 더 첨예화할 것으로 보이기 때문이다. 현재도 남성에 비해 가난하고 열악한 사회적 위치에 있는 여성들이 변화에 적극적으로 동참하면서 한국 사회에서 어떤 위치를 점하게 될지 긍정적으로 상상하기 어렵다. 현재 한국 사회는 고용, 노동, 승자독식 문제에 대한 해결책을 제시하지 못하고 있다. 여성주의가 이 문제들에 대해 어떤 대안을 내놓을 것인가는 더욱더 도전적인 과제가 될 것이다.[17]

사이버성폭력 문제 역시 법규 강화에도 불구하고 다양한 객체들이 스스로 연결되고 소통하는 초연결사회에서 여성주의 실천의 도전적 과제가 될 것이 분명하다. 여성의 신체를 의사에 반하여 촬영한 영상이나 인공지능이 생성한 여성 신체의 재현들이 여성의 정체성과 권익에 어떤 해가 되고 어떻게 통제되어야 하는지를 표현의 자유 문제와 대립하여 논하는 것이 점점 더 중요한 문제로 떠오를 것이다. 인공지능의

---

16 로지 브라이도티, 《포스트휴먼》, 이경란 옮김, 아카넷, 2015, 7~74쪽.

17 OECD 남녀 임금격차 통계에서 한국은 OECD 36개 국가 중 부동의 최하위를 기록하고 있다. OECD 평균 남녀 임금격차는 14.1퍼센트로, 이는 남성이 100만 원을 받을 때 여성은 85만 9천 원을 받는다는 의미이다. 2017년 기준 한국의 임금격차는 37퍼센트로, OECD 평균의 2배를 훨씬 웃도는 수치를 보여 주고 있으며 2008년 36.8퍼센트에서 제자리걸음을 하고 있다. OECD, 〈양성평등으로 가는 길: 힘겨운 여정〉, 2017. (http://www.oecd.org/korea/Gender2017-KOR-kr.pdf)

젠더 윤리가 편향적이 되지 않도록 압력을 행사하는 것 또한 여성주의의 주요 과제가 될 것이다. 엄청난 속도로 진행되는 과학기술의 발달로 미래 사회에서 발생할 수 있는 사이버 성폭력을 미리 예측하고 대비하는 것은 여성주의에 남겨진 과제이다.[18]

　미래는 우리에게 도전과 위험의 가능성을 동시에 열어 주고 있다. 사이버페미니즘의 희망찬 메시지나 포스트휴머니즘의 긍정적 전망을 단순히 수긍하거나 수용할 수 없는 이유는, 이전의 여성주의자들이 제기했던 문제와 성과들의 직간접적 결과들 때문이기도 하다. 여성은 가정에서의 예속을 벗어나 사회로 진출하여 경제적, 정신적 독립을 성취할 때 좀 더 자유로울 것으로 예견되었다. 2018년 한국 사회는 사회적 주체로 활동하는 20~30대 여성이 SNS상에서 자발적으로 여성주의자임을 드러내며 당당하게 도전하는 반가운 모습을 보게 되었다. 그러나 #MeToo운동을 통해 사회 속 여성들이 여전히 정치적·경제적으로 열악한 환경에 노출되어 있고 구조화된 성폭력에 신음하고 있다는 것 또한 확인되었다.

　여성의 억압과 성적 착취가 가정과 가족관계를 중심으로 주로 사적인 관계 영역에서 발생한다고 보았던 여성주의 인식에 변화가 요구되고 있다. 사회에서 여성의 부상과 함께 구조적·성적 불평등 문제가 지속되지 않게 하려면 무엇이 필요한지, 여성주의 문제의식의 변화가 요구된다. 또한 현재, 그리고 가까운 미래를 내다보며 점점 더 촘촘히 스며들고 있는 연결성과 초연결성 사회에서 여성주체와 여성주의는 어떻게 지속가능할 것인지 진지하게 물어야 한다.

18　이미경, 〈미투운동을 통해 본 법과 현실의 괴리〉, 《경제와 사회》, 비판사회학회, 2018, 29쪽.

참고문헌

김대호 외,《인간, 초연결 사회를 살다》, 커뮤니케이션북스, 2015.

김정애 · 이민규, 〈자기은폐와 부적응적 완벽주의가 심리 건강에 미치는 영향에서 기본 심리 욕구 만족의 매개효과〉,《한국심리학회지: 건강》 19. 4호, 한국심리학회, 2014.

김현미, 〈미투운동 왜, 지금 그리고 이후〉,《젠더리뷰》, 한국여성정책연구원, 2018.

돈 탭스코트,《디지털 네이티브》, 이진원 옮김, 비즈니스북스, 2009.

레이 커즈와일,《특이점이 온다: 기술이 인간을 초월하는 순간》, 장시형 · 김명남 옮김, 김영사, 2007.

로지 브라이도티,《포스트휴먼》, 이경란 옮김, 아카넷, 2015.

셰리 터클,《외로워지는 사람들》, 이은주 옮김, 청림출판, 2010.

손상영 외,《안전한 초연결사회를 위한 사회문화적 조건》, 진한엠앤비, 2017.

슈테판 헤어브레히터,《포스트휴머니즘-인간 이후의 인간에 관한 문화철학적 담론》, 김연순 · 김응준 옮김, 성균관대학교출판부, 2009.

신경숙, 〈"#미투" 운동과 페미니스트 담론〉,《새한영어영문학회 학술발표회 논문집》, 새한영어영문학회, 2018.

유발 하라리,《사피엔스-유인원에서 사이보그까지, 인간 역사의 대담하고 위대한 질문》, 조현욱 옮김, 김영사, 2015.

유영성 외,《초연결 사회의 도래와 우리의 미래》, 한울아카데미, 2014.

이미경, 〈미투운동을 통해 본 법과 현실의 괴리〉,《경제와 사회》, 비판사회학회, 2018.

이호영 외,《초연결사회의 지속가능성을 위한 사회문화적 조건과 한국사회의 대응(II) 총괄보고서》, 정보통신정책연구원, 2016.

정희진 엮음,《미투의 정치학》, 교양인, 2019.

제리 카플란,《인공지능의 미래》, 신동숙 옮김, 한스미디어, 2016.

조성은 외, 〈초연결 사회에서 디지털 자아의 정체성 연구〉, 정보통신정책연구원, 2013.

조성은 외,《초연결사회의 지속가능성을 위한 사회문화적 조건과 한국사회의 대응(II) 네트워크를 통한 창의적 협력과 탈경계의 문화확산》, 정보통신정책연구원, 2016.

크리스 그레이, 《사이보그 시티즌: 포스트휴먼 시대, 인간이란 무엇인가》, 석기용 옮김, 김영사, 2016.

한국포스트휴먼연구소, 《제4차 산업혁명과 새로운 사회 윤리》, 아카넷, 2017.

2부

초연결성의 근원과 존재론

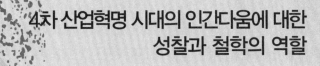

4차 산업혁명 시대의 인간다움에 대한
성찰과 철학의 역할

이상범

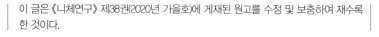

이 글은《니체연구》제38권(2020년 가을호)에 게재된 원고를 수정 및 보충하여 재수록
한 것이다.

| 4차 산업혁명 시대와 철학의 과제 |

시대의 과학적 변화가 삶의 양식에 영향을 미치는 정도가 아니라 인간의 존재 양식을 직접적으로 변화시키는 거대한 과학적 패러다임의 변화 속에서, 철학은 어떤 학문적 역할을 해야 하는 것일까? 인공지능이 인간의 존재론적 본성을 초월하고 인간의 인간다움을 변화시키는 근본 조건으로 작용하는 특이점을 앞두고 철학의 역할은 더 절실해진다.[1] 철학은 4차 산업혁명과 관련된 다양한 현상들의 본질 그 자체를 존재론적으로 탐구할 수 있는 학문이다.

진정한 인간다움에 대한 논의가 필요한 현 시점에서, 철학의 역할은 단지 윤리학적 탐구에 머물지 않는다. 또한 사물과 사물의 연결을 초월하는 4차 산업혁명시대의 초연결hyper-connected은 이제 인간의 진화에도 예외를 두지 않는다. 기계의 육체를 가지는 트랜스휴먼과 인간의 감정을 가지는 인공지능 사이의 존재론적 의문은, 인간의 인간다움에 대한 철학의 역할을 구체화해 준다. 나아가 이러한 물음이 절실해질 포스트휴먼 시대에도 철학은 변함없이 인간의 인간다움을 탐구하는 존재론적인 시도와 더불어 시대의 윤리적 토대를 해명하고 그 가치를 규정

---

1 인간의 본성 및 정체성을 대변하는 휴머니즘과 포스트휴머니즘의 인간향상에 대한 논의는 아직 활발한 논의의 과정에 있다. 4차 산업혁명 시대의 혁명적 과학기술들로 변화된 포스트휴먼 시대에 위협받을 수 있는 인간의 존엄성 문제를 다양한 사회적 관점에서 논의하며 새로운 인문학적 지성의 중요성을 강조하는 글로는, 백종현, 〈제4차 산업혁명 시대, 인문학의 역할과 과제〉, 《철학사상》, 제65집, 서울대학교 철학사상연구소, 2017, 117~148쪽 참조.

하는 역할을 하게 될 것이다.

그렇다면 니체F. W. Nietzsche의 "신의 죽음der tot Gottes"에 담긴 사상적 의미는 4차 산업혁명 시대에 철학의 역할을 어떻게 규정해 줄까? 절대적 진리로부터 해방되어 내가 매 순간 나로서 느끼며 살아가는 새로운 미래를 희망했던 "미래의 철학"[2]과 스스로를 "미래의 철학자"[3]로 이해했던 니체는 "신의 죽음"을 선포함으로써 서구 정신사에서 은폐되어 온 인간다움의 가능성을 드러냈다. "신의 죽음"은 인간적인 가치가 온전히 인간의 것이 될 수 없을 때 그의 인간다움은 은폐될 수밖에 없다는 실존적 위기에 대한 철학적 인식의 결과이다. 과학기술의 정점에서 인간의 인간다움에 대한 의문은 더욱 진지해질 것이다. 아래의 글에서 확인할 수 있듯이, 유발 하라리Yuval N. Harari 역시 이러한 문제의 위험성을 지적하고 있다.

우리가 진지하게 받아들여야 할 것은, 역사의 다음 단계에는 기술적, 유기적 영역뿐 아니라 인간의 의식과 정체성에도 근본적인 변형이 일어나리라는 생각이다. 또한 이러한 변형은 너무나 근본적이어서 사람들은 '인간적'이라는 용어 자체에 의문을 품게 될 것이라는 생각이다. 앞으로 남은 시간이 얼마나 될까? 알 수 없는 일이다. 이미 언급했듯이 2050년이 되면 일부 사람들이 이미 죽지 않는 존재가 되어 있을 것이라고 말하는 사람도 있다. 이보다 온건한 사람들은 다음 세기 혹은 다

2　프리드리히 니체, 《유고(1885년 가을~1887년 가을)》, 2[32], 이진우 옮김, 책세상, 2005.
3　프리드리히 니체, 《선악의 저편》, 210, 김정현 옮김, 책세상, 2005, 185쪽.

음 천년에 대해서 말한다. 하지만 7만 년에 걸친 사피엔스의 역사라는 관점에서 보면 몇 천 년도 별 것 아니다.[4]

'철학'은 끊임없이 인간의 실존을 성찰하고 결국 삶을 변화시킬 수 있어야만 한다. 그리고 '철학자'는 마땅히 이 과제를 수행해야만 한다. 인간의 인간다움을 은폐하는 시대와 역사를 향한 니체의 반시대적 사고와 주장이 "신의 죽음"으로 표출된 것이다. 이 글은 니체의 개념 "신의 죽음"을 통해서 인류의 미래를 새롭게 변화시킬 다양한 과학기술문명의 세부적인 내용을 점검하기 위함이 아니라―마치 니체가 앞으로 도래할 시대적 변화(혹은 위기로서의 허무주의)를 철학적으로 읽어 내고 진정한 인간다움을 탐구하듯이―4차 산업혁명 시대의 철학의 역할과 인간다움의 의미를 생각해 보기 위함이다.

| "신의 죽음"과 인간다움에 대한 철학적 성찰 |

자신이 살던 시대의 문명과 문화에 대한 비판으로 대변되는 니체의 철학적 선언 "신의 죽음"은 21세기 오늘날 새로운 과학문명과 문화의 현상을 이해하는 데 어떤 사고의 전환을 제시할 수 있을까? "신의 죽음"이

---

4 유발 하라리, 《사피엔스》, 조현욱 옮김, 김영사, 2019, 584쪽. 코헨Daniel Cohen의 말처럼, 인간은 그 자체로 "최종 완제품"이다. 그렇기 때문에 포스트휴먼의 미래에는 무엇보다 컴퓨터를 수단으로 활용하면서도 인간의 "인간성manhood"이 확보되어야만 한다 (다니엘 코헨, 〈기술이 인간을 행복하게 해주는가〉, 《초예측》, 웅진지식하우스, 2019, 144~162쪽, 155/162쪽).

라는 그의 개념과 사상적 의미는 19세기에만 국한되는 것일까? 아니면 이 선언적 개념은 여전히 새로운 시대의 관점에서 읽힐 수 있는 가능성을 내포하고 있는 것일까? 만약 그렇다면 "신의 죽음"에 담긴 의미는 4차 산업혁명 시대의 인간에게 어떤 영향을 줄 수 있을까?

학문(교육과 교양)과 정치, 사회, 문화 등의 다양한 조건들을 인간 실존의 관점에서 고찰하며 근대 유럽의 거대한 계몽주의적 프로젝트를 해체하고자 했던 니체의 시도는 새로운 휴머니즘의 가능성을 향해 나아간다. 그리고 이러한 해체의 시도는 그의 철학의 중기 끝자락에서 시작되어 후기를 여는 《차라투스트라는 이렇게 말했다》에서 당시 유럽의 시대상을 온전히 반영한 "신의 죽음"이라는 냉철한 선언으로 표출된다. 4차 산업혁명 시대는 이전 세기와는 완전히 다른 인간 이해를 대변해 줄 수 있는 새로운 휴머니즘을 필요로 한다. 하지만 그 어느 때보다도 철학의 역할이 중요한 이유는, 앞으로 도래할 포스트휴먼의 미래를 준비하는 이 휴머니즘이 인간 안에 있는 능력을 강조하는 또 다른 계몽의 시도가 아니라, '인간을 넘어선 인간'을 추구하기 때문이다.

해러웨이D. J. Haraway부터 시작되어 커즈와일R. Kurzweil에 이르는 인간에 대한 포스트휴먼적 이해, 즉 인간의 사이보그화를 예견하는 시도는 새로운 휴머니즘 시대의 인간 정체성과 인간다움에 대한 논의를 확정하는 듯한 강한 인상을 준다. 보스트롬N. Bostrom 역시 인간향상Human Enhancement 기술에 대한 자신의 생각을 계몽의 관점에서 설명하고 있다.[5] 생물학적 진화의 방향을 인위적으로 결정할 수 있게 될 포스트휴

---

5   우정길, 〈보스트롬(N. Bostrom)의 인간향상론에 대한 비판적 고찰〉, 《교육문화연구》, 제24집, 인하대학교 교육연구소, 2018, 11~17쪽 참조.

먼 시대에 앞서 "신의 죽음"—NBICNano-Bio-Information-Cognitive(나노, 바이오, 정보통신, 인지과학)으로 인해 인간이 신의 창조에서 해방되었다는 점에서—은 보다 현실적인 문제가 되었다. 이렇듯 인간 생명의 존재론적 구조와 활동에 직접적으로 개입하는 NBIC 기술은 인간과 과학기술의 오랜 관계를 넘어서는 초연결을 지향한다. 그리고 초연결시대는 과거 하늘과 땅의 형이상학적–이원론적 관계를 불식시키고 인간과 기계의 관계로 전환하는 혁명적 기술의 시대이다. 사물인터넷IoT: Internet of things에서 만물인터넷IoE: Internet of Everythings으로의 시대적 변화는 나노공학을 바탕으로 인간과 기계의 초연결이 가능해지고 있음을 보여 준다. 초연결을 통해 인간이 만물Everything을 지배함과 동시에 지배의 대상이 되는 것이다. 철학이 지금까지 수행해 온 인간의 존재론적 본성과 인간다움에 대한 투쟁이 인간의 사물화Verdinglichung를 막기 위함이었다고 생각해 본다면, 인간다움에 대한 철학적 성찰과 임무는 좀 더 분명해진다.

하지만 포스트휴먼 시대에 인간이 신적인 역할을 하는 것과, 니체가 "신의 죽음"을 선언함으로써 인간에게 다시 삶의 주권을 되돌려 주었던 사실 사이에는 커다란 차이가 존재한다. 포스트휴먼의 관점에서 "신의 죽음"은 인간이 신과 같은 창조주로서의 능력을 갖게 되는 것을 의미하지만, 본 글에서 살펴보는 "신의 죽음"과 그 사상적 의미는 인간을 규정하는 절대적 관점, 즉 포스트휴먼적인 과학기술이 인간의 존재를 규정하기에 앞서 인간다움의 조건을 인간 안에 내재된 본질로서 드러내 주는 역할을 할 것이다.

만약 이 작업이 성공적으로 진행된다면, 니체의 이 선언과 의미는 포스트휴먼의 미래를 살아갈 인간의 존재론적 본성과 정체성 그리고 그의 인간다움을 좀 더 현실적으로 규명해 줄 수 있는 또 한 번의 "모든 가치의 전도Umwertung aller Werte"를 수행하게 될 것이다. 니체가 자신의 철학에서 "신의 죽음"을 선언한 후 희망했던 미래는 오늘날의 관점으로 바라봐도 가치 있는 삶의 지혜를 제공해 준다. 그 이유는 그가 이 선언을 통해서 되살리고자 했던 것이 온전한 인간의 삶이었기 때문이다. 오늘날 이 선언은 인간 안에 내재된 인간다움의 조건과 중요성을 드러내 주는 역할을 하게 될 것이다.

니체가 "신의 죽음"을 통해 "허무주의"라는 근대 문명의 성격과 인간 실존의 혼란을 야기하는 이유는, 근본적으로 거대한 절대적 가치 아래 은폐된 인간의 인간성, 즉 인간의 인간다움을 부활시키려는 시도였다. "자유정신", "힘에의 의지", "위버멘쉬Übermensch" 등, 니체의 철학적 개념들 역시 존재론적 관점에서 인간의 인간다움을 되살리기 위한 시도의 일환으로 이해할 수 있다. 하지만 "신의 죽음"을 전제로 하지 않는다면, 이 개념들은 사상적 실효성을 잃게 된다. 니체의 철학에서 "신의 죽음"은 인간의 인간다움에 대한 형이상학과 종교의 존재론적 토대를 허물어뜨리는 사건으로 등장한다. 본 글에서 "신의 죽음"이 인간의 인간다움의 성찰을 위한 근본 조건으로 제시되는 이유는 이 때문이다.

이러한 의미에서 "신의 죽음" 이후에 좀 더 구체화되는 니체의 인간학적 명제들, "인간은 아직 확정되지 않은 동물"[6]과 "너는 너 자신이 되어야만 한다"[7]는 그의 철학적 시도가 진정한 인간다움에 대한 성찰 위에서 도출된 것임을 알 수 있게 해 준다. 그리고 그의 이러한 실존적 언명은

---

6 프리드리히 니체, 《선악의 저편》, 62, 101쪽.
7 프리드리히 니체, 《즐거운 학문》, 270, 안성찬·홍사현 옮김, 책세상, 2005, 250쪽.

4차 산업혁명 시대를 살아가는 인간들에게 진정한 인간다움에 대한 성찰을 요구하는 철학의 고유한 물음과 다르지 않다. 인간의 인간다움에 대한 존재론적 성찰을 시도하는 니체에게 있어 '그것 자체An sich'로 대변되는 절대적인 의미와 가치는 파괴되어야만 하는 자기인식과 자기되기의 장애일 뿐이다. 니체의 철학에서 "신의 죽음"이 가지는 중요한 사상적 의미는 바로 '그것 자체'의 해체를 불러온다는 것이다. 아래의 글은 니체의 이러한 철학적 시도가 지향하는 목적을 잘 담고 있다.

> "물 자체"는 "의미 자체", "뜻 자체"와 마찬가지로 잘못된 것이다. "사실 자체"는 존재하지 않는다. 어떤 사실이 있기 위해서는 항상 의미가 먼저 투입되어야 한다. "그것은 무엇인가Was ist das?"는 다른 무엇에 의해 파악된 의미-정립이다. "본질", "실재"는 관점주의적인 것이며, 이미 다수를 전제한다. 그 밑바탕에는 항상 "그것은 나에게 ⋯ 무엇인가Was ist das fuer mich?"가 놓여 있다.[8]

인간다움의 상실에 대한 니체의 비판은 소크라테스에 대한 비판에서도 이미 확인된다. 그렇다면 신화적 사고에서 이성적 사고로의 변화로 대변되는 소크라테스의 이성중심주의와 합리주의적 사고를 비판하는 니체의 철학적 사고 전환의 시도는 오늘날 어떤 의미를 지닐 수 있을까? 나아가 인간의 진정한 인간다움은 인간의 어떤 특성으로부터 도출되는 것일까? 인간다움은 삶과 죽음, 즉 그의 존재의 유한성과 사멸성에 대한 존재론적 이해를 바탕으로 보다 분명해진다. 형이상학적 이

----

8   프리드리히 니체, 《유고(1885년 가을~1887년 가을)》, 2[149], 171쪽.

원론과 종교적 내세에 대한 니체의 비판에서 알 수 있는 것처럼, 인간의 본질적인 인간다움은 그의 존재론적 필연성, 즉 그의 삶이 유한하고 필멸할 수밖에 없다는 사실을 토대로 한다.

니체의 관점에서 신이 죽어야만 인간은 비로소 자신의 '유한성', 즉 '사멸성'을 체험할 수 있게 된다. 역설적으로 들리지만, 신의 죽음으로 인해서 인간은 비로소 자신의 죽음을, 다시 말해 유한성과 사멸성을 인식할 수 있게 된다. 니체의 관점에서 보면, 신의 죽음으로 인해 인간은 비로소 끊임없이 생성하는 "대지의 의미"를 깨달을 수 있게 된다. "위버멘쉬가 이 대지의 의미이다. 너희들의 의지로 하여금 말하도록 하라. 위버멘쉬가 대지의 뜻이 되어야 한다고! 형제들이여, 맹세코 이 대지에 충실하라!"[9] 그의 철학에서 위버멘쉬는 자기 자신의 실존적 의미를, 즉 자신의 정체성과 인간다움을 간직하고 있음에도 불구하고, 이를 끊임없이 탐구하는 인간 유형에 대한 명칭이다.

인간 존재의 인간다움은 신의 죽음이라는 정신적 사건을 통해서 중요한 과제로 부각된다. 니체는 신의 죽음으로 인해 발생하는 자기 존재의 무기력과 무의미의 허무주의적 혼란, 즉 존재 의미의 상실을 극복할 수 있는 인간 유형으로 위버멘쉬를 제시한다. 그리고 위버멘쉬는 인간다움에 대한 니체의 철학적 성찰을 사상적으로 구체화시켜 주는 인간학적 개념이다. 이 두 사상은 인간을 인간답게 만들어 주는 조건이 언제나 그의 존재 안에 있다는 사실을 보여 준다.

그렇다고 신의 죽음이 4차 산업혁명 시대를 대변하는 과학의 죽음을

---

9 프리드리히 니체, 〈서문〉, 《차라투스트라는 이렇게 말했다》, 정동호 옮김, 책세상, 2005, 18쪽.

지시하는 것은 아니다. 신의 죽음이 그의 죽음을 목격한 철학자의 입에서 나온 말이 아니라, 사고의 전환을 통해서 삶의 새로운 정체성을 창조해야만 한다는 실존의 요구이듯이, 본 글에서 신의 죽음을 통해 4차 산업혁명을 바라보는 관점 역시 마찬가지다. 신의 죽음이 인간의 인간다움의 중요성을 강조하듯이, 4차 산업혁명도 이것의 중요성을 우리에게 요구하고 있다.

| "신의 죽음"과 삶에 대한 비극적 인식 |

초기 《비극의 탄생》에서 제시된 "예술가-형이상학"[10]은 전통적인 형이상학의 종말과 더불어 예술을 통해서 철학과 삶의 새로운 관계를 정립하고자 했던 니체의 시도를 잘 보여 준다. 그리고 이 시도는 삶에서 멀어진 철학에 대한 비극적 인식으로부터 시작된다. 니체의 이러한 비극적 인식은 이미 벌어진 사태, 즉 학문·예술 등 소크라테스의 이성중심주의적이고 합리적인 지식 충동에 의해 억압된 총체적인 그리스 비극정신의 치유를 위한 시도로 그의 철학 후기까지 지속된다.

여기서 중요한 것은, 니체의 이러한 비극적 인식이 세계와 삶이 살아 생동하고 있다는 사실에 대한 인식이라는 것이다. 신화적 지혜를 삶으로 터득하고, 다시 그 지혜를 자신의 삶에 적용하는 방식은 맹목적인 지식 충동—학문(과학)에 대한 맹목적인 신뢰—을 제어한 결과, 다시 말해 철학이 삶에 기여하고 또한 살아 생동하는 삶이 그러한 철학을 정

---

10 프리드리히 니체, 〈자기비판의 시도〉, 《비극의 탄생》, 이진우 옮김, 책세상, 2005, 12쪽.

당화하는 유기적인 관계에 의한 결과이다. 소크라테스 이래의 철학자들에 대한 니체의 비판은 인간이라는 존재에 대한 이성적-기계적 이해와 해석을 극복하기 위함이다.

니체에 의하면, 비극은 고통을 삶의 문제로 환원하는 동시에 고통을 실마리로 삶 자체를 문제시하는 인간의 실존과 직결되어 있다. 고통은 나 자신을 파괴하는 힘이지만 동시에 더 깊이 내 안으로 향하게 하는 디오니소스적 힘이다. 디오니소스적 고통으로 인한 개체의 파괴와 근원 일자^者와의 합일, 그리고 아폴론적 가상에 의해 다시 삶을 살아가게 만들어 주는 두 충동에 대한 니체의 관점에서 소크라테스와 에우리피데스에 의한 비극의 죽음은 인간의 삶이 더 이상 예술(적)일 수 없음을 확인시켜 주는 실존의 위기로 작용한다.

아래의 글을 통해 확인할 수 있는 것은, ① 인간이 쌓아 올린 문명은 이성에 의한 것이지만, 그 성과는 이성만이 아니라 문명을 필요로 했던 욕구, 욕망, 충동, 본능, 감정 등의 내적 정념Pathos에 의한 것이기도 하다. 이 정념이 부정되지 않을 때 문명과 문화는 인간적인 것이 될 수밖에 없다. ② 그리고 아래의 글에 등장하는 중요한 개념이 "커다란 고통 der grosse Schmerz"이라는 점을 바탕으로 이 내용을 조금 더 확장시켜 보면, 인간과 기계의 차이는 고통을 통해 느끼게 되는 삶에 대한 이성과 감정의 변화이다. 고통의 여부에 따라 인간과 기계를 차별하는 것이 아니라, 이로부터 드러나는 동감, 공감, 동정 등의 윤리적 감정 발생의 차이가 인간의 인간다움을 규정할 수 있는 조건이 될 수 있다는 것이다.

우리는 생각하는 개구리가 아니다. 차가운 내장을 지니고서 객관화하고 기록하는 기계가 아니다. 우리는 항상 산고를 겪으며 우리의 사상을 탄생시킬 수밖에 없으며 어머니로서 피, 심장, 불, 기쁨, 정열, 고통, 양심, 운명, 숙명 등 우리가 지닌 모든 것을 그 사상에게 주어야만 한다. 삶―이것이 우리의 모든 것이고, 우리가 빛과 불꽃으로 변화시키는 모든 것이며, 또한 우리와 만나는 모든 것이다. 그 밖에 다른 도리가 없다.―그리고 병에 관해서 말하자면, 우리는 그것이 우리에게 불필요한 것은 아닌지 물어보고 싶은 유혹을 느끼게 되지 않을까? 커다란 고통이야말로 정신의 최종적인 해방자이다.[11]

니체는 초기 저서 《비극의 탄생》에서부터 고통을 실마리로 세계와 그 세계를 살아가는 인간의 삶을 비극적 관점에서 이해했다. 디오니소스로 대변되는 삶의 고통, 그 배후에 담긴 실존의 기쁨은 이성적-기계론적으로 해석될 수 없는 실존의 영역이다. 니체에게 있어 철학자는 고통에 대한 디오니소스적 관점을 망각해서는 안 된다. 그 이유는 이성이 인간을 동물일 수 없도록 만든다면, 고통은 인간을 자기 자신일 수밖에 없도록 만들기 때문이다.

고통을 **빼놓고** 생각하는 세계는 어떤 의미에서도 반미학적인 것이다: 아마도 쾌락은 오직 하나의 형식이며 그와 같은 것의 리듬의 방식일 뿐이다. 나는 아마도 고통이란 모든 현존재의 중요한 그 무엇일 것이라고 말하고자 했다.[12]

고통과 삶에 대한 비극적 인식은 인간이 기계일 수 없는 이유이고,

11 프리드리히 니체, 〈제2판 서문〉, 《즐거운 학문》, 3, 28쪽.
12 프리드리히 니체, 《유고(1884년 초~가을)》, 39[16], 456쪽.

고통을 알지 못하는 기계가 인간이 될 수 없는 근거이다. 하지만 고통을 기억하는 트랜스휴먼에게, 즉 육체적 병과 장애의 치유가 아니라 "인간향상Human-enhancement"을 위해 기계화된 트랜스휴먼에게 비극적 감정은 어떤 유형의 것일까? 니체가 인간적인 현상으로서의 고통을 실마리로 고대 그리스를 이해했던 비극적 관점은 생명공학과 생체공학, 인공지능과 사이보그에 대한 문제의식 속에서 인간의 인간다움을 규명하고자 하는 본 글의 시도에 중요한 사상적 토대가 되어 준다.

> 그렇다면 무엇이 디오니소스적인가? … 디오니소스적인 것이 어떻게 그리스인들에게 비극의 근원이 된 것인가라는 몹시 어려운 심리학적 질문에 관하여 지금 나는 아마 좀 더 신중하고 간략하게 말할 것이다. 근본적 물음은 고통에 대한 그리스인의 관계, 그의 감수성의 정도다.[13]

인간에게 비극이 삶의 모순과 부조리한 비합리성 그리고 고통을 떠올리게 한다면, 기계에게 비극은 존재할 수 없다. 물론 인간의 뇌를 완벽하게 시뮬레이션하게 된다면 소프트웨어의 고통 역시 인간적인 것이 될 수 있겠지만, 그럴 수 있다고 단언하기에 비극은 자기 존재에 대한 해명될 수 없는 복잡한 감정의 문제이지 않을까?[14] 조금 다른 방식으로 위의 물음을 다시 한 번 제기하면, 트랜스휴먼과 같이 기계(무생물)와 부분적으로 결합된 인간(생물)의 경우, 즉 고통을 쉽게 극복하는

---

13 프리드리히 니체, 〈자기비판의 시도〉, 《비극의 탄생》, 4, 14쪽.

14 뉴 사이언티스트(닉 보스트롬 외), 《기계는 어떻게 생각하고 학습하는가》, 김정민 옮김, 한빛미디어, 2019, 282-286쪽 참조.

경우 그리고 이로 인해 인간의 수명이 기하급수적으로 늘어나는 경우에 비극은 어떤 의미를 지니게 될까? 정도의 차이는 있겠지만, 아마 우리가 알던 비극은 고전에 등장하는 인간적인 감정 중에 하나가 될 수도 있다. 과학기술을 통해서 인간의 한계를 넘어서는 것은 우리가 알고 있는 것들을 너무 빨리 과거의 유물로 만들어 버릴 것이다. 그렇다면 인간의 존재론적 본성과 인간다움에 대한 논의는 철학의 의무를 떠올리게 한다.

소크라테스에 의해 죽음을 맞이한 고대 그리스의 비극, 더 구체적으로 말해서 고통 속에서 삶을 바라보는 비극적 관점을 부활시키려는 니체의 시도는 근본적으로 ① 소크라테스의 주지주의에 반하여 인간의 이원론적 해석을 해체하고, ② 이 해석에 은폐된 인간의 욕구, 욕망, 충동, 본능 등의 비합리적 정념을 드러냄으로써, ③ 총체적인 인간 이해를 구성하기 위함이다. 니체의 이러한 철학적 문제의식은 인간의 존재론적인 본성과 그의 인간다움이 결코 이성에 의해 드러날 수도 또한 보증될 수도 없다는 사실에서 시작한다. 삶에 고통이 존재하는 한, 그 고통이 나에게 비극적인 한, 인간은 영원히 이성적이고 기계적일 수만은 없다.

우리의 현대 세계는 알렉산드리아 문화의 그물에 사로잡혀서 최고의 인식 능력을 갖추고 학문을 위해 봉사하는 이론적 인간을 이상으로 알고 있다. 이 이론적 인간의 원형이 바로 소크라테스이다.[15]

---

15 프리드리히 니체, 《비극의 탄생》, 18, 135쪽

삶에 내재된 모순과 비합리성을 경험했음에도 불구하고 끝까지 삶에 대한 자신의 문제의식을 내려놓지 않는 신화적-비극적 지혜를 니체는 "디오니소스적 지혜"[16]라고 표현한다. 아폴론적 지혜만을 강조해 온 서구 정신사에 대한 니체의 문제의식 속에서 "디오니소스적 지혜"는 인간의 인간다움을 해명하는 데 중요한 실마리를 제공한다. 4차 산업혁명이라는 미래 혁명 속에서도 변함없이 우리는 '나'와 같은 인간이라는 존재와 삶에 대한 지혜를 필요로 한다. 그렇다면 21세기의 "디오니소스적 지혜"는 인간의 존재론적 본성과 그의 인간다움을 규정하는 이성과 감정, 합리성과 비합리성 등을 더 이상 이원화하지 않는 것으로부터 시작될 것이다.

니체의 관점에서 인간의 존재론적 본성과 인간다움에 대한 숙고 없이 트랜스휴먼과 포스트휴먼 시대에 대한 기대만을 꿈꾼다면 트랜스휴머니스트들은 소크라테스와 같은 "이론적 인간"[17]이라는 비판을 피할 수 없을 것이다. 그리고 이 비판은 다음과 같은 말로 대변될 수 있을 것이다. "결국 철학적 노동자와 일반적으로 학문하는 인간을 철학자와 혼동하는 일을 멈추어야 한다고 나는 주장한다."[18] 또한 트랜스휴머니스트들은 마치 소크라테스처럼 삶의 비극성을 제거함과 동시에 인간적인 삶의 의미와 인간다움의 가치까지 제거하게 될지도 모른다.[19] 니

---

16 프리드리히 니체, 《비극의 탄생》, 19, 148쪽.

17 프리드리히 니체, 《비극의 탄생》, 18, 135쪽.

18 프리드리히 니체, 《선악의 저편》, 211, 188쪽.

19 니체가 《소크라테스와 그리스 비극》에서 고대 그리스의 비극 정신이 소크라테스에 의해 어떻게 종말에 이르렀는지를 서술하고 있다면, 《그리스 비극 시대의 철학》에서는 소크라테스 이전의 자연철학자들을 설명하며 그들을 소크라테스, 플라톤과 상반된 관점에서 서술한다. 이러한 의미에서 "지식과 인식에 만병통치약의 힘을 부여하

체의 이러한 생각과 비판은 오늘날 트랜스휴머니스트들을 향해서 시의성 있는 문제의식을 전해 준다.

| "신의 죽음": 전통적 인간 해석의 해체 |

철학은 관계를 사유하는 학문이다. 인류가 최초 삶과 세계의 관계를 사유하며 의문시했던 자연의 섭리와 우주 운행의 원리는 '신화'라는 정신적 지혜의 창조적 원천이었다. 그리고 '신화'에 담긴 이야기들은 그들이 느낀 삶에 대한 심오하고 실천적인 지혜였을 뿐, 인간과 삶의 속성을 이성적이고 과학적인 방식으로 해명하는 학문의 영역은 아니었다. 또한 '신화'는 모두의 삶에 적용될 수 있는 삶과 세계의 관계에 대한 이야기였기 때문에, 특정한 누군가에 의해 지배될 수 있는 것 역시 아니었다.

"신화에서 이성으로Vom Mythos zum Logos"[20]라는 명제에 잘 드러나 있는 것처럼, 서구 정신사는 논리적-과학적 사유의 세계를 향해 가는 과정에서 신화적 상상력을 배제하게 된다. 소크라테스와 플라톤에 대한 니체의 주된 비판 역시도 비극적-신화적-디오니소스적 사유와 인식의 죽음에 대한 문제의식과 부활을 위해 수행된다. 니체에게 있어 소크라

는 이론적 낙천주의자의 원형으로서의 소크라테스"(프리드리히 니체, 《비극의 탄생》, 15, 118쪽)라는 니체의 말은 인간과 세계, 인간과 삶, 인간과 철학의 관계를 사유하는 비극의 죽음을 선포한 소크라테스에 대한 그의 비판을 잘 보여 준다.

20 Wilhelm Nestle, *Vom Mythos zum Logos: Die Selbstentfaltung des griechischen Denkens von Homer bis auf die Sophistik und Sokrates*, Stuttgart 1975. 이 표어는 빌헬름 네슬레의 책 제목이다. 그는 이 책에서 고대 그리스 철학에서 과학으로의 변화를 발생의 기원을 설명한다.

테스와 플라톤은 세계와 인간의 관계에 대한 사유의 방식을 전환시킨 장본인으로서 강한 비판의 대상이 된다. 즉, 이들에 대한 비판은 세계를 존재와 생성, 이편과 저편으로, 그리고 인간을 영혼과 육체로 분리한 형이상학의 이원론적 사고에 대한 비판이다.

물론 형이상학적 이원론은 종교적으로 유전되어 이 세계를 현세와 내세로 변환하지만, 인간을 영혼과 육체로 구분하는 오랜 전통 사고방식으로서의 형이상학적 인간 이해는 그대로 유지된다. 이러한 이원론적 사고는 근본적으로 변하는 것과 변하지 않는 것, 순수한 것과 타락한 것을 전제로 한다. 하지만 이러한 '관계의 사유'에서 무엇보다 중요한 것은 이 사고의 방식이 두 대상 간의 '차이'를 드러내는 것에 그치지 않고, '차별'로 나아가는 것이다. 형이상학과 종교의 이원론적 차별을 극복하고 차이를 강조함으로써 전통 이원론의 해체를 시도하는 니체에게 있어 철학은 관계를 사유하는 도구이다. 그의 이러한 사유 방식은 시대와 인간, 인간과 기계의 관계에 대한 사유로 확장됨으로써 오늘날에도 차이의 관계를 사유하는 근본적인 역할을 해 준다.

니체는 그 어느 철학자보다도 철저하게 형이상학적–종교적–도덕적 관계를 비판적으로 사유한 철학자이다. 더 구체적으로 말해서 그는 전통적인 세계 질서와 해석이 인간의 삶과 어떤 관계를 맺고 있는지, 인간의 삶을 어떻게 변화시켰는지, 현재의 문명과 문화에 어떠한 영향을 미치고 있는지를 깊게 탐구했다. 그가 자신의 철학에서 수행하는 인간학적 유형의 차이 역시도 전통적인 인간 이해에 대한 그의 반감을 바탕으로 한다. 《차라투스트라는 이렇게 말했다》에서 제시한 "마지막 인간"과 "위버멘쉬"의 관계를 차별이 아니라, 상대적이고 관계론적인 관점에서 차이를 부각시키는 그의 시도를 통해 관계에 대한 그의 철학적 특징

을 확인할 수 있다.[21]

니체의 철학적 관점에서 세계를 이편과 저편으로, 인간을 영혼과 육체로 이원화하게 되면 세계의 본질과 인간의 본성은 영원히 은폐될 수밖에 없다. 이때 "신의 죽음"은 지금까지 사유의 이원화 속에서 은폐된 세계의 본질과 인간의 본성을 드러내 주는 사상적 토대가 된다. 다른 말로 표현하면, "신의 죽음"으로부터 비로소 이편과 저편, 현세와 내세, 영혼과 육체의 이원론은 해체되며, 인간은 자신의 삶과 죽음을 실재로서 인식하게 된다. 이렇듯 삶과 죽음에 대한 형이상학적-종교적 차별은 "신의 죽음"으로 인해 비로소 차이의 영역으로 전환된다. 즉, 삶은 죽음으로 인해 더없이 숭고한 의미를 지니게 되고, 죽음은 제거되어야 하는 것이 아니라 지금 이곳의 삶 속에서 본질적인 가치를 가지게 된다.

중요한 것은 니체가 자신의 철학에서 절대적 이원론의 관계에 대한 전통적 사유를 해체하고 세계를 생성으로, 인간을 영혼과 육체가 합일된 "몸Leib"의 존재로 규정함으로써 인간 존재의 본질과 그 본성을 끊임

---

21 트랜스휴머니스트들의 관점에서 포스트휴먼은 니체의 위버멘쉬로 환원될 수 없다. 동물과 위버멘쉬, 즉 마지막 인간과 위버멘쉬는 트랜스휴머니스트들의 관점처럼 마지막 인간과 포스트휴먼의 관계일 수 없다. 그 이유는 니체에게 있어 마지막 인간과 위버멘쉬라는 두 인간 유형은 차별이 아니라, 모두 자기극복의 노력에 의해 보다 건강한 위버멘쉬적 실존으로 살아갈 수 있는 차이의 관계에 있기 때문이다(Michael Skowron, "Posthuman oder Übermensch. War Nietzsche ein Transhumanist?", in : *Nietzsche-Studien*, Volume 42, Issue 1, 2013, Berlin/New York, 258, p. 271). 만약 마지막 인간과 위버멘쉬의 관계를 차별로 해석하게 된다면, 현재의 인간과 포스트휴먼의 관계 역시 차별로 드러날 수밖에 없다. 이러한 의미에서 짐머만은—트랜스휴먼과 위버멘쉬의 유사점을 주장하는 조르그너S. L. Sorgner에 반하여—포스트휴먼에게 현재의 인간은 웃음거리, 즉 차별의 관계가 형성될 수밖에 없을 것이라고 말한다(Michael E. Zimmerman, "Last Man or Overman. Transhuman Appropriations of a Nietzschean Theme", in: *The Hedgehog Review : Critical Reflections on Contemporary Culture*, Volume 13, No. 2 (Summer, 2011), p. 35 참조).

없이 변화하는 것으로 다시 해명한다는 것이다. 그리고 그 변화는 인간 존재의 특징을 현세와 내세가 아니라, 생성하는 대지에서의 삶과 죽음의 영역으로 돌아오게 한다. 이렇듯 철학은 인간이 인간다울 수 있는 본질적인 조건을 존재론적으로 탐구하는 학문이며, 니체는 신의 죽음을 통해 진정한 인간다움의 조건을 탐구한 철학자이다.

| "신의 죽음": 삶과 죽음의 자연성으로의 회귀　　　　　　　　　　|

형이상학은 끝을 사유하는 학문이다. 하지만 니체는 형이상학적–종교적 극단의 사유를 다시 삶의 경계로 몰아온다. "힘에의 의지"를 통해서 모든 존재의 본성을 해명하고자 하는 그의 시도 역시 결국은 '스스로를 힘에의 의지의 존재로 인식하고 있는가? 혹은 인식하고 있지 못한가?' 라는 인간 인식의 문제로 전환한다. 하지만 여기서 중요한 것은 그의 인식론이 '차별'이 아니라 오히려 '차이'를 부각시킨다는 점이다. 이에 대한 예로, 니체가 영원회귀 사상을 정신적 강자뿐만 아니라 약자의 삶의 변화를 위해서도 제시하는 것처럼,[22] 그의 모든 사상적 개념들은 근본적으로 차별이 아니라 차이를 부각시키는 일종의 사고실험으로 전개된다.

　또 하나의 예로, 니체는 자신의 철학에서 "영원회귀"를 허무주의의 극단적 형식으로 제시하며 극복을 시도한다. 이때 영원회귀를 긍정하

22　프리드리히 니체, 《유고(1887년 가을~1888년 3월)》, 11[150], 백승영 옮김, 책세상, 2005, 372쪽.

는 자로서의 위버멘쉬는 세계를 이편과 저편으로 그리고 자기 자신을 영혼과 육체가 이원화된 존재로 이해하지 않는다. 그는 스스로를 "대지의 의미"[23]로 인식하는 자이다. 다시 말해 그는 생성하는 대지의 삶을 충실하게 살아가는 자로서 삶과 죽음을 '차별'하지 않고, 오히려 그 '차이' 속에서 지금 이 순간을 긍정하는 자이다. 관계에 대한 니체의 철학적 사유는 이렇듯 인간 존재의 본질과 그의 인간다움을 드러내는 작업이다. 이러한 의미에서 위버멘쉬는 인간의 자연적 본성을 간직하고 또한 이 특징을 자신의 인간다움으로, '나'로 대변되는 자기 존재의 정체성으로 표출하는 인간 유형인 것이다.

이와 더불어 "거리의 파토스Pathos der Distanz" 역시 정신적 강자와 약자의 차별이 아니라, 그들 스스로 차이를 느끼고 좀 더 성장할 수 있는 실존의 원리로 제시된다. 그리고 이러한 사고실험의 이면에는 신의 죽음, 즉 모든 존재의 변화를 차별이 아니라 차이로서 허용하는 "생성의 무죄Unschuld des Werdens"[24]가 근본 토대로 작용하고 있다. 신의 죽음 이후 신이 부재한 자리를 위버멘쉬가 채우게 된다는 의심은, 결국 위버멘쉬를 매 순간 자기 자신을 극복하는 시도와 행위에 대한 인간학적 명칭이 아니라, 그를 포스트휴먼과 진화론적으로 유사한 존재라고 해석하

---

23 프리드리히 니체, 〈서문〉, 《차라투스트라는 이렇게 말했다》, 3, 18쪽. 차라투스트라가 위버멘쉬를 "대지의 의미"로 규정하는 것으로부터 다음과 같은 두 가지 사실을 확인할 수 있다. 1) 차라투스트라는 지금 이곳의 구체적인 삶을 초월하는 세계를 약속하는 자가 아니다. 2) 이로부터 위버멘쉬가 기존의 인간을 초월하는 존재로 해석될 수 없다. 3) 결과적으로 니체의 위버멘쉬를 과학기술에 의한 향상이 필요한 진화론적 존재로 이해할 수 없다. 4) 위버멘쉬는 인간의 실존적 성장을 대변하는 인간 유형이다 (Joshua Merlo, "Zarathustra and Transhumanism: Man is Something to Be Overcome", in : *Scientia et Fides*, edited by Leandro M. Gaitán, 7(2)/2019, pp. 48~54 참조).

24 프리드리히 니체, 《유고(1887년 가을~1888년 3월)》, 9[91], 63~64쪽.

는 데서 발생하는 오해이다.[25] 물론 인간이 자신의 실존적 성장을 위해 끊임없이 극복해 나가는 행위에 대한 명칭으로서의 위버멘쉬를 과학기술을 통한 "인간향상"의 단초로 이해하는 트랜스휴머니스트도 있다.

니체의 철학을 트랜스휴먼적으로 해석하는 대표적인 사람은 조르그너s. L. Sorgner이다. 우선 니체의 철학에서 인간의 존재론적 본질로 대변되는 "힘에의 의지"에 대한 그의 이해는 실존적이지 않고 오히려 진화론적이다. 그의 이러한 해석 속에서 인간 안에 내재된 이 힘과 의지에 대한 진화론적 의지는 실존적 건강(상승, 성장)이 아니라, 존재론적 한계를 넘어서는 인간향상으로 나아가는 토대의 역할을 하게 된다. 그는 힘에의 의지를 과학적으로 해석하기도 하는데, 이러한 관점 역시 결국 인간향상으로 귀결된다.[26] 진화가 과학적 향상의 대상이 되는 포스트휴먼 시대에 니체의 철학적 개념에 대한 진화론적 해석은 오해를 낳을 수밖에 없다. 이렇듯 조르그너는 힘에의 의지에 대한 근본적인 해석의 오류를 범하기 때문에 필연적으로 니체의 인간 이해, 즉 위버멘쉬에 대한 오류로 나아갈 수밖에 없다.

우리는 인간이 사피엔스로부터 시작된 진화의 정점에서 더욱 강해졌으며, 또한 자신 안에 내재된 능력을 통해 과학을 발전시키며 세계를 지배해 온 사실을 알고 있다. 하지만 니체의 본질적인 문제의식은—

---

25 위버멘쉬에 대한 조르그너의 견해는 다음의 글로 대표될 수 있다. "내가 트랜스휴머니스트 운동에 처음 친숙해졌을 때, 나는 트랜스휴머니즘과 니체의 철학, 특히 포스트휴머니즘과 니체의 위버멘쉬Übermensch/Overman 개념 사이에 근본적인 유사점이 많다고 즉시 생각했다"(Stefan Lorenz Sorgner, "Nietzsche, the Overhuman, and Transhumanism", in: *Journal of Evolution and Technology*, Vol. 20 Issue 1, March 2009, Hartford USA, p. 29).

26 Stefan Lorenz Sorgner, "Nietzsche, the Overhuman, and Transhumanism", pp. 29–42 참조.

형이상학 및 종교 외에도—과학적 해석 아래 은폐된 인간의 존재론적 본성과 인간다움의 상실 증상을 향한다. 조르그너가 니체의 위버멘쉬와 트랜스휴먼의 유사성에 대한 자신의 해석에 부정적인 의견을 제시한 보스트롬에 반박하는 글에는 니체 해석에 대한 근본적인 오류가 가득하다.[27] 조르그너는 단적으로 다음과 같이 단언하기도 한다. "트랜스휴머니스트의 생각에 니체의 위버멘쉬는 '포스트휴먼'으로 불린다."[28] 그러나 니체의 위버멘쉬는 과학기술을 통해 기존의 인간den bisherigen Menschen을 생물학적으로 초월하는 것이 아니라 정신적으로 극복해 나가는 것, 즉 정신적 성장을 지향하며 스스로를 넘어서는 것Hinausgehen이기 때문에, 이 개념은 포스트휴먼으로 이해될 수 없다.[29]

이렇듯 트랜스휴머니스트들은 죽음을 극복하고 그토록 염원하던 영생을 실현함으로써 인간의 존재론적 완성을 지향하지만, 이는 니체가 자신의 철학에서 제시하는 실존적 실험 및 성장과 대결 구도에 설 수

---

27 니체의 철학과 트랜스휴머니즘의 유사성을 바탕으로 (자기극복의 인간 유형으로서의) 위버멘쉬Übermensch/Overman를 트랜스휴먼으로의 진화론적 이행 가능성으로 보는 견해—구체적으로는 조르그너—에 대한 상세한 반박과 논의에 대해서는, 이진우, 〈'인간 극복'과 니체의 트랜스휴머니즘〉, 《니체연구》, 제24집, 한국니체학회, 2013, 87~118쪽 참조. 이와 더불어 《차라투스트라는 이렇게 말했다》에 제시되는 동물과 위버멘쉬의 관계는 트랜스휴머니스트들에 의해서 위버멘쉬와 포스트휴먼의 관계로 전환되기도 한다. 니체철학의 트랜스휴머니스트적인 오해를 해소하기 위해 다양한 학자들의 해석을 소개하며, 자신의 논의를 전개하는 글로는, Michael Skowron, "Nietzsches Kritik des Transhumanismus und die ewige Wiederkunft des Gleichen", in : Robert Zimmer, Martin Morgenstern(Hrsg.), Aufklärung und Kritik, 1/2016, Frankfurt am Main, pp. 1-15 참조.

28 Stefan Lorenz Sorgner, "Nietzsche, the Overhuman, and Transhumanism", p. 36.

29 Diana Aurenque, "Das Posthumane und Nietzsches Ubermensch. Eine Blasphemie gegen Gott", in : S. L. Sorgner(Hrsg.), Aufklarung und Kritik, 3/2015, Frankfurt am Main, p. 71 참조.

밖에 없다. 그렇다면 위버멘쉬에 대한 이들의 관점에서 실존적 변화를 지향하는 인간은 자신의 삶을 "인간성의 실험실"[30] 혹은 "작은 실험 국가"[31]로 이해해야만 한다는 니체의 요청 역시도 트랜스휴먼적으로 오해될 여지가 있다. 하지만 영생의 문제, 즉 삶과 죽음의 문제는—하이데거M. Heidegger가 죽음을 통해 현존재의 존재론적 삶의 의미를 분석하듯이[32]—인간의 실존과 직결되어 있다.

이러한 관점은 유발 하라리가 《사피엔스Sapiens: A Brief History of Humankind》에서 유전공학 및 생명공학을 통해 영생의 능력을 갖게 된 인간이 신의 자리를 욕망하면서 발생하는 인간의 본질적인 본성과 정체성 및 인간다움의 문제, 즉 트랜스휴먼이 사피엔스로부터 과학적으로 진화된 인간일지, 아니면 완전히 새로운 인간 종일지를 규명해야 하는 문제와 맞닿아 있다.[33] 하라리의 견해처럼, 호모 사피엔스가 "자연선택의 법칙"에서 "지적 설계의 법칙"으로 대체되고 있다는 사실을 확장

---

30 프리드리히 니체, 《유고(1880년 초~1881년 봄)》, 1[38], 최성환 옮김, 책세상, 2004, 14쪽.

31 프리드리히 니체, 《아침놀》, 453, 박찬국 옮김, 책세상, 2004, 350쪽.

32 마르틴 하이데거, 《존재와 시간》, 이기상 옮김, 까치, 2006, 314~355쪽 참조.

33 유발 하라리, 《사피엔스》, 561~586쪽 참조; 후쿠야마Francis Fukuyama는 생명공학 기술을 통한 유전자 지도의 지배로 예측 가능해진 포스트휴먼의 미래를 우려의 눈으로 바라본다. 그는 유전공학과 인간복제가 인간의 보편적 속성인 자연성을 인위적으로 조작하고 계급화함으로써 인간의 평등권을 위협할 수 있다고 말하여 시급한 정치적-윤리적 조치가 필요하다고 주장한다. 이에 대한 내용은 주로 그의 저서 《부자의 유전자, 가난한 자의 유전자Our Posthuman Future: Consequences of the Biotechnology Revolution》(최준명 감역, 송정화 옮김, 한국경제신문, 2003)의 제2부에서 중점적으로 논의되고 있다. 18여 년 전에 출간된 저서이지만, 포스트휴머니즘에 의한 인간의 본성을 바라보는 그의 우려 섞인 문제의식은 오늘에도 여전히 유효하다.

하면[34] 그 끝에는 초연결을 가능하게 하는 과학기술들, 즉 유전공학과 생명공학, 인지공학, 나노공학에 의한 새로운 포스트휴먼의 모습이 드러난다. 그리고 이들의 모습은 사이보그라는 명칭으로 구체화된다. 이 문제는 진화론적 자연성에 인위적인 조작을 가하여 계획된 인간을 존재론적으로 어떻게 규명해야만 하는지에 대한 철학적 성찰과도 뗄 수 없는 문제이다.[35]

하지만 니체의 위버멘쉬는 자연선택으로서의 진화 혹은 과학적으로 계획된 진보가 아니라 끊임없이 '되어 가는 존재'에 대한 명칭, 즉 '성장하는 존재'에 대한 명칭으로서 과학기술에 의해서가 아니라, 내가 나에 의해서 나를 변화시키는 존재의 사랑에 대한 명칭이다. 아래의 글에서 니체는 자기 존재에 대한 사랑이 신의 죽음에 대한 인정, 다시 말해 신을 포기함으로써 더 섬세해질 수 있다고 말한다.

구별이 안 되는 그리스도교인의 인간애die Menschenliebe는 신을 지속적으로 관조할 때 비로소 가능하다. 신과의 관계에서 인간과 인간 사이의 위계질서는 사라질 정도로 작아진다. 그리고 인간 자체는 크기의 균형 관계가 더 이상 관심을 불러일으키지 않을 정도로 무의미해진다. 그것은 마치 높은 산에서 내려다보면 크고 작은 것이 개미처럼 비슷해지는 것과 같다.─우리는 그리스도교적 인간애의 감정 속에 있는 이러한

---

34 유발 하라리, 《사피엔스》, 561쪽 참조.

35 이진우, 〈태어난 인간과 만들어진 인간 – 인간 복제에 관한 철학적 성찰〉, 《테크노 인문학》, 책세상, 2013, 203~229쪽 참조. 이러한 의미에서 "인간은 언제나 도구를 현명하게 사용하는 것보다 발명하는 데 훨씬 뛰어났다"라는 하라리의 말은, 철학의 역할을 보다 분명하게 제시해 준다(유발 하라리, 《21세기를 위한 21가지 제언─더 나은 오늘은 어떻게 가능한가》, 전병근 옮김, 김영사, 2019, 26쪽).

인간 경시를 간과해서는 안 된다. ·····─반대로, 우리가 신을 포기하면, 우리에겐 인간보다 더 높은 존재의 유형이 없을 것이다. 그러면 우리의 눈은 이 "최고 존재"의 차이Differenz들을 감지할 정도로 섬세해진다.[36]

인류 역사의 진화와 진보의 관점에서 제시된 하라리의 말 "인간이 신을 발명할 때 역사는 시작되었고, 인간이 신이 될 때 역사는 끝날 것이다"[37]는 위 글의 문장 "우리가 신을 포기하면, 우리에겐 인간보다 더 높은 존재의 유형ein Typus eines Wesens, das höher이 없을 것이다"와 상통하는 부분이 있다고 느낄 수 있다. 하지만 다음 문장 "그러면 우리의 눈은 이 "최고 존재das höchste Wesen"의 차이Differenz들을 감지할 정도로 섬세해진다"를 통해서 니체의 철학적 관점은 명확해진다. ① 여기서 "더 높은 존재의 유형", "최고 존재"가 인간의 한계를 초월한 존재일 수 없음은 당연하다. ② 니체에게 있어 이 인간 유형은 신의 부재 속에서도 자신만의 고유한 삶의 의미를 창조할 수 있는 자유로운 정신에 대한 표현이며, 주어진 삶의 가치를─삶과 죽음의 관점에서─발견할 수 있는 섬세함을 가진 자이다. 결국 위에 제시된 니체의 글도 트랜스휴머니스트들의 관점에서 해석될 수 없다.

니체가 신의 죽음을 선언하며 대지와 인간에게 되돌려 준 것은 생성이라는 생명의 생명성, 즉 자연성이었다. 신의 죽음에 의해서야 비로소

---

36 프리드리히 니체, 《유고(1885년 가을~1887년 가을)》, 1[66], 32~33쪽.

37 (https://www.ynharari.com/) 그의 이 말은 우리 시대가 "유기 생명체"에서 "무기 생명체"의 시대로 변화되어 가고 있다는 것을 의미한다. 이 사실을 분명히 인식해야만 한다는 하라리의 말에는 인간의 인간다움에 대한 규명이 무엇보다 중요하다는 사실을 함의하고 있다(유발 하라리, 〈인류는 어떤 운명을 맞이할 것인가〉, 《초예측》, 정현옥 옮김, 웅진지식하우스, 2019, 52쪽).

대지와 인간은 생성과 끝없는 변화라는 자연의 원리를 되찾게 되었다. 생성이라는 자연성은 인간에게 그 무엇과도 비교할 수 없을 만큼 숭고하고 소중한 삶의 원리이다. 그 이유는 생명의 생명성, 즉 인간의 자연성에는 존재론적 생성의 원리로 대변되는 삶과 죽음이 내재되어 있기 때문이다. 삶이 그 자체로 긍정되어야만 하는 이유는 바로 이 때문이다. 이렇듯 신의 죽음은 인간의 인간다움을 삶과 죽음, 유한성과 사멸성으로 대변되는 생성의 원리로 드러내 준다.

삶과 죽음은 인간의 실존을 섬세하게 볼 수 있는 관점을 부여해 준다. 또한 삶과 죽음은 인간을 평등하게 만들어 주는 생명의 존재론적 조건이기도 하지만, 그의 삶의 실존적 차이를 드러내는 역할을 한다. 신의 죽음은 내세에 대한 기대를 해체함으로써 인간의 존재론적 본성을 유한한 삶, 즉 죽음으로 규정해 주고, 그의 인간다움이 존재의 유한함과 사멸성으로부터 비롯되는 것임을 보증해 주는 개념이다. 여기서 니체의 개념 "몸Leib"은 영혼과 육체가 합일된 총체적인 "나"를 대변해 줌으로써 인간이 영혼(무한성) 혹은 육체(유한성)라는 단일한 속성으로 존재할 수 없음을 분명하게 보여 준다. 신의 죽음으로 인해 인간의 존재론적 본성과 인간다움의 조건은 "몸"으로 보다 명확해진다.

| 니체의 새로운 인간 이해: 몸Leib |

"위버멘쉬가 이 대지의 의미이다. 너희들의 의지로 하여금 말하도록 하라. 위버멘쉬가 대지의 뜻이 되어야 한다고! 형제들이여, 맹세코 이 대지에 충실하라!"[38] 위버멘쉬가 "대지의 의미"라는 니체의 이 말에는, 위버멘쉬가 대지를 살아가는 모든 것들의 생성, 즉 삶과 죽음을 긍정하는 '몸의 존재'라는 의미가 담겨 있다. 신의 죽음과 그 공백을 자신만의 고유한 삶의 의미로 채우는 인간 유형으로서의 위버멘쉬에게 이제 이 세계는 디오니소스적이기 때문에, 그는 자신의 삶을 디오니소스적으로 살아가야만 한다. 행복과 고통은 유기적인 생명의 디오니소스적 관계 속에서 더 큰 의미와 가치를 가진다. 그 이유는 행복과 고통이 몸의 유한한 원리를 따르기 때문이다.

영원한 자기 창조와 영원한 자기 파괴라고 하는 이러한 나의 디오니소스적인 세계, 이중적 관능이라는 이러한 비밀의 세계, 이러한 나의 선악의 저편의 세계 … 그대들은 이러한 세계를 부를 이름을 원하는가? 그 모든 수수께끼에 대한 하나의 해결을? 그대들, 가장 깊이 숨어 있고, 가장 강하고, 가장 경악하지 않으며, 가장 한밤중에 있는 자들이여, 그대들을 위해서도 빛을 원하는가? ─이러한 세계가 힘에의 의지다 ─그리고 그 외에 아무것도 아니다! 그대들 자신 역시 이러한 힘에의 의지다 ─그리고 그 외에 아무것도 아니다![39]

"영원회귀"가 진정한 의미에서 지금의 삶이 실재로 영원히 반복된다는 의미가 아니듯이, 이 사상은 삶이 다하는 날까지 마치 지금의 이 삶이 영원히 회귀할 것처럼 사랑하고, 그 안에서 자신만의 고유한 행복

---

38 프리드리히 니체, 〈서문〉, 《차라투스트라는 이렇게 말했다》, 3, 18쪽.

39 프리드리히 니체, 《유고(1885년 가을~1887년 가을)》, 38[12], 456쪽.

을 창조하라는 의미를 담고 있다. 더 명확하게 말해서 이 사상은 영원히 사는 불멸의 삶이 아니라, 유한해진 자신의 삶을 마치 영원히 살 것처럼 최선을 다하라는 니체의 철학적 사고실험이다. 그리고 "힘에의 의지"는 그 행복의 의미를 결정짓는 존재의 내적 원리이다. 하지만 힘에의 의지는 인간을 무한하게 만들어 주는 개념은 아니다. 오히려 인간 존재의 유한한 생을 가치 있는 삶으로 만들어 주는 원리이다. 그리고 이 원리의 이면에 "신의 죽음"이 전제되어 있다.

이러한 의미에서 디오니소스적인 세계의 창조와 파괴, 선과 악의 저편과 같은 "이중적 관능die doppelte Wollüste"은 본질적으로 삶과 죽음이 있기에 인간의 삶이 그 자체로 긍정적인 가치를 가진다는 사실을 함의한다. 니체에게 있어 형이상학적 진리와 종교적 신 그리고 도덕적 규율에 의해 이원화된 세계 해석과 이중성은 결코 인간의 삶을 진정한 행복과 쾌락으로 이끌지 못한다. 인간의 삶에서 발생하는 진정한 행복과 쾌락은 유한한 대지의 시간을 살며 매 순간 나를 나로서 느끼는 자기인식으로부터 창조되는 가치이다. 영혼과 육체, 내면과 외면을 모두 포괄하는 힘에의 의지가 활동하는 장으로서의 "몸"은 나를 나로서 느끼고 나로서 행동하며 나를 변화시키는 '나'다움의 근본 조건, 즉 인간다움의 토대이다. 그래서 니체는 이러한 세계를 끝없이 변화하는 디오니소스적 생성의 세계, 즉 힘에의 의지의 세계라고 표현하며, 인간 역시 힘에의 의지의 존재일 수밖에 없다고 말하는 것이다.

대지의 자연성과 인간의 자연성은 힘에의 의지를 통해서 유기적으로 연결된다. 그리고 생성이라는 삶과 죽음의 원리 역시 공유한다. 니체에 의하면 위버멘쉬가 대지의 의미를 긍정하는 인간 유형인 이유는, 그가 스스로를 영혼과 육체가 합일된 존재, 즉 저편의 세계를 추구하지 않고 힘에의 의지의 생성과 생기를 따르는 몸의 존재이기 때문이다. 니체에게 있어 몸의 존재로서 몸을 통해 자기 자신을 인식하는 것은 삶의 본질적인 건강의 원리이다.

니체가 《차라투스트라는 이렇게 말했다》에서 진단하는 병든 삶의 원인과 증상은 모두 몸의 부정에 기인한다. 그리고 자신이 몸의 존재라는 사실에 대한 부정이 병적인 이유는, 몸의 부정이 인간의 존재론적 본성과 인간다움의 부정일 수밖에 없기 때문이다. 그리고 이러한 자기 존재의 부정 속에서 행복은 결코 대지의 의미, 다시 말해 내가 나로서 살아가며 추구하는 진정한 행복의 의미가 담긴 것일 수 없다. 그래서 니체는 몸이 "대지의 의미"를 대변해 준다고 말하는 것이다.

> 형제들이여, 차라리 건강한 몸der gesunde Leib에서 울려 오는 음성에 귀를 기울이도록 하라. 보다 정직하며 보다 순결한 음성은 그것이니. 건강한 몸, 완전하며 반듯한 몸은 더욱더 정직하며 순수하다. 이 대지의 뜻을 전해 주는 것도 바로 그런 몸이다.[40]

이렇듯 몸은 인간의 삶을 인간다운 것으로 규정해 준다. 중요한 것은 몸의 유한성과 사멸성을 인간의 존재론적 본성과 인간다움의 조건으로 긍정하는 것이다. 1884년 《유고》에서 니체는 "몸의 생명 속에 깃들어 있는 인간의 사실적 도덕성die thatsächliche Moralität"[41]이라는 표현을

---

40 프리드리히 니체, 〈저편의 또 다른 세계를 신봉하고 있는 사람들에 대하여〉, 《차라투스트라는 이렇게 말했다》, 51쪽.

41 프리드리히 니체, 《유고(1884년 초~가을)》, 25[437], 정동호 옮김, 책세상, 2004, 166쪽.

통해 몸으로서의 인간 안에도 자연적 도덕성이 있다는 사실을 주장한다. 그에 의하면 인간 안에 내재된 이 "사실적 도덕성"은 자아의 보편적이고 대중적인 삶이 아니라, 자신만의 고유한 삶의 의미를 추구하며 살아가는 인간 내면의 존재론적 도덕, 즉 "몸의 도덕"을 의미한다. 니체의 견해는 명확하다. 몸의 도덕을 따르는 자는 결코 형이상학적이고 종교적인 도덕을 따를 필요가 없다. 나아가 몸의 도덕을 따르는 자는 더 이상 자신의 정체성과 인간다움을 그 어떤 형이상학적 진리와 종교적 존재에 위임하지 않는다. 이렇듯 전통 형이상학과 종교가 도덕을 통해서 세계와 인간을 존재론적으로 해석했다면, 니체는 새로운 미래의 도덕을 인간의 몸의 도덕으로 전환한다. 그리고 이 도덕은 무한한 생을 위해서가 아니라, 유한한 생을 위한 원리이다.

| 철학의 역할과 철학자의 의무

니체에 의하면 철학자는 시대를 관조하지 않는다. 니체는 시대의 오늘을 읽으며 인간의 미래를 함께 생각하는 철학자를 "내일과 모레의 인간"[42]이라고 표현한다. 그는 자신의 철학에서 "신의 죽음"을 인정하는 철학자, 즉 더 이상 낡은 우상을 추구하지 않고 인간 안에 내재한 인간다움의 근원을 탐구하는 철학자를 요청한다. 철학자는 인간 안에 은폐된 인간다움의 비밀을 해명할 때에 철학자로서 비밀스러운 자신의 임무를 드러내게 된다. 니체는 철학자들의 임무에 대하여 다음과 같이 말

---

42 프리드리히 니체, 《선악의 저편》, 212, 189쪽.

한다.

그들(철학자들)은 바로 시대의 미덕의 가슴에 해부의 메스를 댐으로 써, 그들 자신의 비밀이 무엇인지 드러냈던 것이다.: 이 메스를 댄 목적은 인간의 새로운 위대함을 아는 것이며 인간을 위대하게 하는 새로운 미답未踏의 길을 아는 것이다. … 모든 인간을 한쪽 구석이나 '전문성'에 가두고 싶어 하는 '현대적 이념'의 세계에 직면하여 철학자는ー인간의 위대함을, '위대함'의 개념을 바로 그의 광범위함과 다양성에, 그의 다면적 전체성에 둘 수밖에 없을 것이다.[43]

니체에게 있어 철학자는 시대에 봉사하지 않는다. 오히려 니체는ー소크라테스 및 플라톤에 반해ー인간에 대한 봉사를 통해 시대에 영향을 미치는 철학자의 역할을 중요하게 생각한다. 철학자의 역할에 대한 그의 생각은 4차 산업혁명 시대 속 철학의 역할을 대변해 준다. 인간의 오늘과 미래를 탐구하는 그들의 의무가 인간 안에 내재된 "위대함die Grösse"을 발견하는 것이며, 또한 시대적 위기의 극복 가능성을 그 안에 내재된 "위대함"으로부터 찾는 철학자를 니체는 "진정한(본래의) 철학자der eigentliche Philosph"로 표현한다. 니체에게 있어 이러한 철학적 시도만이 철학자가 수행해야 하는 진정한 의무인 것이다.

진정한 철학자는 명령하는 자이자 입법자이다.: 그들은 "이렇게 되어야만 한다!"라고 말한다. 그들은 우선 인간이 어디로 가야 하는가와

---

[43] 프리드리히 니체, 《선악의 저편》, 212, 190쪽.

어떤 목적을 가져야 하는가를 규정하며, 이때 모든 철학적 노동자와 과거를 극복한 모든 자의 준비 작업을 마음대로 처리한다.—그들은 창조적인 손으로 미래를 붙잡는다. 이때 존재하는 것, 존재했던 것, 이 모든 것은 그들에게는 수단이 되고 도구가 되며 해머가 된다. 그들의 '인식'은 창조이며, 그들의 창조는 하나의 입법이며, 그들의 진리를 향한 의지는—힘에의 의지이다.—오늘날 이와 같은 철학자들이 존재하는가? 이미 이러한 철학자들이 존재했던가? 이러한 철학자들이 존재해야만 하지 않을까?[44]

니체에게 있어 철학자의 임무는 인간이 다시 자기 자신을 사랑하게 만드는 것이다. 그러기 위해서 철학자는 '인간이 어떻게 다시 진정한 자기 자신이 될 수 있는지', '어떻게 인간이 자신만의 고유한 삶을 의미를 통해 살아갈 수 있는지'에 대해 성찰해야만 한다. 니체의 모든 철학적 개념들이 지향하는 목적은 인간이 다시 자기 자신에게 회귀하도록 하는 것이다. "나로의 귀환zurück zu mir"[45]이라는 개념을 통해 설명하는 것처럼, 인간은 자신의 자연성—유한성과 사멸성—으로 회귀할 때에야 비로소 자신만의 고유한 인간다움을 실현하게 된다.

니체가 이러한 회귀를 "최상의 회복 그 자체"[46]로 규정하는 이유는, 낡은 형이상학과 종교의 이원론적 해석 아래 스스로를 자기 삶의 주인

---

44 프리드리히 니체, 《선악의 저편》, 211, 189쪽.

45 프리드리히 니체, 〈인간적인 너무나 인간적인〉, 《이 사람을 보라》, 4, 백승영 옮김, 책세상, 2002, 410쪽.

46 프리드리히 니체, 〈인간적인 너무나 인간적인〉, 《이 사람을 보라》, 4, 410쪽.

으로 인식하지 못한 증상을 치유하는 것, 다시 말해 은폐된 인간의 인간다움을 드러내는 것이 건강한 실존의 근본 조건이기 때문이다. 그리고 지금까지 은폐되어 온 인간의 존재론적 본성, 즉 유한성과 사멸성을 긍정하지 못하면 인간의 인간다움은 온전히 드러날 수 없다. 트랜스휴먼과 포스트휴먼의 인간다움도 이로부터 시작되어야만 할 것이다.

물론 자신으로 존재하지만 자신 안에 거주하지 못하는 병든 실존을 치유하는 일은 쉽지 않다. 하지만 철학자는 시대를 지배하는 무거운 관습에도 불구하고 용감하게 인간다움의 해방을 시도해야만 한다. 그 이유는 인간은 본질적으로 "자기에의 의지Wille zum Selbst"[47]를 가지고 있기 때문이다. 인간 안에 은폐된 저 의지를 깨우는 작업이 철학의 본래 역할이고 또한 철학자 본연의 임무이다. 이러한 의미에서 "너는 너 자신이 되어야만 한다"라는 니체의 언명은 인간의 인간다움을 실현하기 위한 니체의 철학적 과제를 잘 대변해 준다.

니체는 이 과제를 수행하기 위해서 "신의 죽음"을 선포한 것이다. 4차 산업혁명 시대에 인간의 인간다움을 찾는 시도 역시 "나로의 귀환"으로부터 시작해서 인간 안에 내재된 "자기에의 의지"를 밝혀내는 과정으로 나아가야만 한다. 그리고 이 의지는 트랜스휴먼과 포스트휴먼으로서의 삶에 대한 부정이 아니라, 앞으로 도래할 그러한 삶 속에서도 변함없이 자신의 인간다움을 망각하지 않기 위한 근본 조건이 될 수 있을 것이다.

인간과 과학기술의 관계를 잇는 초연결의 목적은 인간의 육체에 적용된 기술의 흔적을 망각하게 함으로써 성공하게 될 것이다. 그리고 포

---

47 프리드리히 니체, 〈창백한 범죄자에 대하여〉, 《차라투스트라는 이렇게 말했다》, 62쪽.

스트휴먼 시대는 이 망각의 기술이 실현된 시대가 될 것이다. 이 망각 안에는 이미 신의 죽음이 내재되어 있다. 새롭고 혁명적인 모습으로 도래할 미래가, 니체가 우려하는 방식으로의 허무주의가 되지 않기 위해서는 철학의 역할이 중요하다. 그리고 이 미래의 시대가, 니체가 우려하는 방식으로의 허무주의가 되지 않도록 하기 위해서 철학은 다시 인간 본연의 인간다움에 대해 성찰함으로써 시대적-학문적 역할을 다해야 할 것이다.

참고문헌

뉴 사이언티스트(닉 보스트롬, 넬로 크리스티아니니, 존 그레이엄-커밍, 피터 노빅, 앤더스 샌드버그), 《기계는 어떻게 생각하고 학습하는가》, 김정민 옮김, 한빛미디어, 2019.

다니엘 코헨, 〈기술이 인간을 행복하게 해주는가〉, 《초예측》, 정현옥 옮김, 웅진지식하우스, 2019, 144~162쪽.

라메즈 남, 《인간의 미래》, 남윤호 옮김, 동아시아, 2007.

마르틴 하이데거, 《존재와 시간》, 이기상 옮김, 까치, 2006.

백종현, 〈제4차 산업혁명 시대, 인문학의 역할과 과제〉, 《철학사상》, 제65집, 서울대학교 철학사상연구소, 2017, 117~148쪽.

요한 호이징하, 《호모 루덴스: 놀이와 문화에 관한 한 연구》, 김윤수 옮김, 까치, 1993.

우정길, 〈보스트롬(N. Bostrom)의 인간향상론에 대한 비판적 고찰〉, 《교육문화연구》, 제24집, 인하대학교 교육연구소, 2018, 5~23쪽 참조.

유발 하라리, 《사피엔스》, 조현욱 옮김, 김영사, 2019.

_____, 《21세기를 위한 21가지 제언— 더 나은 오늘은 어떻게 가능한가》, 전병근 옮김, 김영사, 2019.

_____, 〈인류는 어떤 운명을 맞이할 것인가〉, 《초예측》, 정현옥 옮김, 웅진지식하우스, 2019, 52쪽.

이진우 외, 《인간 복제에 관한 철학적 성찰》, 문예출판사, 2004.

이진우, 《테크노 인문학》, 책세상, 2013.

_____, 〈'인간 극복'과 니체의 트랜스휴머니즘〉, 《니체연구》, 제24집, 한국니체학회, 2013, 87-118쪽.

프랜시스 후쿠야마, 《부자의 유전자, 가난한 자의 유전자》, 최준명 감역, 송정화 옮김, 한국경제신문, 2003.

프리드리히 니체, 《비극의 탄생》, 이진우 옮김, 책세상, 2005.

_____, 《아침놀》, 박찬국 옮김, 책세상, 2004.

_____, 《즐거운 학문》, 안성찬 · 홍사현 옮김, 책세상, 2005.

_____, 《차라투스트라는 이렇게 말했다》, 정동호 옮김, 책세상, 2005.

_____,《선악의 저편》, 김정현 옮김, 책세상, 2005.

_____,《도덕의 계보》, 김정현 옮김, 책세상, 2005.

_____,《이 사람을 보라》, 백승영 옮김, 책세상, 2002.

_____,《유고(1872년 여름~1874년 말)》, 이상엽 옮김, 책세상, 2002.

_____,《유고(1880년 초~1881년 봄)》, 최성환 옮김, 책세상, 2004.

_____,《유고(1884년 초~가을)》, 정동호 옮김, 책세상, 2004.

_____,《유고(1884년 가을~1885년 가을)》, 김정현 옮김, 책세상, 2004.

_____,《유고(1885년 가을~1887년 가을)》, 이진우 옮김, 책세상, 2005.

_____,《유고(1887년 가을~1888년 3월)》, 백승영 옮김, 책세상, 2005쪽

_____,《유고(1888년 초~1889년 1월 초)》, 백승영 옮김, 책세상, 2004쪽.

Aurenque, Diana., "Das Posthumane und Nietzsches Ubermensch. Eine Blasphemie gegen Gott", in : S. L. Sorgner(Hrsg.), *Aufklarung und Kritik* 3/2015, Frankfurt am Main, pp. 88-97.

Merlo, Joshua., "Zarathustra and Transhumanism: Man is Something to Be Overcome", in : *Scientia et Fides*(edited by Leandro M. Gaitán), 7(2)/2019, pp. 41-61.

Skowron, Michael., "Nietzsches Kritik des Transhumanismus und die ewige Wiederkunft des Gleichen", in : Robert Zimmer, Martin Morgenstern(Hrsg.), *Aufklärung und Kritik* 1/2016, Frankfurt am Main, pp. 1-15.

Skowron, Michael., "Posthuman oder Übermensch. War Nietzsche ein Transhumanist?", in : *Nietzsche-Studien*, Volume 42, Issue 1, 2013, Berlin/ New York, pp. 256-282.

Zimmerman, Michael E., "Last Man or Overman. Transhuman Appropriations of a Nietzschean Theme", in: *The Hedgehog Review: Critical Reflections on Contemporary Culture*, Volume 13, No. 2 (Summer, 2011), pp. 31-44.

Sorgner, Stefan Lorenz., "Nietzsche, the Overhuman, and Transhumanism", in: *Journal of Evolution and Technology*, Vol. 20 Issue 1, March 2009, Hartford USA, pp. 29-42.

Nestle, Wilhelm., *Vom Mythos zum Logos : Die Selbstentfaltung des griechischen Denkens von Homer bis auf die Sophistik und Sokrates*, Stuttgart 1975.

하이퍼텍스트와 상호텍스트성, 그리고 내러티브 연결

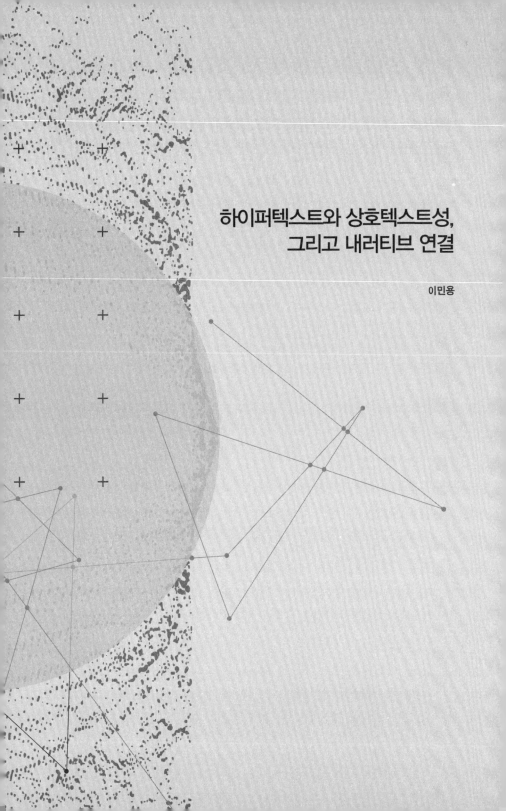

이민용

이 글은 2020년 3월 《독어독문학》 제153집에 실린 원고를 수정하여 재수록한 것이다.

| 초연결사회와 하이퍼텍스트, 그리고 신화 내러티브 |

요즘 우리는 예전에는 상상할 수 없었던 많은 것들에 연결되어 살고 있다. 과거에는 사람들이 가정, 고향, 학교, 직장 등의 실제 공간에서 제한된 범위의 혈연, 지연, 학연, 업무 등에 주로 연결되어 살았다면, 최근에는 전 세계와 실시간으로 연결되면서 가상공간을 통해 서로 연결되기도 한다. 이제 우리는 인간과 인간 사이의 연결을 넘어 인간과 인공지능 AI의 연결, 사물인터넷을 통한 인간과 사물의 연결, 사물과 사물의 연결망이 지배하는 초연결사회hyper-connected society에서 살아가게 되었다.

한편, 텍스트의 관점에서 보면 현대는 수많은 하이퍼텍스트hypertext의 연결망 속에 있다고 볼 수 있다. 문자로 된 것만이 아니라 영상으로 된 것도 텍스트로 간주할 수 있고 현실도 하나의 텍스트, 사람의 표정과 제스처 등도 텍스트로 볼 수 있다. "텍스트들은 의미를 만들고, 의미는 삶을 만든다"(Barthes 1996. 53쪽). 그런데 텍스트의 본고장이라고 할 수 있는 문학 텍스트에서도 이런 연결은 많이 있었고, 특히 후기구조주의·포스트모더니즘 시대에 상호텍스트intertext에 대한 관심이 아주 커졌다. 1960년대에 줄리아 크리스테바Julia Kristeva에 의해 도입된 상호텍스트 개념은 텍스트 연결성이 강조되면서 하이퍼텍스트 개념으로까지 발전하였다. 텍스트 연결은 지속적으로 확대되어 왔고 최근에는 대량 전달 전기전자 매체의 확산으로 더욱 확대되고 다양해지고 있다. 그래서 현대에 우리는 수많은 텍스트의 연결과 상호작용, 변용 속에서 살고 있다.

문학 텍스트의 핵심을 이루는 내러티브도 신화시대부터 지금까지 문학 내에서뿐만 아니라 다른 매체로까지 계속 연결·확산의 과정을 거쳤다. 예컨대 그리스신화의 오디세우스 이야기는 초기에는 말과 제스처가 연결된 형태로 전파되다가 이후 여기에 문자 텍스트가 연결되어 호메로스의 서사시 《오디세이아Odysseia》 등으로 등장하였고, 여기에 또 음악이 추가로 연결되어 오페라나 뮤지컬의 형태로 소통되었으며, 20세기부터는 전기전자 매체의 등장으로 여기에 다시 영상이 연결되어 영화·TV드라마·디지털게임 등의 형태로 전달되고 있다. 역사적으로 내러티브 텍스트가 연결 확산의 과정을 밟아 왔음을 알 수 있다.

이런 내러티브 텍스트의 연결 확산은 게르만신화의 경우도 예외가 아니다. 과거 북유럽을 비롯한 중북부 유럽의 게르만족 사이에서 말로 전승되었던 게르만신화는 9세기 무렵부터 문자 텍스트가 연결되어 전파되다가, 중세에서 근대 중기까지 문자 텍스트와 유일신 믿음을 앞세운 기독교 신화 내러티브에 의해 연결이 끊기고 변형되고 심지어 대부분 묻혀 버렸다. 그랬던 게르만신화가 현대에 들어와 다양한 문자·만화·전기전자 매체를 통해 수많은 연결과 변용의 모습을 보이고 있다.

게르만신화 이야기 중에서 특히 현대 문화 콘텐츠로 연결되어 변형되어 나타나고 있는 중요한 것으로 로키 이야기가 있다. 로키 이야기는 중세 시대에 운문 《에다Edda》와 산문 《에다》에 기록되어 전승된 이래로 많은 변형을 거치면서 다양한 텍스트로 연결되어 나타났다. 바그너의 악극Musikdrama 〈니벨룽의 반지〉로 연결되어 나타났을 뿐만 아니라, 현대 만화·영상 콘텐츠로도 많이 나타나고 있다. 로키는 게르만신화 인물 중에서 오딘, 토르와 함께 가장 많이 알려진 인물이다. 실제로 오딘·토르와 함께 신화 에피소드가 많은 세 인물 중 하나이고, 역시 오딘·토르와 함께 현대 문화 콘텐츠에 가장 많이 등장하는 게르만신화 인물 셋 중 하나이다.

이 글에서는 하이퍼텍스트와 상호텍스트성의 관점에서 로키 이야기를 중심으로 한 게르만신화의 하이퍼텍스트 연결에 대해 살펴보려 한다. 서사텍스트학의 관점에서 게르만신화의 로키 에피소드(내러티브)를 분석하고, 이것이 관련 영상 콘텐츠들에 반영되어 표현되는 양상을 서사텍스트학과 하이퍼미디어 스토리텔링의 관점에서 연구볼 것이다.

우리나라에서도 최근 게르만신화를 단순히 소개하는 책이나 만화들이 많이 나오고 있지만, 게르만신화 및 이와 관련된 서사텍스트학 이론이나 하이퍼텍스트에 대한 연구는 이제 시작 단계라고 할 수 있다. 게르만신화집 '운문《에다》' 번역본(2004)과 '산문《에다》' 번역본(2013)이 21세기 들어 처음 국내에서 출간되었고, 게르만신화에 관한 연구서가 이제 한 권 번역된(마이어 2017) 상황이며, 게르만신화 관련 연구도 아직 10여 편에 불과하다. 국내에서 문화 콘텐츠 관점에서 게르만신화에 접근한 연구가 몇 편 있고(김희열 2017: 송희영 2013, 2012: Simek 2011: 이민용 2007), 서사 이론에서 본 로키 신화 연구 논문이 한편(이민용 2019) 있지만, 로키 관련 리스토리텔링에 대한 연구는 아직 없으며, 게르만신화에 관한 서사학 관점의 하이퍼텍스트 연구도 확인되지 않는다. 하이퍼텍스트에 관한 연구로는 주네트Gérard Genette의 연구(1989)와 유현주의 연구(2003, 2017) 등이 있지만 게르만신화 로키 이야기에 관한 연구는 찾아볼 수 없다.

| 상호텍스트성과 하이퍼텍스트, 그리고 서사이론 |

기호학적 하이퍼텍스트

이 글에서는 다음 두 가지 측면에서 텍스트 개념에 접근한다. 하나는 작품work과 대비되는 개념으로서의 텍스트이다. 어느 작가가 쓴 소설 등을 작품이라고 하면, 그 작품을 창작한 작가가 중요시되고 작품 그 자체의 독창성과 예술성, 완결성 등이 강조된다. 이에 비해 그것을 텍스트라고 하면, 그것을 수용하는 독자나 감상자, 관객 등 수용자의 역할도 고려되고 그 수용자에 의해 받아들여지는 것이 강조된다. 수용미학과 해석학 등의 이론적 맥락과 닿아 있는 것이다. 그래서 텍스트라고 했을 때 이것들이 서로 영향을 미치고 수용되는 과정에서 달라질 수 있다는 점을 전제한다.

다른 하나는 좁은 의미의 텍스트가 아닌 넓은 의미로 사용되는 텍스트 개념이다. 문자로 고정된 것만을 텍스트로 간주하는 것을 넘어서서, 현실 텍스트도 해석의 대상으로 설정하는 해석학에서와 마찬가지로 문자 외의 다른 매체로 표현된 것들도 텍스트로 고려하는 것이다. 이 글은 텍스트들이 서로 고립되어 있는 것이 아니라 상호 연관되어 있다는 관점에서 출발한다. 실제로 현대의 많은 텍스트들은 단독으로 고립적으로 존재하지 않고 과거나 동시대의 다른 텍스트들과 연결되어 있다. 이런 맥락에서 이 글은 현대 문학이론에서 중요하게 등장한 상호텍스트성 개념과 하이퍼텍스트 개념을 서사이론과 연관해서 고찰한 뒤, 이를 바탕으로 로키 이야기 관련 게르만신화의 하이퍼텍스트를 게르만신화 일차 문헌들과 비교하여 그 변용의 원리와 양상을 분석하고자 한다.

이런 관점에서 보면 상호텍스트 개념이 우선 중요하다. 상호텍스트 개념은 이 개념의 발생사에서 중요한 역할을 한 롤랑 바르트Roland Barthes(1915~1980)의 다음 말에서도 알 수 있다.

스탕달이 인용한(쓴 것이 아닌) 텍스트를 읽으면서, 나는 조그마한 세부적인 것에 의해 프루스트를 재발견한다. 레스카르 주교는 자기의 부주교 질녀를 일련의 애정 어린 호칭으로 부르고 있는데(내 귀여운 조카, 내 친구, 내 갈색머리 예쁜 아가씨, 이 조그마한 귀염둥이!), 이것은 발벡 호텔에서 두 명의 심부름꾼 마리 주네스트와 셀레스트 알바레가 프루스트의 화자를 지칭하는 것을 연상시킨다(이 귀여운 검은 머리의 악마, 이 지독한 장난꾼, 이 젊음, 이 아름다운 피부!). 게다가 같은 방식으로, 나는 프루스트를 통해 플로베르에게서 노르망디의 꽃핀 사과나무를 읽는다. 형식구formule의 지배, 기원의 역전, 후에 쓰여진 텍스트로부터 전에 쓰여진 텍스트를 불러오는 그 무례함을 나는 음미한다(바르트 1997, 83 이하).

위에서 롤랑 바르트는 스탕달이 인용한 텍스트를 읽으면서 프루스트가 생각나고, 또 그 프루스트의 텍스트에 대한 기억을 통해서 플로베르를 떠올리게 된다고 말한다. 이어서 그는 곧 다음과 같이 말한다.

이것이 상호텍스트inter-text이다. 끝없는 텍스트들의 외부에 텍스트 하나가 따로 존재한다는 것은 불가능하다. 이 텍스트가 프루스트의 텍스트이든 일간신문이든 TV 화면이든 간에 말이다(Barthes 1996, 53f).

여기서 바르트는 '상호텍스트'라는 용어를 사용하며 텍스트의 고립 불가능성, 일간신문과 TV 화면까지 포함하는 넓은 의미의 텍스트 개념에 대해 밝히고 있다. '상호텍스트'는 문학 텍스트의 다성성多聲性을 강조하고 텍스트 사이에서 이루어지는 상호작용의 역동성을 중시한 러시아 문예학자 미하일 바흐친Mikhail Bakhtin에게 영향을 받아 롤랑 바르트의 후학이자 동료였던 줄리아 크리스테바Julia Kristeva(1941~)가 1960년대 후반 도입한 용어다(Suero & Cabo 2014. 166f). 우리 앞에 등장한 어떤 텍스트는 그 이전에 있었던 다른 텍스트와의 관계 속에서 그 텍스트에 대한 어떤 작용으로서 생기게 된 경우가 많고, 이러한 과정은 과거부터 계속 있어 왔고 앞으로도 계속 그럴 것이다. "따라서 모든 텍스트는 늘 다른 텍스트와 내재적으로 결합할 수 있는 가능성을 가지며, 이러한 독서는 선형적이라기보다는 자유로운 연상작용을 통해 비선형적으로 계속되는 것이다"(유현주 2017. 43).

그런데 제라르 주네트는 텍스트 상호 간의 관계에서 상호텍스트성의 선후에 따라 히포텍스트hypotext와 하이퍼텍스트hypertext를 구분함으로써 하이퍼텍스트라는 새로운 용어를 강조했다. 이것이 기호학적·문학적 하이퍼텍스트 개념이다. 이 용어는 주네트(Genette 1989)가 하이퍼텍스트성hypertextuality을 언급하는 가운데 다음과 같이 정의되었다.

하이퍼텍스트성은 텍스트 B(나는 이것을 하이퍼텍스트hypertext라고 할 것이다)를 이전 텍스트 A(나는 물론 이것을 히포텍스트hypotext라고 할 것이다)에 통합하는 모든 관계를 말하며, 이 텍스트는 코멘트(주석, 논평)와는 다른 방식으로 연결된다(Genette 1997. 5).

하이퍼텍스트는 주네트가 변용transformation이라고 부르는 과정을 통해 히포텍스트(들)에서 파생되며, 여기서 텍스트 B는 텍스트 A를 직접 언급하지 않고도 텍스트 A를 불러온다. 기호학적으로 하이퍼텍스트는 이전 텍스트를 암시하는 텍스트, 거기서 비롯된 텍스트, 그것들과 연관되는 텍스트이다. 예를 들어 제임스 조이스James Joyce의 소설 《율리시스Ulysses》는 호메로스의 서사시 《오디세이아》에서 파생된 많은 하이퍼텍스트 중 하나로 간주될 수 있다. 하이퍼텍스트는 패러디나 혼성모방 등 다양한 모습을 취할 수 있다.

따라서 이 글에서 다루는 게르만신화 로키 이야기를 중심으로 보면, 로키 이야기가 기록된 게르만신화 일차 문헌들이 히포텍스트에 해당되고, 여기에서 파생되어 나중에 문자·만화·영상 콘텐츠로 표현된 것들이 하이퍼텍스트에 해당된다고 할 수 있다.

디지털 하이퍼텍스트와 하이퍼미디어 텍스트

앞에서 언급한 대로 주네트가 말한 기호학적·문학적 개념으로서의 하이퍼텍스트는 서사학이나 텍스트학에 관심 있는 사람에게 어느 정도 알려져 있다. 하이퍼텍스트가 우리에게 많이 알려져 익숙하게 된 것은 1990년대 인터넷이 대중화되고 온라인상의 텍스트, 특히 디지털 문학 텍스트에 있는 하나의 노드node에서 여러 갈래로 뻗어 가는 링크link 기능으로 텍스트들이 연결되는 현상이 등장하면서부터이다. 이때 하이퍼텍스트의 하이퍼hyper는 영어의 'over'나 'beyond'의 뜻으로서―원래 라틴어의 'super'라는 뜻에서 오기는 했지만―규모를 의미하는 것이 아니라 제시된 텍스트 너머로beyond(over) 연속되는 연결 구조를 뜻하는 것이었다. 대개 하이퍼텍스트는 분량이 많지 않고 5백 단어를 넘지 않는 것이 선호된다. 그래서 하이퍼텍스트의 하이퍼는 텍스트의 규모가 크다는 의미보다는, 이전 텍스트들의 선형적 문자 텍스트를 넘어서는 방식으로 여러 갈래로 무한히 연결될 수 있다는 의미로 이해되고 큰 관심을 받았다. 이런 하이퍼텍스트에서는 상호텍스트성과 상호작용성이 강조된다. 텍스트의 어느 한 지점인 노드에서 수많은 갈래의 링크가 연결됨으로써 여러 텍스트들이 상호 연결되고 영향을 주고받을 수 있다. 또한 전통적인 문자 텍스트에서는 정보가 일방적으로 작가에서 작품을 통해 독자에게 전달되었다면, 디지털 하이퍼텍스트에서는 작가와 독자가 상호작용하여 스토리의 방향을 바꾸고 변화시킬 수도 있게 되었다.

이런 식의 디지털 하이퍼텍스트는 한때 "책 문화 시대의 상호텍스트성은 가상적인 것이고, 네트워크의 상호텍스트성은 리얼한 것이다"(Idensen 1996, 145: 유현주 2017, 42에서 재인용)라고 자부심을 내비치기도 했지만, 이제는 그 새로운 내용성이 담보되지 못한 채 새로운 모바일 매체와 인공지능 등의 등장으로 더 이상 별로 새로울 게 없는 것으로 치부되어 관심이 많이 식었다. 디지털 문예학 초기에 새로운 시도로서 하이퍼텍스트가 많은 관심을 끌었지만, 신기술과 함께 의미 있는 새로운 내용이 잇달아 등장하면서 더 이상 새로운 것이 아니게 된 것이다. 이 글에서 논의하는 게르만신화의 로키 이야기와 연관된 하이퍼텍스트도 이러한 디지털 하이퍼텍스트의 의미보다는, 주네트가 말한 히포텍스트와 쌍을 이루는 기호학적·문학적 하이퍼텍스트의 의미가 더 크다. 하이퍼텍스트에서 진짜 중요한 것은 기술적인 링크 연결이 아니라 상상력에 의한 텍스트 변용과 연결이기 때문이다.

한편 이러한 디지털 하이퍼텍스트는 1990년대만 하더라도 하이퍼미디어와 비슷한 의미로 사용되었으나 점차 매체 이동과 매체 연결이 강조되는 시대로 변하면서 '하이퍼텍스트'보다 '하이퍼미디어'라는 용어가 더 많이 쓰이게 되었다. 원래 하이퍼텍스트에 매체 연결의 의미가 포함되어 있으나, 미디어의 영향이 커지면서 '하이퍼미디어'가 '하이퍼텍스트'를 누르고 더 많이 사용되고 있다. 하이퍼텍스트에서는 상호텍스트성과 상호작용성interactivity이 중요했다면, 하이퍼미디어 텍스트에서는 이것들뿐만 아니라 상호매체성도 중요한 고려 사항이다(유현주 2017, 25-29). 로키 이야기의 경우도 사람들이 디지털 문자 텍스트로 된 로키 이야기를 각각의 노드에서 여러 갈래의 링크를 걸어 연결시킨 것보다는 영상, 음악, 음성, 문자(자막), 행동(연기) 등 여러 매체가 연결되어 전달되는 하이퍼미디어 텍스트에 관심을 많이 둔다. 이 글에서 다루는 영화로 된 하이퍼텍스트도 하이퍼미디어 텍스트를 의미한다고 할 수 있다. 그러나 이 글에서 얘기하는 '하이퍼미디어 텍스트'는 기술적인 링크를 강조하는 디지털 하이퍼텍스트 개념은 아니다. 오히려 주네트가 강조하는 상상력에 의한 텍스트 연결과 변용을 문자 텍스트가 아닌 미디어 텍스트에서 찾는다는 의미에서 기호학적 하이퍼텍스트의 일종이다.

지금까지 논한 내용을 종합하면 하이퍼텍스트 개념에는 두세 가지가 있다. 하나는 히포텍스트가 중요하게 존재하는 기호학적 하이퍼텍스트이고, 다른 하나는 히포텍스트의 존재가 별로 중요하지 않은 하이퍼텍스트이다. 전자가 은유적 하이퍼텍스트라면 후자는 환유적 하이퍼텍스트라고 할 수 있다. 후자는 다시 좁은 의미의 것과 넓은 의미의 것으로 나누어 볼 수 있다. 좁은 의미의 하이퍼텍스트가 각 노드에서 뻗어 나가 링크되는 디지털 하이퍼텍스트라면, 넓은 의미의 하이퍼텍스트는 인터넷상의 연결을 넘어서 모든 연결을 다 포괄하는 의미의 하이퍼텍스트라고 할 수 있다.

서사텍스트학의 내러티브 디스코스 이론과 상호텍스트성

하이퍼텍스트를 설명하는 핵심적인 개념은 상호텍스트성이다. 그런데 문예학적인 하이퍼텍스트는 거의 대부분 스토리가 있는 내러티브 텍스트이다. 그렇기 때문에 이것은 서사이론으로 조명해 볼 수 있고, 상호텍스트성 개념도 후기구조주의 등의 포스트고전서사학에서 접근해 볼 수 있다. 필자가 보기에, 하이퍼텍스트가 생성되는 원리는 포스트고전서사학이나 서사텍스트학의 상호텍스트성으로 잘 설명될 수 있다. 고전서사학에서는 내러티브를 가장 간단하게는 스토리와 디스코스discourse의 2층위로 구분하는데(Chatman 1978. 22), 여기서 스토리는 내러티브의 핵심 내용이고 디스코스는 그것의 표현이다. 이렇게 얘기하면 스토리가 먼저 있고 이것을 나중에 표현한 것이 디스코스라는 의미가 된다. 그런데 내러티브는 간단하게 2층위론으로 설명하는 데에서 더 나아가 3층위론, 4층위론으로 설명할 수도 있다. 패트릭 오닐Patrick O'neill(1994)은 내러티브의 디스코스 개념이 과정 개념과 결과 개념을 함께 지니고 있음에 주목하여, 디스코스를 과정으로서의 '내레이션narration' 층위와 그 결과로서의 '텍스트' 층위로 나누어서 본다. 이렇게 되면 내러티브는 '스토리+내레이션+텍스트'의 3층위로 설명될 수 있다. 그리고 여기서부터 서사학에 텍스트 개념이 등장하여 서사텍스트학이 전개된다. 오닐은 여기에 다시 텍스트성textuality 층위를 덧붙여 서사 4층위론까지 주장한다. 그리고 더 나아가 서사 4층위의 상호작용과 역동성을 강조하며 포스트고전서사학 혹은 서사텍스트학을 다음과 같은 구조로 설명하는데, 여기서 상호텍스트성이 핵심 개념으로 설명된

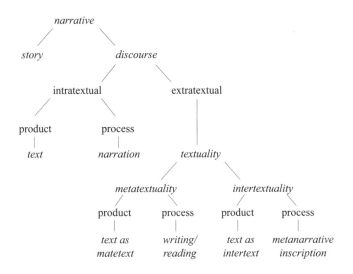

다(O'neill 1994, 121).

위의 구조에서 디스코스는 텍스트 내적 디스코스intratextual discourse 와 텍스트 외적 디스코스extratextual discourse로 나뉘며, 텍스트 내적 디 스코스의 과정이 내레이션이라면 그 결과의 산물은 텍스트이다. 그리 고 텍스트 외적 디스코스가 곧 텍스트성textuality이며 이것은 메타텍스 트성metatextuality과 상호텍스트성intertextuality으로 나뉜다. 곧, 텍스트성 은 메타텍스트성과 상호텍스트성이라 부를 수 있는 두 과정 간의 상호 작용으로 이루어지게 된다. 메타텍스트성은 과정으로서의 읽기와 쓰 기, 그리고 그 결과로서의 산물인 '메타텍스트로서의 텍스트'로 다시 구 분된다. 원본 텍스트에 대한 모든 수용과 해석은 메타텍스트를 새롭게 창조한다. 또한 텍스트성의 다른 한 기둥을 이루는 상호텍스트성은 과 정으로서의 (마음, 기억, 다른 매체 등에) '메타서사 새겨넣기metanarrative inscription'와 그 결과로서의 산물인 '상호텍스트로서의 텍스트'로 나뉜다 (O'neill 1994, 122).

서사텍스트학에서는 이와 함께 스토리와 디스코스의 관계에서 디스코스에 의해 스토리가 바뀔 수도 있다고 주장한다(O'neill 1994, 52f). 내러티브 디스코스는 스토리를 재현하기도 하지만, 스토리를 변화시키고 만들기도 한다는 것이다. 그래서 "디스코스가 스토리보다 우위에 있음 the primacy of discourse over story"(O'neill 1994, 52)을 강조하기도 한다.

이 지점에서 텍스트라는 용어도 이중적인 의미로 드러나게 된다. 고전서사학적 의미에서 텍스트가 주로 정적인 산물로서 텍스트 안에 국한된 것이었다면, 포스트고전서사학에서 텍스트는 그것이 처해 있는 역사적·문화적·이데올로기적 조류 속에서 문화적 젠더gender, 인종, 계층 등과 같은 다양한 텍스트 외적 요소들과 영향을 주고받는 역동적 과정에 있다. 그래서 텍스트의 "모든 스토리는, 제아무리 단순한 스토리라 하더라도, 이야기됨으로써 스토리가 되는 그 순간에 상호 교차되는 가능한 의미들을 확산시키거나 텍스트성의 영역으로 진입하게 된다"(O'neill 1994, 117).

이렇게 상호텍스트성은 텍스트 외적 디스코스라고 할 수 있다. 그런데 디스코스는 그 구성 요소에 따라 더 세부적으로 고찰해 볼 수 있다. 내러티브 디스코스의 구성 요소에는 플롯, 인칭과 입장, 시점과 관점, 심리적 거리, 서술 시간과 공간 등이 있다(김민수 2002, 95-113). 이런 디스코스 구성 요소들이 텍스트 외적 디스코스인 상호텍스트성에도 작용한다고 볼 수 있다. 서술하는 작가나 영화감독뿐만 아니라 말하고 행동하며 현실 텍스트를 만드는 사람이 다른 텍스트들과 상호작용하면서 상호텍스트를 만들 때에는 이런 인칭과 입장, 시점과 관점, 심리적 거리,

서술 시간과 공간 등의 디스코스 요소들이 중요하게 작용할 수 있다. 여기서 우리는 하이퍼텍스트를 만드는 핵심이 상호텍스트성이며, 이때 그 텍스트가 서사텍스트인 경우, 이것을 좌우하는 것은 텍스트 외적 디스코스와 그 구성 요소들임을 알 수 있다. 이것은 로키 내러티브의 스토리가 하이퍼텍스트로 디스코스될 때도 마찬가지이다. 이에 관해 자세히 논의해 보자.

| 히포텍스트로서의 게르만신화 로키 내러티브 |

로키 이야기의 히포텍스트: 운문 《에다》와 산문 《에다》

게르만신화 로키 이야기를 담고 있는 현대 영상문화 콘텐츠로서 중요한 것으로는 영화 〈마스크The Mask〉, 〈마스크 2: 마스크의 아들Son Of The Mask〉, 〈토르Thor〉 시리즈 세 편, 〈어벤져스Avengers〉 시리즈 네 편 중 일부를 들 수 있다. 제라르 주네트의 주장에 근거하여 이것들이 로키 이야기의 하이퍼텍스트에 해당된다면, 이것들의 히포텍스트는 게르만신화의 일차 문헌들이라고 할 수 있다. 로키 이야기의 히포텍스트는 북유럽의 산문으로 된 전설 등의 이야기인 사가Saga와 운문의 시 속에도 흩어져 있지만, 로키 이야기가 실려 있는 게르만신화 일차 문헌으로 가장 중요하고 기본이 되는 것은 운문 《에다》와 산문 《에다》이다. 운문 《에다》는 이름이 알려지지 않은 여러 사람에 의해 9세기부터 13세기 사이에 산문이 섞인 운문으로 기록된 것을 모은 신화집이고, 산문 《에다》는 아이슬란드의 유력 정치인이자 학자였던 스노리 스툴루손 Snorri Sturluson이 1220년경에 기록한 것이다(Edda 1995. 359). 이것들이 기록된 장소는 주로 아이슬란드와 노르웨이 등의 북유럽이다.

운문《에다》에는 로키와 관련된 이야기가 실려 있는 내러티브 텍스트도 있고 그에 대해 단편적인 언급만 한 곳도 있다. 운문《에다》에 실린 로키 스토리는 크게 보아 전체 37편의 텍스트 중 〈애기르의 주연酒宴 Oegisdrecka〉과 〈트림의 노래Thrymskvida〉두 편이다. 〈애기르의 주연〉(Edda 1995. 81-91)에서 로키는 평소 신들에게 연회를 자주 베풀던 애기르의 주연에 참석하여 행패를 부린다. 애기르의 하인을 쳐 죽이고 이를 비난하는 남신과 여신들에게 조롱과 악담을 퍼붓는다. 그러다 토르가 뒤늦게 나타나 위협적으로 제지하자 송어로 변신해서 물속으로 사라진다.

〈트림의 노래〉(Edda 1995. 92-96)에서 로키는 게르만신화 최고의 무기인 마법망치 묠니르를 잃어버린 토르의 부탁으로 묠니르의 행방을 수색한 결과 거인왕 트림이 훔쳐 가서 숨겨 두었다는 것을 알게 된다. 그런데 트림은 그 묠니르를 찾으려면 미의 여신 프레이야를 자신의 신부로 데려와야 한다고 요구한다. 그래서 헤임달의 아이디어로 토르가 여장을 하여 프레이야로 꾸미고 트림 왕에게 시집가는 것처럼 나서고, 이때 로키는 토르의 시녀로 변장하여 함께 트림을 찾아간다. 결국 토르는 묠니르를 되찾고 그것으로 트림 왕을 박살내 죽인다.

운문《에다》에서 로키가 행동하는 주인공으로 등장하는 내러티브 텍스트는 이 두 개가 전부이고, 다른 곳에서는 단편적인 짧은 구절로 그 이름 정도만 언급되고 있다. 예컨대 〈예언녀의 계시Völuspa〉에서는 (발드르를 죽게 하는 등 신들에게 죄를 지었기 때문에) 처벌받는 로키에 대해, 그리고 라그나로크 때 거인들의 배를 몰고 앞장서 침공해 오는 로키에 대해, 〈벡탐의 노래Vegtamskvidha〉에서는 신들의 종말과 관련해서 로키가 살짝 언급된다.

한편 산문 《에다》에는 로키가 주인공으로 등장하는 내러티브가 운문 《에다》보다 훨씬 더 많다. 여기서 게르만신화를 담고 있는 부분은 총 3부로 되어 있는 이 책의 제1부 〈귈피의 홀림Gylfaginning〉과 제2부 〈스칼드의 시창작법Skáldskaparmál〉이다. 그러나 로키에 관한 신화 이야기는 어느 한곳에 정리되어 모아져 있지 않고 여러 곳에 분산되어 오딘이나 토르 등 다른 신들의 에피소드에 함께 들어 있는 경우가 대부분이다. 산문 《에다》는 운문 《에다》와 달리 부분 텍스트에 이름(제목)이 따로 있는 것이 아니라 일련번호가 붙어 있다. 그래서 이 글에서는 제1부 〈귈피의 홀림〉의 부분 텍스트들을 'Gyl.33'과 같이 'Gyl.+번호'로, 제2부 〈스칼드의 시창작법〉의 부분 텍스트들은 'Sk.16'과 같이 'Sk.+번호'로 표기한다. 이에 따라 로키 관련 텍스트를 순서대로 정리하면 다음과 같다. Gyl.33(로키 인물 소개), Gyl.34(로키가 괴물 자식 셋을 낳자 신들이 제압에 나섬), Gyl.42(로키가 오딘의 신마神馬 슬레이프니르를 낳아 줌), Gyl.44(토르와 함께 탐방 원정 다님), Gyl.47(우트가르드 로키의 저택에서 불꽃이 변신한 로기와 시합을 함), Gyl.49(오딘의 아들 발드르 신을 살해하게 함), Gyl.50(자식의 창자로 바위에 묶이는 처벌을 받음), Gyl.51(라그나로크 때 신들을 공격하다 자신도 죽음), Sk.1(거인 탸지에게 붙들려 곤욕을 치름. 죽은 아비 탸지의 복수를 위해 찾아온 스카디를 웃기는 일을 함), Sk.8(프레이야의 황금 목걸이를 두고 헤임달과 다퉜다는 언급), Sk.16(로키에 대한 은유적 표현, 케닝kenning), Sk.18(거인 게이뢰드에 붙잡혀 곤욕을 치렀다가 토르와 함께 가서 그를 죽임), Sk.33(애기르가 연 주연에서 로키가 행패를 부렸다는 언급), Sk.35(난쟁이들과 내기를 해서 신들의 보물, 무기를 만들어 주도록 함), Sk.39(안드바리의 보물과 반지를 강탈해서 지상에 들여옴).

히포텍스트에서 본 로키

세상의 수많은 로키 텍스트의 히포텍스트라고 할 수 있는 운문《에다》
와 산문《에다》를 통해서 알 수 있는 로키는 어떤 인물인가? 이를 살펴
봄으로써 로키 관련 하이퍼텍스트들과 비교하는 근거를 마련해 보고
자 한다. 산문《에다》의 제1부 〈귈피의 홀림〉 33번째 텍스트(Gyl.33)에
서는 로키에 관한 인물 규정을 확인할 수 있다. 이에 따르면, 로키의 다
른 이름은 '로프트'이며 아버지는 '파르바우티'이고 어머니의 이름은 '라
우페이' 혹은 '날'이다. 그에게는 형제 '뷜레이스트'와 '헬블린디'도 있다.
로키의 아내는 '시귄'이며 둘 사이에서 태어난 자식의 이름은 '나리' 혹
은 '나르피'라고 한다. 여기서 또한 로키의 외모와 성격도 알 수 있다. 로
키는 "매력적이고 호감을 주는 외모"를 지녔지만, "성격이 사악하고 행
동이 변덕스럽다. 그는 교활함에 있어 모든 이를 능가하며, 속이지 않
는 것이 없다." 그리고 이런 로키에 대한 사람들의 세평도 알 수 있다.
"사람들은 그를 '아스 신들의 중상모략가', '음모의 원흉', '모든 신과 인
간의 치욕'이라고 부른다." 그러나 그가 신들에게 항상 나쁜 짓을 하는
것은 아니다. 신들의 "어려움을 재치 있게 해결해 준 일도 여러 번 있
다"(Snorri 1977, 40).

산문《에다》의 제2부 〈스칼드의 시창작법〉에도 로키에 대한 표현이
나온다(Sk.16).

로키를 다른 말로 어떻게 표현하는가? 사람들은 그를 파르바우티와
라우페이의 아들, 날의 아들이라 부르고, 뷜레이스트와 헬블린디의 형
제, 늑대 펜리르인 바나르간드의 아버지, 미드가르드 뱀인 외르문간드
의 아버지, 헬과 나리 및 알리의 아버지라고 부른다. 또 그는 오딘과 아

스 신들의 친척이고 숙부이며 그들과 함께하는 봄의 동행자, 또 악의 동반자이며 식사 친구이다. 또한 그는 게이뢰드의 방문자이자 그의 궤짝에 노리개처럼 갇힌 자이며, 거인들의 도둑, 전차를 끄는 염소의 도둑, 브리싱가멘과 이둔의 사과를 훔친 도둑, 슬레이프니르의 아버지, 시귄의 남편, 신들의 적, 시프의 머리카락을 자른 자, 손해를 만들어 내는 자, 교활한 아스 신, 신들을 모욕하고 속이는 자, 발드르를 죽이도록 사주한 자, 사슬에 묶인 아스 신, 헤임달 및 스카디와 갈등을 빚는 적이다(Snorri 1977, 107).

이 텍스트를 보면, 앞에서 언급한 〈귈피의 홀림〉 33번째 텍스트와 비슷하게 로키를 규정한 부분도 있지만 새롭게 드러난 점도 있다. 로키의 자식으로 늑대 펜리르, 미드가르드 뱀인 외르문간드, 헬, 알리, 슬레이프니르 등이 새롭게 언급되고 있다. 또한 그가 오딘과 인척 관계이며 친숙한 사이라는 사실, 두드러진 그의 행적에 따른 인물 규정 등을 새롭게 알 수 있다.

그런데 우리가 누군가에 대해 아는 방법은 그에 관한 설명이나 규정을 통해서일 때도 있지만, 그가 구체적으로 어떤 행동을 했는지 살펴보는 것이 훨씬 중요할 때가 많다. 이것은 수사학에서 분류하는 네 가지 디스코스 방식discourse mode 중에서 설명, 논증, 묘사의 방식이 아니라 내러티브 방식이다. 내러티브의 핵심 내용은 스토리인데, 스토리의 핵심 요소는 인물, 사건, 모티프, 배경(시간, 공간)이다. 이렇게 내러티브 방식으로 보았을 때, 로키라는 인물이 구체적인 공간 속에서 다른 인물과 어떤 이유(모티프)로 어떻게 행동했는지 구체적으로 잘 파악할 수 있다. 그래서 로키 에피소드의 스토리를 통해서 로키라는 인물에 대해 파악하는 것이 더 흥미롭고 공감을 느낄 수 있다. 구체적인 내러티브 텍스트 속에서 확인할 수 있는 로키 내러티브 혹은 로키 스토리텔링이 중요한 이유가 여기에 있다.

앞에서 소개한 로키 관련 내러티브 텍스트에서 로키의 성격을 고찰해 보면 로키는 단일한 성격의 소유자가 아니다. 로키의 성격을 상세하게 다룬 선행 연구(이민용 2019. 242-246)를 참고하여 로키 관련 텍스트에서 그의 성격을 추출하여 분류하면 다음과 같다. 그는 처음에는 신들에게 호감을 얻고 재미를 주며 결과적으로 신들에게 이익을 가져다주기도 하지만, 시간이 흐르면서 점차 신들과 대립하고 신들에게 처벌을 받기도 하다가 최후에는 신을 죽이고 자신도 죽는 신들의 적으로 끝나게 된다. 즉, 그는 재능꾼, 장난꾸러기, 오딘의 동반자, 토르의 동행자에서 신들과 갈등을 빚는 인물, 신들의 적으로 변해 간다. 이를 관련 내러티브 텍스트에서 확인해 보면 다음과 같다.

그는 "매력적이고 호감을 주는 외모"에 "어려움을 재치 있게 해결"해 주는 재능꾼이다(Gyl.33). 그는 살해당한 아비의 원수를 갚으러 온 스카디를 웃기려고 염소의 수염과 자신의 불알을 묶어서 서로 잡아당기며 비명을 지르는 희극을 연출하는(Sk.1) '장난의 신'이다. 그는 잠자는 토르의 부인 시프의 금발을 잘라 버려서 한바탕 소동을 일으키기도 한다(Sk.35). 그가 신들의 조력자일 때도 있었다. 그는 암말로 변신해서 슬레이프니르를 낳아 오딘의 신마로 제공하고(Gyl.42), 신들에게 최고의 무기와 보물(토르의 묠니르, 오딘의 궁니르와 드라우프니르, 프레이의 스키드블라드니르와 굴린보르스티)을 만들어 준다(Sk.35). 그는 오딘의 동반자이다. 그는 오딘과 함께 다니다 거인 탸지가 변신한 독수리를 만나고(Sk.1), 오딘과 함께 다니다 수달을 살해하고 안드바리의 보물을 강탈해서 배상해 준다(Sk.39). 그런가 하면 그는 토르의 동행자이기도 하다. 그는 토르와 함께 거인왕 우트가르드-로키의 땅으로 가서 시합을 하고(Gyl.47), 토르와 함께 거인 게이뢰드를 죽이며(Sk.18), 거인 트림도 죽인다(운문《에다》〈트림의 노래〉). 그러나 그는 신들과 대결하는 인물로 변한다. 그는 신들이 자신의 세 괴물 자식을 핍박하자 원한을 품는다(Gyl.34). 그리고 술자리 잔치에서 신들에게 욕설을 퍼붓고 행패를 부린다(운문《에다》〈애기르의 주연〉, Sk.33). 그는 결국 신들의 적이 된다. 그는 발드르 신을 죽게 만든다(Gyl.49). 그래서 그는 처벌받는 자가 된다. 그는 자식의 창자로 바위에 묶이고 위에서 독사가 독액을 떨어뜨릴 때 고통에 몸부림친다(Gyl.50). 마침내 그는 라그나로크 때 공격하여 신들을 죽이고 자신도 죽는다(Gyl.51). 이처럼 로키는 신들과의 관계에서 처음에는 오딘, 토르와 함께 다니고 잘 어울리다가 점차 혼자 행동하며 신들에게 적대적인 행동을 한다. 로키 이야기 히포텍스트의 스토리가 연결과 변용을 통해 하이퍼텍스트로 될 수 있으므로, 이렇게 내러티브를 통해 히포텍스트 속의 로키를 파악하는 것은 관련 하이퍼텍스트에서 로키의 속성과 성격, 행동이 나타나는 양상을 잘 이해할 수 있는 근거가 된다.

로키 관련 게르만신화의 하이퍼텍스트

로키 이야기의 히포텍스트에서 파생된 하이퍼텍스트로는 19세기 바그너의 악극 〈니벨룽의 반지〉, 20세기 로키 관련 게르만신화를 다룬 수많은 코믹스comics와 애니메이션 등이 있는데, 최근 현대 대중과의 연결력이 가장 컸던 것은 영화, 특히 MCUMarvel Cinematic Universe의 영화 〈토르〉 시리즈와 〈어벤져스〉 시리즈이다. 여기서는 이 영화들을 중심으로 로키 신화 관련 게르만신화의 하이퍼텍스트 리스토리텔링에 대해 살펴보겠다.

로키 스토리가 현대 영상 매체를 통해 리스토리텔링된 하이퍼텍스트로서의 문화 콘텐츠는 다음과 같다. 애니메이션 〈마탐정 로키 라그나로크魔探偵ロキ RAGNAROK〉, 영화 〈마스크〉, 〈마스크 2: 마스크의 아들〉, 〈토르: 천둥의 신Thor〉, 〈토르: 다크월드Thor: The Dark World〉, 〈토르: 라그나로크Thor: Ragnarok〉, 〈어벤져스〉, 〈어벤져스: 인피니티 워Avengers: Infinity War〉 등이다. 〈마탐정 로키 라그나로크〉는 일본 애니메이션으로 우리나라 TV에서도 방영된 작품이다. 〈마스크〉는 짐 캐리의 코믹 연기로 유명한 영화이며, 〈마스크 2〉는 그것의 속편이다. 그 외〈토르〉 시리즈와 〈어벤져스〉 시리즈는 모두 미국 MCU 영화로, 특히 네 편의 〈어벤져스〉 시리즈는 2010년대 수많은 관객을 모은 유명한 영화 시리즈이다. 이 중에서 로키와 연관이 있는 〈토르〉 시리즈 세 편과 〈어벤져스〉 시리즈 두 편을 살펴보자.

영화 〈토르〉 시리즈

영화 〈토르〉 시리즈는 현재까지 〈토르: 천둥의 신〉, 〈토르: 다크월드〉, 〈토르: 라르나로크〉 세 편이 출시되었다(2021년 개봉을 목표로 〈토르: 러브 앤 썬더Thor: Love and Thunder〉가 준비 중이다). 이 세 편의 영화는 각각 독립적이지만 상호 연결되어 있어서 하이퍼텍스트의 성격도 지닌다. 이 영화들에서 토르는 슈퍼히어로superhero로서 주인공이고, 로키는 빌런 villain(슈퍼 악당)으로서 크게 활약한다. 2011년 개봉된 제1편 〈토르: 천둥의 신〉(미국에서 개봉된 영화의 원제목은 부제가 없다.)은 '마블 코믹스 Marvel Comics'의 슈퍼히어로 코믹스 시리즈 《토르》를 원작으로 한 실사 영화로 감독은 케네스 브래너Kenneth Branagh가 맡았다.

여기서 로키는 아스가르드 행성을 다스리는 오딘 왕의 아들이자 토르의 동생이다. 그러나 로키는 오딘의 친자식, 토르의 친동생이 아니라 오딘이 데려와 키운 자식이다. 로키는 원래 거인족의 왕 라우페이(로피)의 아들인데 거인 자식이라기엔 너무 작아서 버려졌고, 그런 그를 오딘이 데려다 기른 것이다. 이 사실을 알게 된 로키는 충격을 받고 오딘과 토르에게 반감을 가지게 된다. 토르가 오딘의 명령을 무시하고 요툰헤임을 공격했다가 왕위계승권을 박탈당하고 지구로 추방된 사이, 로키는 자신이 주워 온 아이라는 사실을 숨긴 것에 대해 오딘에게 강하게 항의한다. 그 충격으로 오딘이 정신을 잃게 되자 로키가 스스로 왕이 된다. 로키는 지구에 있는 토르까지 죽이려고 하지만 오히려 토르의 역공을 받게 되고, 결국 그의 불법적인 집권은 무너진다.

로키는 히포텍스트에서 오딘의 동반자, 토르의 동행자로 활동한 적이 있는 것처럼 영화에서도 아스가르드에 있는 오딘의 궁성에서 오딘, 토르 등과 함께 지내며, 거인족의 나라 요툰헤임 공격에 나선 토르와 동행하기도 한다. 로키가 거인족 출신이라는 점도 비슷하다. 그런데 신화에서 오딘과 인척 관계였지만 부자지간은 아니고 의형제를 맺은 관계였던 로키가 영화에서는 오딘의 양아들, 토르의 동생으로 등장한다. 그리하여 그는 왕족의 가족관계에서 부자간의 갈등, 형제간의 갈등 속에서 다투는 인물로 등장한다. 그는 오딘의 인정을 받아 왕위를 물려받고 싶어하고, 후계자 토르를 밀어내고 다음 왕위에 오르고 싶어한다. 결국 그는 아스가르드의 신들을 속여 오딘의 왕위를 차지하고 이 사실을 토르에게도 속임으로써 신화에서처럼 배신과 속임수의 캐릭터로 행동한다. 그러나 다른 한편 그는 친아버지인 거인족 왕 라우페이(로피)마저도 속임수로 죽이는데, 이는 자신을 길러 준 아버지이자 권력자인 오딘의 인정을 받고 싶어 한 짓이기도 했다. 그는 요툰헤임을 파괴하고 거인족을 몰살하려 한 것도 "아버지에게 인정받고 싶어서였어요"라고 말하는 인간적인 아들의 모습을 보인다.

〈토르〉 시리즈 제2편인 〈토르: 다크 월드〉는 그 직전에 개봉된 MCU 영화 〈어벤져스〉의 끝 부분과 연결되는 하이퍼텍스트로 기능한다. 지구를 침공해서 큰 혼란과 희생을 야기한 로키를 토르가 아스가르드로 데리고 떠나는 〈어벤져스〉의 마지막 장면에 이어서, 이 영화에서 로키는 아스가르드로 압송되어 와서 오딘의 명령으로 감옥에 갇히게 된다. 한편 그 사이에 다크 엘프들의 우두머리인 말레키스가 6개의 인피니트 스톤 중 하나인 리얼리티 스톤의 힘이 들어 있는 에테르를 차지하려고 아스가르드를 침공하여 대혼란을 일으키는데, 그 와중에서 어렸을 때부터 로키를 길러 준 오딘의 부인 프리가가 살해된다. 어머니의 복수와 아스가르드의 안녕을 위해 로키의 도움이 필요했던 토르가 로키를 감옥에서 풀어 주고, 둘은 함께 다크 엘프들의 세계인 스바르트알프헤임으로 찾아간다. 그곳에서 토르와 로키는 말레키스와 다크 엘프 부하들의 공격을 받고, 결국 말레키스의 강력한 부하 알그림에 의해 로키가 죽는다. 그러나 마지막에 말레키스를 물리치고 온 토르가 오딘을 알현하며 왕위를 물려받기 싫다고 얘기하고 떠나는데, 그 뒤에서 오딘의 모습이 로키로 바뀌면서 영화가 끝난다.

이 영화에서도 로키는 게르만신화 히포텍스트에서처럼 잘못을 저질러 토르에 의해 붙잡히고 처벌을 받는다. 또한 그는 속임수와 변신 마법에 능수능란하며 토르와 함께 다니며 행동한다. 그러나 오딘의 아내 프리그를 속이고 그녀의 아들 발드르를 죽게 했던 신화에서와 달리, 영화에서 로키는 자신을 길러준 프리가가 친어머니가 아니라는 것으로 알고도 계속 좋아하며 그녀가 죽자 크게 슬퍼하며 복수하려고 나선다. 그래서 로키는 토르와 함께 다크 엘프족의 말레키스와 목숨을 걸고 싸우다 죽임을 당하는 것처럼 보이지만 나중에 살아난 것으로 드러난다.

〈토르〉 영화의 제3편 〈토르: 라그나로크〉에서는 앞선 영화 〈토르: 다크 월드〉의 마지막 장면에 이어서 로키가 그 사이 오딘을 지구의 양로원에 보내 버리고 오딘의 모습으로 변신해 아스가르드를 지배하고 있다. 그런데 오딘의 맏딸이자 로키의 의붓누나인 헬라가 아스가르드를 침공하여 백성들을 죽이고 지배해 버리자, 왕좌에서 쫓겨난 로키는 토르와 함께 헬라에 맞서 싸운다. 그러나 헬라가 죽음의 신답게 토르의 묠니르마저 한 손으로 부숴 버릴 정도로 워낙 강해서 아스가르드는 라그나로크를 맞게 된다. 로키는 토르와 함께 헬라를 죽이기 위해 신화에서 불꽃의 나라 무스펠헤임의 왕이었던 수르트를 깨워 불러와 아스가르드를 잿더미로 만들고, 아스가르드 백성들을 대형 우주선에 태워 탈출한다.

이 영화에서 로키는 신화에서와 같이 배신과 속임수의 신처럼 행동하여 오딘을 양로원에 보내 버리고 왕으로 군림하며 토르와 함께 싸우러 다닌다. 그러나 히포텍스트의 로키에서 변형된 모습도 나타난다. 신화에서는 헬라가 로키의 딸로 나오는데, 영화에서는 둘이 적으로 맞서 싸워 결국 로키가 헬라를 죽이게 된다. 또한 히포텍스트에서는 로키가 라그나로크 때 앞장서 아스가르드를 파괴하고 신족 전체를 죽음으로 몰아넣는데, 영화에서도 로키가 라그나로크에 관여하는 것은 비슷하지만 그 동기는 다르다. 히포텍스트에서는 거인족 출신의 로키가 신족들과 갈등을 빚다가 그 대결 양상이 점점 커져서 아스가르드를 파괴하고 신족과 세상의 인간들까지 모두 죽게 만들지만, 영화에서는 헬라를 죽이기 위해, 아스가르드의 백성들을 구하기 위해 라그나로크를 일으킨다.

영화 〈어벤져스〉 시리즈

〈어벤져스〉 시리즈에서 로키는 MCU의 인피니트 스톤 찾기로 연결된 영화 시리즈 전체 속에서 활동한다. MCU 영화는 〈아이언맨〉(1·2·3), 〈인크레더블 헐크The Incredible Hulk,〉, 〈퍼스트 어벤저Captain America: The First Avenger〉, 〈토르〉 시리즈, 〈어벤져스〉 시리즈, 〈가디언즈 오브 갤럭시Guardians of the Galaxy〉, 〈앤트맨Ant-Man〉, 〈스파이더맨: 홈커밍Spider-Man: Homecoming〉 등 2010년대 10여 년 동안 발표된 20여 편이 상호텍스트 관계에 있다. 여기서 핵심 역할을 하는 것은 6개의 인피니트 스톤 (리얼리티·파워·스페이스·타임·마인드·소울)을 차지해서 거대한 악행을 저지르려는 슈퍼 빌런 타노스의 계획과 이를 저지하려는 슈퍼히어로들의 투쟁이다. 타노스는 그리스신화에서 죽음을 의인화한 신 타나토스Thanatos처럼 죽음의 슈퍼 빌런 역할을 하며 우주 생태계의 안정을 위한다는 명분으로 6개의 인피니트 스톤의 강력한 힘으로써 우주 생명체의 절반을 죽이려고 한다.

　로키는 총 네 편의 〈어벤져스〉 시리즈 중 1편과 3편에서 활동한다. 로키는 특히 1편에서 어벤져스가 결성되는 계기를 제공하는 빌런의 역할을 맡는다.[1] 로키가 타노스 세력과 결탁하여 6개의 인피니트 스톤 중 하나인 스페이스 스톤이 들어 있는 '오딘의 보물'이라고 불리는 테서렉트 큐브를 훔치려고 지구에 와서 지구인들을 죽이고 굴종하도록 위협하자, 이에 대응하여 어벤져스(토르, 아이언맨/토니 스타크, 캡틴 아메리카/스티브 로저스, 블랙위도우/나타샤 로마노프, 호크 아이/클린트 바튼, 헐크/브루스 배너)가 결성된다. 그러자 테서렉트를 가지고 타노스 세력에게 가려 한 로키가 타노스와 결탁되어 있는 치타우리 종족을 불러와 어벤져스와 전투를 벌인다. 결국 로키는 어벤져스에게 제압당하고, 토르가 로키를 데리고 아스가르드로 떠나면서 영화가 끝난다. 이 영화에서 로키는 강력한 어벤져스를 비롯하여 지구인 전체와 싸운다. 그 와중에 로키는 헐크에게 자신도 신이라고 큰소리쳤다가 땅바닥에 여러 번 패대기 쳐지지만 죽지 않고 살아난다.

이 영화에서도 로키는 토르의 동생으로 나오며, 그래서 난동을 피우는 동생을 데려가려고 토르가 지구에 와서 결국 그를 아스가르드로 잡아가는 것으로 영화가 끝난다. 악의 세력 타노스, 치타우리 종족과 결탁하여 테서렉트를 넘겨주고 지구를 지배하려고 한 로키는 강력한 빌런으로 활약함으로써 히포텍스트 《에다》에 그려진 로키의 악의 이미지를 잘 구현하고 있다.

〈어벤져스〉 시리즈 제3편 〈어벤져스: 인피니티 워〉에서 로키는 타노스에게 죽임을 당한다. 그는 그전에도 여러 번 죽은 듯했지만 다시

---

[1] 이 영화의 근거가 되었던 미국의 코믹스(만화)에서도 어벤져스가 결성된 계기는 슈퍼빌런 로키에 대항해서 싸우기 위한 것이었다. 그리고 토르는 이때부터 원조 어벤져스의 핵심 일원이었다.

살아났는데, 이번에는 진짜 죽은 것으로 그려졌다. 앞서 개봉된 〈토르: 라그나로크〉 마지막 부분에서 출발한 아스가르드 난민 수송선을, 타노스와 그의 부하들이 스페이스 스톤을 빼앗으려고 우주에서 공격했기 때문이다. 그전에 로키는 〈어벤져스〉 영화 시리즈 최고의 슈퍼 빌런인 타노스에게 〈어벤져스〉 1편에서와 같이 충성을 다하기도 했다. 그러나 난민 수송선에 있던 아스가르드인을 토르와 로키를 제외하고 모두 죽인 타노스에게 로키는 더 이상 충성하지 않는다. 반대로 로키는 속임수를 써 충성을 맹세하는 듯하다가 단검으로 기습 공격하여 타노스의 목숨을 노려 보지만 오히려 타노스에게 목졸려 죽임을 당하고, 토르가 로키의 몸을 붙잡고 울부짖는다. 로키는 공격하기 전에 타노스에게 자신을 규정하면서 스스로를 '아스가르드의 왕자', '장난의 신'이라고 말한다. 영화에서 로키는 히포텍스트에서 라그나로크를 불러오는 로키처럼 우주 생명체 절반을 죽이려고 하는 타노스와 손을 잡고 악행을 저질렀지만, 최종적으로는 타노스를 죽이려다 오히려 죽임을 당함으로써 반전의 이미지를 보인다.

〈토르〉, 〈어벤져스〉 영화 시리즈의 하이퍼텍스트성: 연결과 변형

로키 이야기의 하이퍼텍스트성은 두 가지 측면에서 이야기할 수 있다. 하나는 로키 이야기가 MCU의 순수 창작물인 '아이언맨' 이야기(〈아이언맨〉 〈아이언맨 2〉, 〈아이언맨 3〉)나 '캡틴 아메리카' 이야기(〈퍼스트 어벤저〉, 〈캡틴 아메리카: 윈터 솔저〉, 〈캡틴 아메리카: 시빌 워〉) 등과는 달리 게르만신화 로키 이야기의 히포텍스트에서 비롯된 하이퍼텍스트라는 것이다. 그리고 다른 하나는 〈토르〉 시리즈와 〈어벤져스〉 시리즈의 영화들이 문자 텍스트였던 게르만신화 하이퍼텍스트에 연결되어 있을 뿐만 아니라 여기서 파생된 로키 이야기의 출판물 문자 텍스트들, 그리고 이를 바탕으로 만들어진 마블 코믹스의 만화와 애니메이션에 연결되어 있으며 〈토르〉 시리즈와 〈어벤져스〉 시리즈의 영화들도 서로 연결되어 있다는 것이다.

하이퍼텍스트로서의 이들 영화에서 로키는 히포텍스트에서의 로키와 연결되는 비슷한 점이 많아서, 이 영화가 하이퍼텍스트로서 기능하게 한다. 영화에서 히포텍스트와 하이퍼텍스트를 연결하는 점들을 모아 보면 다음과 같다. 영화에서 로키는 히포텍스트에서처럼 토르를 속이고 배신한다. 로키는 속임수의 대가이고 배신의 아이콘이다. 시프(신화 속 토르의 부인)와의 관계도 좋지 않고, 특히 헤임달과 관계가 좋지 않다. 로키는 신화에서처럼 아스가르드, 요툰헤임, 스바르드 알프헤임, 니다벨리르 등의 공간에서 아스가르드족, 거인족, 다크 엘프족, 난쟁이족 등이 사는 세계에서 살고 있다. 로키가 살고 있는 우주에도 게르만 신화에서처럼 9세계가 있고 이를 연결하는 비프로스트 다리가 있다. 그리고 9세계를 연결하는 세계수 위그드라실도 이미지로 제시된다. 또한 로키는 토르와 자주 같이 다니고, 아스가르드에서 오딘과 같이 지낸다. 로키는 신화에서처럼 토르나 오딘을 정면대결해서는 이기지 못한다. 이런 점에서 이 영화들은 히포텍스트가 있는 하이퍼텍스트이다.

그런데 하이퍼텍스트는 히포텍스트에 연결되어 있기는 하나 그대로 똑같은 양상으로 연결되어 있지는 않다. 뒤이어 나중에 연결되는 시대와 장소가 달라지면서 달라지는 점도 있다. 그러나 공통성과 연결성이 없다면 이미 하이퍼텍스트가 아닐 것이다. 그러니 달라진다면 어떻게 얼마나 달라지는가? 이것이 하이퍼텍스트의 생명이라고 할 수 있다. 이 영화들에서 달라지고 변형된 점은 다음과 같다. 로키가 신화에서와 달리 토르를 죽이려고 하고 공격한다. 신화에서 로키가 토르에 정면대결할 엄두도 못 내는 것과는 다르다. 또한 영화에서 그는 오딘과 의형제가 아니라 오딘의 아들인데, 친아들은 아니다. 이런 점에서는 신화가 일부 반영되었다고 볼 수 있다. 그리고 신화에서와 달리 로키는 토르의 동생이며, 오딘을 죽이려는 친부 라우페이를 죽이기까지 한다. 오딘의 신임을 얻기 위해서다. 〈토르〉 영화 제3편에서는 그가 토르와 협력해 헬라와 싸우며 아스가르드 백성을 구조선에 태운다. 신화의 아버지와 딸이 싸우는 셈이다. 시공간도 다르다. 고대 북유럽 공간이 아니라 미래의 우주 공간이며, 인간이 많이 등장한다.

　한편, 로키 관련 게르만신화 히포텍스트에서 파생된 하이퍼텍스트성은 게르만신화와 영화 사이에서 작용할 뿐만 아니라 구비 신화와 문자 텍스트 신화 사이에서도 작용하며, 최근에는 영화와 디지털게임, 영화와 TV드라마, 영화와 캐릭터 사업 사이에서도 작용한다. 〈토르〉 영화 개봉에 맞춰 공식 게임이 출시되었는데, 제작사는 〈아이언맨〉, 〈아이언맨 2〉, 〈인크레더블 헐크〉 영화를 게임으로 만든 세가 게임즈였다. 〈토르〉 영화 원제목에는 부제가 붙지 않는데 게임에는 '천둥의 신God of Thunder'이라는 부제가 붙었고, 그래서인지 국내 개봉 영화 제목에도 이 부제가 붙었다. 이외에도 TV드라마, 애니메이션, 만화, 캐릭터 사업에서도 하이퍼텍스트가 계속 생산되었다. 토르는 신발 캐릭터로도 하이퍼커넥트되었으며,《토르: 천둥의 신Thor: God of Thunder》(제이슨 애런Jason Aaron) 등의 책으로도 연결되어 출간되었다. 이외에도 토르가 〈어벤져스: 인피니티 워〉에서 죽지만, 곧 미국 TV드라마에 등장한 것도 하이퍼텍스트성이나 상호텍스트성으로 얘기될 수 있다.

　영화와 영화 사이의 상호텍스트성, 하이퍼텍스트 연결은 〈토르〉 시리즈와 〈어벤져스〉 시리즈 영화 사이에서도 많이 확인할 수 있다. 이 영화들을 개봉 순서대로 정리하면 다음과 같다. 〈토르: 천둥의 신〉(2011년 4월), 〈어벤져스〉(2012년 4월), 〈토르: 다크 월드〉(2013년 10월), 〈어벤져스: 에이지 오브 울트론〉(2015년 4월), 〈토르: 라그나로크〉(2017년 10월), 〈어벤져스: 인피니티 워〉(2018년 4월). 여기서 〈토르〉 시리즈 영화와 〈어벤져스〉 시리즈 영화가 교차로 개봉되었다는 것을 알 수 있는데, 이는 이 영화들이 내용적으로도 상호텍스트 관계에 있을 수 있는 기회를 마련해 주었다. 예컨대 〈토르: 천둥의 신〉에서 짧게 등장한 쉴드 요원들과 닉 퓨리, 호크 아이 등이 다음 편 영화 〈어벤져스〉에서 핵심 인물로 다시 등장하는 것이다. 앞에서 이와 비슷한 경우들을 여러 번 언급했다.

| 로키 관련 하이퍼텍스트의 연결과 변용의 원리 |

지금까지 로키 관련 히포텍스트와 여기에서 파생된 하이퍼텍스트를 통해 로키의 성격과 활동이 어떤 근거에서 출발하여 어떻게 연결되고 변용되는지 그 양상을 살펴보았다. 그렇다면 이러한 연결과 변용의 기준과 원리는 무엇인가? 앞서 하이퍼텍스트의 연결과 변용의 일반 원리들로 상호텍스트성과 서사텍스트학의 내러티브 디스코스 이론에 대해 살펴보았다. 이제 그 연장선상에서 로키 관련 하이퍼텍스트의 연결과 변용의 기준과 원리를 고찰해 보겠다.

우선 로키 하이퍼텍스트의 상호텍스트성의 원리에 대해 살펴보자. 로키 이야기를 중심으로 한 게르만신화는 히포텍스트의 문자 매체에서 출발하여 20세기의 만화와 애니메이션, 영화, TV드라마, 디지털게임, 캐릭터 상품으로까지 상호 하이퍼커넥트되는 하이퍼텍스트로서 기능하고 있다. 그리고 이것은 앞에서도 언급했듯 '마블 시네마틱 유니버스MCU'의 〈토르〉 시리즈 영화와 〈어벤져스〉 시리즈 영화 안에서도 상호텍스트성을 통해 하이퍼미디어 텍스트로서 상호 연결되어 있음을 알 수 있다. 그런데 중세 시대의 로키 히포텍스트에서 21세기의 로키 하이퍼텍스트가 파생되어 나올 때까지 수많은 상호텍스트가 그 사이에 관여했을 것이다. 롤랑 바르트가 얘기한 것처럼 "끝없는 텍스트들의 외부에 텍스트 하나가 따로 존재한다는 것은 불가능"(Barthes 1996, 53)하고, "모든 텍스트는 늘 다른 텍스트와 내재적으로 결합할 수 있는 가능성을"(유현주 2017, 43) 가지고 있기 때문이다. 이런 관점에서 우선 로키 하이퍼텍스트에 상호작용할 가능성이 큰 텍스트들을 살펴보면, 그리스신화 텍스트를 생각할 수 있다. 〈토르〉 영화 시리즈에서 캐릭터, 배경, 아이템 등 여러 면에서 게르만신화 내용이 지배적인 것, 〈어벤져스〉 시리즈에서 토르가 어벤져스의 핵심 인물로 활동하고 로키가 그 어벤져스를 결성할 이유를 마련해 준 빌런이 된 것은, 그리스신화 텍스트에 비해 게르만신화가 덜 알려져 있어서 관객들에게 진부하지 않고 참신하다는 느낌을 줄 거라고 보았기 때문이라고 한다. 게르만신화가 많이 활용될 수 있었던 데에 그리스신화 텍스트가 역으로 역할을 한 셈이다. 그렇지만 〈어벤져스〉를 비롯한 〈토르〉 등의 MCU 영화 스토리를 관통하는 슈퍼 빌런 타노스는 그리스신화 텍스트의 타나토스와의 상호텍스트성에서 직접 비롯된, 즉 거기서 파생된 것이라고 볼 수 있다.

로키 하이퍼텍스트에서 또 확인할 수 있는 것은 과학주의 담론 discourse과의 상호텍스트성이다. '담론'은 서사텍스트학의 용어 '디스코스discourse'의 번역어로 많이 사용되는 말이다. 앞서 패트릭 오닐의 서사텍스트학이 제시한 도표(159쪽 참조)에서 확인했듯, 디스코스는 과정으로서는 '서술'이고 그 결과의 산물은 '텍스트'이다. 따라서 담론이라는 말에는 이 두 의미가 모두 포함되어 있으며, 과학주의 담론은 과학에 근거해서 서술(이야기)하는 것과 그것이 표현된 텍스트를 모두 의미한다. 이때의 텍스트는 문자로 된 것만을 의미하는 좁은 의미의 텍스트가 아닌, "끝없는 텍스트들의 외부에 텍스트 하나가 따로 존재한다는 것은 불가능하다. 이 텍스트가 프루스트의 텍스트이든 일간신문이든 TV 화면이든 간에 말이다"(Barthes 1996, 53f)라고 말할 때 사용하는 넓은 의미의 텍스트 개념이다. 우리는 19세기 이래로 폭발적으로 발전한 자연과학의 자장 안에서 살고 있다. 과학주의 담론은 현대인에게 공기와 같은 것이어서 어떤 하이퍼텍스트를 마련하는 경우에도 비켜 가기 어렵다. 그래서 중세 시대에 기록된 로키 관련 히포텍스트에서 비롯된 현대적인 하이퍼텍스트는 과학 담론(텍스트)과의 상호텍스트성을 피할 수 없다. 이런 사실은 로키 관련 하이퍼텍스트 영화에서 많이 확인된다. 로키가 타고 다니는 비행 수단은 신화에서처럼 날개 달린 신발이나 프레이야의 날개옷이 아니라 우주선이다. 로키가 신화에서 아스가르드에서 미드가르드 등으로 이동하는 연결로 비프로스트 강철 무지개다리를 이용했다면, 영화에서는 순간이동이나 차원이동이 가능한 웜홀이나 화이트홀을 이용한다. 그리고 히포텍스트에서 로키와 같이 아스가르드에 사는 신족은 하이퍼텍스트 영화에서 외계인으로 등장한다. 신족이라고 하지만 진짜 신이 아니라 외계인이다. 그래서 아주 오래 장수할 수 있지만 신이 아니기 때문에 영생은 못한다. 로키도 타노스에 의해 죽는다. 그가 아스가르드에서 살지만 거인족 출신이어서 영생을 못했다고 볼 수도 있지만, 아스가르드 신족인 외계인도 5,000년 정도 살면 죽는다고 한다. 토르가 영화에서 현재 1,500살이라고 하니 인간 나이로 치면 20대 청년이어서 그렇게 기운차게 활동하는 것이라고 볼 수 있다. 로키나 토르는 외계인이어서 슈트를 입지 않지만 인간 어벤져스 아이언맨이나 캡틴 아메리카는 과학기술의 힘을 집적한 슈트를 입고 싸운다는 점도 과학주의 담론이 상호텍스트로서 작용한 것이라고 볼 수 있다.

로키 하이퍼텍스트 영화에서 또 확인할 수 있는 상호텍스트는 생태주의 텍스트이다. 개발과 발전이 도를 넘어 지구 생태계가 위태로운 지경에 이른 현대에 새롭게 등장한 생태주의 담론은 로키 히포텍스트와 상호텍스트의 관계를 맺어 하이퍼텍스트로 반영되었다. 그 대표적인 것이 타노스의 계획이다. 타노스는 고향별인 타이탄이 인구 과밀로 황폐화된 것을 경험하고는 우주의 생명을 절반으로 줄이기 위해 인피니트 스톤 6개를 다 모으는 과정에서 수많은 생명을 죽이는 악행을 계속한다. 이를 제지하기 위해 토르를 비롯한 어벤져스가 뭉쳐 싸우고, 로키도 처음에는 타노스에게 충성하다가 나중에 진실을 깨닫고 그를 죽이려다가 오히려 죽임을 당한다. 이외에도 상호텍스트로서 작용한 것으로 생각해 볼 수 있는 것으로는 인본주의 담론과 개인주의 담론, 영웅주의 담론, 가족주의 담론 등의 텍스트가 있다. 이것들은 로키 관련 히포텍스트가 로키 관련 하이퍼텍스트 영화로 연결되고 변형되는 데 상호텍스트로서 많은 영향을 미쳤다고 할 수 있다.

한편, 이러한 상호텍스트성을 구현하는 내재적 원리로는 서사텍스트학 이론의 내러티브 층위 이론, 특히 스토리 층위와 디스코스 층위 이론이 있다. 그리고 앞에서 언급한 내러티브 디스코스의 전복성, 즉 내러티브는 디스코스에 의해 스토리가 새로 만들어질 수 있다는 것도 중요하다. 그리고 이때 디스코스의 구성 요소인 플롯과 인칭·입장, 서술 관점과 시점, 심리적 서술 거리, 서술 어조와 톤, 디스코스 시간과 장소(공간)들이 어떻게 작용되는가 하는 것이 중요하다. 앞의 서사텍스트학 도표에서 알 수 있듯이, 하이퍼텍스트를 가능하게 하는 것 중 하나가 상호텍스트성인데, 이것은 내러티브의 디스코스 중에서 텍스트 내적 디스코스가 아닌 텍스트 외적 디스코스의 일부이다.

로키 이야기를 중심으로 한 게르만신화 역시 하이퍼텍스트로 연결될 때 이런 요소들에 기반하였다고 볼 수 있다. 그래서 로키 관련 게르만신화 텍스트를 누가 어떤 입장에서 어떤 시점과 관점으로 접근하고, 어떤 심리적 거리로 어느 시대에 언제, 얼마 동안, 어느 곳에서 하이퍼텍스트로 연결하고 변형하려고 하는가가 중요하다. 예컨대, 서술 시간으로서 현대라는 시간은 앞서 얘기한 과학주의 담론 텍스트가 상호텍스트로서 연결될 수 있게 한다. 좁은 의미로의 서술 시간은 영화 상영 시간을 의미하는데, 2시간 내외에 상영되는 조건이라면 그에 적합한 방식으로 텍스트가 마련되어야 할 것이다. 그래서 신화에서 다양하게 벌어진 인물들 사이의 관계가 영화에서는 스토리에 맞게 압축적으로 재조정된다. 가족 관계 밖에서 서로 관계가 멀었던 로키와 오딘, 토르가 로키가 오딘의 아들, 토르의 형제로 압축된 것도 이와 연관이 있다. 그리고 영화의 주제에 맞게 관계가 재조정될 수도 있다. 영화 〈토르: 라그나로크〉에서 라그나로크라는 주제에 맞게 신화에서 저승의 여왕이었던 헬이 강력한 죽음의 여신 헬라로 등장하여 토르와 싸우는데, 영화에서 토르와 함께 다녔던 로키도 같이 싸우게 된다. 신화에서 아버지와 딸이었던 로키와 헬라가 영화에서는 서로 적으로서 싸우는 관계로 변형된 것이다.

디스코스의 서술 공간이나 장소도 하이퍼텍스트 변형에 영향을 줄 수 있다. 실제로 미국이라는 장소에서 제작되고, 제일 많은 관객이 볼 것으로 예상되는 미국에서 상영될 계획이라는 점이, 〈어벤져스〉 1편의 스토리 배경이 뉴욕으로 설정된 것과 연관이 있다. 한편 관점과 시점, 심리적 서술 거리 면에서도 로키 하이퍼텍스트 분석에 접근할 수 있다. 로키 영화를 만들고 감상하는 현대인은 자신들의 관점에서 자신들의 심리적 거리를 가지고 로키 히포텍스트에 해당하는 게르만신화를 연결하고 변형한다. 그래서 로키 하이퍼텍스트에서는 신화에서처럼 사람들이 초월적인 힘을 믿고 숭배하지는 않는다. 오히려 신성성은 빼고 재미와 흥미, 의미를 구하려고 한다. 이러한 점이 로키 관련 영화에서도 많이 등장한다. 앞서 상호텍스트로서 중요한 것으로 언급했던 과학주의 담론이나 생태주의 담론, 가족주의 담론이 구체적으로 상호텍스트로 연결되는 경우는 디스코스하는 사람(들)의 관점이나 시점이 실제로 작용됐을 때 그렇게 된다고 볼 수 있다. 따라서 이런 점은 〈토르〉 영화와 〈어벤져스〉 영화를 만든 MCU의 관점에 의해 결정된 측면이 많을 것이다.

한편 내러티브 텍스트를 만들고 표현하는 디스코스의 플롯에서 접근해 볼 수도 있다. 하이퍼텍스트에서 감독과 같은, 디스코스하는 사람이 어떤 플롯을 가지고 행동하느냐에 따라 텍스트들이 다른 모습으로 하이퍼커넥트될hyper-connected 수밖에 없다. 히포텍스트에서와 달리 하이퍼텍스트에서 로키가 그 성격과 관계, 행동 및 그 동기에서 다른 모습으로 나타나는 것은 우선 그 영화 텍스트를 만드는 감독의 플롯 때문이다. 감독이 어떻게 작품을 구성하고, 어느 방향으로 그 구성을 잡아가려고 하는지도 중요하다. 대중매체로서 영화를 제작하는 감독은 대중들의 욕망과 관심, 이해에 작품의 초점을 맞추려고 한다. 이럴 때 대중들은 신화를 이야기하던 시대의 고대 북유럽의 사람들이 아닌 현대 물질문명 사회의 사람들이고, 그들의 욕망과 관심, 이해는 히포텍스트의 내포독자들이 가졌던 욕망과 관심, 이해와 본성적으로 변하지 않은 부분도 있지만 시대와 사람이 다르므로 달라진 부분도 많을 것이다. 신화시대의 사람들이 신을 믿고 종교를 믿으면서 초월적인 힘에 의지하면서 그런 힘의 질서에 순응하려 했다면, 현대인은 가족의 사랑, 남녀의 사랑, 권력욕, 물질 욕망 등이 들어 있는 텍스트를 마음속으로, 문화적으로, 현실적으로 마련해서 그 속에서 살아간다. 이것들이 히포텍스트와 하이퍼텍스트 사이에서 상호텍스트성의 한 축으로 작용했다고 볼 수 있다. 예컨대 이런 점에서 하이퍼텍스트의 로키는 오딘과는 부자지간의 사랑과 갈등에, 프리가와는 모자지간의 사랑에, 토르와는 형제애와 형제 갈등에 포섭되어 히포텍스트의 로키와는 다른 모습으로 행동하였다.

| 나가는 말

현대사회는 많은 것들에 연결되어 있는 '초연결사회hyper-connected society'이다. 그래서 현실을 반영하는 텍스트도 '아주 많이 연결되어 super-connected' 있다. 이런 텍스트의 본고장인 문학에서 시작하여 예술·문화에 이르기까지, 텍스트는 역사적으로 연결 확산의 과정이었다. 그래서 앞에서 살펴보았듯 제라르 주네트는 일찍이 이런 하이퍼텍스트성을 설명하면서 히포텍스트와 하이퍼텍스트 개념을 제시하였다.

이런 배경을 바탕으로 주네트의 하이퍼텍스트 개념과 포스트고전서사학(서사텍스트학) 이론을 근거로 하여, 상호텍스트성과 히포텍스트, 하이퍼텍스트의 관점에서 로키 관련 게르만신화와 MCU의 로키 신화 관련 영화 시리즈를 살펴보았다. 구체적으로, 하이퍼텍스트와 히포텍스트의 관계, 기호학적·문예학적 하이퍼텍스트와 디지털 하이퍼텍스트의 관계, 하이퍼텍스트 변용의 기준과 원리 등을 살펴보고, 로키 관련 게르만신화의 히포텍스트와 로키의 특성을 바탕으로 로키 관련 게르만신화 하이퍼텍스트와 그 속에 나타난 로키의 변용 양상을 고찰하였다. 그리고 이러한 로키 하이퍼텍스트에 연결과 변용이 일어나는 기준과 원리로서 상호텍스트성과 서사텍스트 외적 디스코스 및 그 디스코스 구성 요소의 작용에 대해 연구하였다.

이를 통해 하이퍼텍스트에서 진짜 중요한 것은 기술적인 링크(연결)보다는 자유로운 상상력의 연결과 창의적 내러티브 디스코스 능력임을 알 수 있었다. 이는 또한 초연결사회의 내러티브 초연결성hyper-connectedness과 상호텍스트성에 관한 고찰이기도 하다.

참고문헌

1차 문헌

Snorri Sturluson: Die Edda des Snorri Sturluson, ausgewählt, übersetzt und kommentiert von Arulf Krause, Stuttgart: Philipp Reclam jun. GmbH & Co. 1997. (스노리 스툴루손, 《에다 이야기》, 이민용 옮김, 을유문화사, 2013)

Die Edda. Götterlieder, Heldenlieder und Spruchweisheiten der Germanen. Vollständige Text-Ausgabe in der Übersetzung von Karl Simrock. Überarbeitete Neuausgabe mit Nachwort und Register von Manfred Stange. Bechtermünze Verlag. 1995. (《북유럽신화 에다 : 게르만 민족의 신화, 영웅전설, 생활의 지혜》, 임한순·최윤영·김길웅 옮김, 서울대학교출판문화원, 2004/2015)

2차 문헌

김민수, 《이야기, 가장 인간적인 소통형식: 소설의 이해》, 거름출판사, 2002.

김희열, 〈바그너의 〈니벨룽의 반지〉 연구 — 영웅설화와 신화의 현재화〉, 《독일문학》 143, 2017. 89~114쪽.

마이어, 엘라르트 후고, 《게르만신화 연구》(1, 2), 송전 옮김, 나남, 2017.

바르트, 롤랑, 《텍스트의 즐거움》, 김희영 옮김, 동문선, 1997.

송희영, 〈현대 예술 및 문화: 〈하록사가〉와 〈마법망치의 전설 토르〉 — 애니메이션에 나타난 북유럽신화와 바그너의 〈니벨룽겐의 반지〉〉, 《브레히트와 현대연극》 28, 2013. 253~272쪽.

송희영, 〈바그너의 오페라와 북유럽신화의 게임콘텐츠화: 컴퓨터게임 〈반지 II〉, 〈발키리 프로파일 I〉, 〈라그나로크 I〉 고찰〉, 《카프카연구》 27, 2012. 167~186쪽.

유현주, 《텍스트, 하이퍼텍스트, 하이퍼미디어》, 문학동네, 2017.

유현주, 《하이퍼 텍스트: 디지털 미학의 키워드》, 연세대학교출판부. 2003.

이민용, 〈신화와 문화콘텐츠: 게르만신화와 영화 〈지옥의 묵시록〉을 중심으로〉, 《헤세연구》 18, 2007, 157~180쪽.

이민용, 《스토리텔링 치료》, 학지사, 2017.

이민용, 〈서사이론에서 본 게르만신화 로키 이야기〉, 《독일어권문화연구》. 2919. 12, 229~253쪽.

Barthes, Roland: *Die Lust am Text*. Frankfurt am Main. 1996.

Chatman, Seymour: *Story and Discourse, Narrative Structure in Fiction and Film*. Ithaca: Cornell University Press. 1978.

Genette, Gérard: *Palimpsestos. La Literatura en segundo grado*. Madrid: Taurus. 1989

Genette, Gérard: *Palimpsests: Literature in the Second Degree*. U of Nebraska Press. 1997.

Idensen, Heiko: "Die Poesie soll von allen gemacht werden! Von literarischen Hypertexten zu virtuellen Schreibräumen der Netzwerkkultur." in: D. Matejovski, F. Kittler (Hrsg.): *Literatur im Informationszeitalter*. Frankfurt am Main / New York, 1996. pp. 143-183.

O'neill, Patrick: *Fictions of Discourse. Reading Narrative Theory*. Toronto Buffalo London: University of Toronto Press Incorporated. 1994[1996].

Simek, Rudolf: *Lexikon der germanischen Mythologie*. Stuttgart: Alfred Kröner Verlag. 1995.

Simek, Rudolf(2011): "Tolkiens Verwendung der germanischen Mythologie -exemplarisch an "Odin" und "Trollen"", in: 《독일어문화권연구》 20, pp. 229-251.

Suero, Maria Jose Lobato and Cabo, Beatriz Hoster(2014): "An Approximation to Intertexuality in Picturbooks. Anthony Browne and His Hypotextes." in: Bettina Kümmerling-Meibauer(edit): *Picturbooks. Representation and Narration*. New York: Routledge, pp. 165-183.

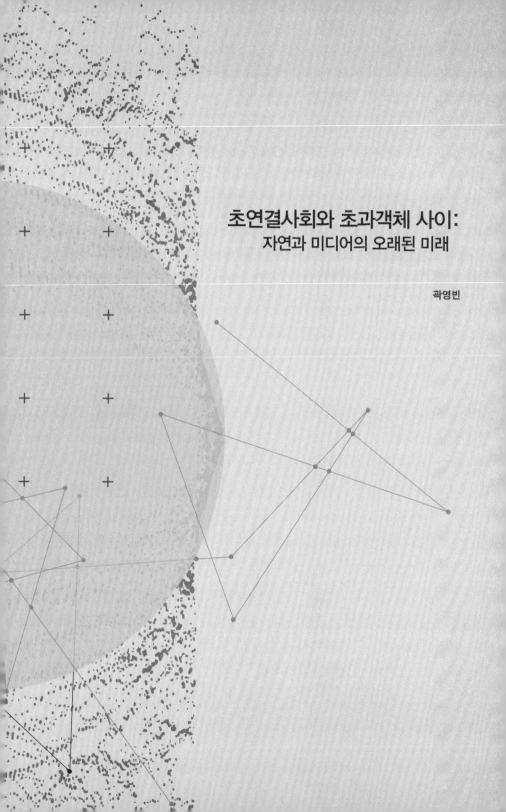

초연결사회와 초과객체 사이:
자연과 미디어의 오래된 미래

곽영빈

| 들어가며 |

일설에 따르면, 우리는 이제 시리Siri와 알렉사Alexa 사이에서 살고 있다. 미국의 일반 가정에 성공적으로 안착한 서로 다른 두 개의 음성 인식 AI 시스템을 통한 환기가 함의하는 것은 분명한 만큼 분명 과장일 것이다. 하지만 그것은 이른바 '초연결사회'라는 용어와 담론이 가리키는 것이 무엇인지를 우리에게 직관적으로 시사해 준다. 주지하듯 '초연결사회'란 이른바 '4차 산업혁명' 시대를 설명하는 특징 중 하나이기 이전에, '사람과 사물이 촘촘히 연결되는 사회'를 지칭하기 때문이다. 시리나 알렉사뿐 아니라, 우리는 냉장고와 CCTV를 통해 반려견에게 먹이를 줄 수 있고, 집 안의 온도를 조절할 수 있으며, 미처 끄고 나오지 못한 가스를 제어할 수도 있게 되었다. 물론 더 정확하게 말하면, 이 용어는 2008년 컨설팅 회사인 가트너 그룹Gartner Group에 의해 주조된 이래 대개 '사물인터넷IoT: Internet of Things'을 기반으로 구현되고 SNS(소셜 네트워킹 서비스)를 넘어 증강현실AR과 같은 서비스들과 연동되어 작동하는 것으로 간주되거나, '복잡계complexity system' 또는 '과학기술연구STS: Studies of Technology and Science'와 같은 연구 경향과 중첩되기도 하면서 지난 10여 년간 다종다기한 방식으로 세공되어 왔다.

이 글은 말 그대로 '모든 것이 연결된다'는 '초연결사회'의 전제에 동의하면서도, '사물인터넷'이란 표현이 웅변하듯 이러한 현상과 논의가 전적으로 '인터넷'이 전면화된 21세기에 들어와서야 생겨난 것이라는 암묵적 전제와 비판적 거리를 둔다. 이 글은 '자연'과 '미디어'의 개념에 대한 일련의 논의를 통해, '초연결사회'를 근본적인 의미에서 '자연과 미디어의 경계가 구분 불가능해진 상황'으로 파악하고, 동시에 그것의 '오래된 미래'라 할 수 있을 지평을 새롭게 재규정하려는 시도라 할 수 있다. 20세기 초 아도르노Theodor Adorno와 벤야민Walter Benjamin이 따로 또 같이 세공했던 '자연사Naturgeschichte', 즉 '역사적인 것으로서의 자연'이라는 견지에서, 미디어와 자연(철학)이 어떻게 역사적인 것과 얽혀 있는지 살펴볼 것이다. 이는 전 지구적인 위기로 2020년을 강타한 코로나 바이러스 사태와 '기후위기,' 그리고 '인류세Anthropocene' 담론을 좀 더 역사적이고 거시적인 차원에서 바라볼 수 있게 해 줄 것이며, '초연결사회' 못지 않게 근과거의 기술 발전을 물신화하곤 하는 '포스트휴머니즘' 논의의 맹점 또한 환기해 줄 것이다.

| 초연결성과 초과객체들 |

어쩌면 '초연결사회hyper-connected society'란 표현을 처음 접하고 '초과객체hyperobject' 개념을 떠올린 이들도 있을 것이다. 다소 엉뚱해 보일 수도 있지만, 이는 'hyper-'라는 강조 접두사가 함의하는 것이 무엇인가라는 문제와 직결된다. '초과객체'란 미국의 철학자 티모시 모튼Timothy Morton이 그의 주저 중 하나로 꼽히는 동명의 저서 《초과객체들: 세계 종말 이후의 철학과 생태학Hyperobjects: Philosophy and Ecology after the End of the World》(2013)에서 제시한 개념으로, 미세먼지나 스티로폼, 또는 플루토늄처럼 전통적인 의미의 '대상' 또는 '객체' 개념에 근거해서는 더 이상 파악할 수 없는 현상과 대상에 대응해 세공한 것이다.[1] 인류세 위기에 직면해 제기된 급진적 생태학radical ecology은 물론, 그레이엄 하먼Graham Harman으로 대표되는 '객체지향적 존재론Object-Oriented Ontology' 조류와도 밀접한 관련을 맺어 온 이 개념은, 위의 현상들이 공유하는 '점성viscosity', '비지역성non-locality', '시간적 파동temporal undulation', '위상 조정位相調整phasing', '간객체성/간대상성interobjectivity'이라는 다섯 개의 특징들, 다시 말해 서로 멀리 떨어져 있으면서도 밀접한 관계를 맺거나 서로에게서 독립적으로 떼어 내려 해도 떼어 낼 수 없는 방식으로 끈적한 점성을 유지하면서도, 특정 지역이나 시점 또는 단계를 절단면으로 삼아서는 분석과 진단을 내릴 수 없는 방식을 통해 내재적으로 연결된다.[2]

하이데거Martin Heidegger가 적절히 환기했듯이, 한국어로는 '사물' 또는 어떤 '것'으로, 영어로는 'thing'으로 번역되는 고대의 고지독일어 'Das Ding'은 원래 '소집die Versammlung'을 뜻했으며, 더 구체적으로는 "논란이 되고 있는 사건, 즉 송사eines Streitfalles를 처리하기 위한 소집"을 지칭했다.[3] 이런 의미에서 고대 독일어인 thing과 dinc 역시 "사건

----

1 'hyperobject'를 '거대객체'나 '거대사물'로 번역하는 경우도 있는데, '스티로폼' 같은 사례에서 알 수 있듯이, 'hyper-'라는 접두어는 문제가 되는 대상이나 현상의 양적인 크기에 비례하는 것이 아니라는 의미에서 적절한 번역어로 보기 어렵다.

2 2016년 저작인 《어두운 생태학: 미래 공존의 논리를 위하여Dark Ecology: For a Logic of Future Coexistence》에서 그는 이러한 "간관계성의 사유the thinking of interconnectedness"를 '그물망mesh'이라 부르는데, 이는 메를로-퐁티가 자신의 유고에서 "얽힘le chiasme"이란 개념 하에 사유했던 것과 흥미로운 공명을 이룬다. Maurice Merleau-Ponty, "L'entrelacs-le chiasme." *Le visible et l'invisible*, Paris: Gallimard, 1964, pp. 170-201.

3 Martin Heidegger, "Das Ding," in *Vorträge und Aufsätze* (1936-1953), ed. F.-W. von Herrmann, Frankfurt am Main: Vottorio Klostermann, 2000, p. 167.(마르틴 하이데거, 〈사물〉, 《강연과 논문》, 이기상·신상희·박찬국 옮김, 이학사, 2008, 224~225쪽.)

Angelegenheit", 즉 "사람들의 관심거리"가 되고, "사람들을 관여하게 하는 것", 또는 "논란의 대상이 되게 하는 그런 것"을 뜻하게 된다.[4] 코로나 사태 전까지 지난 몇 년간 한국을 뒤흔들었던 '미세먼지'가 과연 중국의 공장들이 내뿜는 가스 때문에 생겨나는 것인지, 아니면 한국의 공장과 자동차 배기가스의 결과인지 여전히 논란의 대상인것처럼, 모튼의 '초과객체' 개념은 이렇게 하이데거가 환기하는 의미에서 "사람들을 관여하게 하"고 "논란의 대상이 되게 하는" 것이란 의미에서 'das Ding' 또는 'thing'과 연동하는 것이다.

여기서 흥미로운 점은, 모튼에게 '초과객체' 개념의 영감을 준 것이 아이슬란드의 가수이자 아방가르드 아티스트인 비요크Björk라는 사실이다. 2015년 미국 뉴욕의 현대미술관MoMA에서 대대적으로 열린 비요크의 회고전을 계기로 비요크와 이메일 교환을 하면서,[5] 모튼은 그녀와의 만남이 "글쓰기의 세계에서 자신에게 일어난 최고의 사건best thing"이라고 회고한 바 있다.[6] 더 정확히 말하면, 여기서 관건이 된 것은 비요크의 1995년 노래인 〈하이퍼발라드Hyperballad〉의 '미묘한 남용 믹스the subtle abuse mix' 버전이다. 비요크의 목소리를 제외하면, 이 곡의 사운드는 전통적인 악기나 실제 대상에서 근거해 만들어진 것이 아닌데, 이 사운드들이 "자동차 부품, 병, 칼과 포크 같은 날붙이류cutlery"와 같은 "대상/객체들objects"이 맞부딪히는 소리를 연상케 한다고 지적하면서,

---

4 마르틴 하이데거, 〈사물〉, 《강연과 논문》, 225쪽.

5 이들이 교환한 이메일은 다음의 웹사이트에서 읽어 볼 수 있다.(https://www.dazeddigital.com/music/gallery/20196/0/bjork-s-letters-with-timothy-morton)

6 Timothy Morton, "Björk" 2015. 1. 3.(http://ecologywithoutnature.blogspot.com/2015/01/bjork.html)

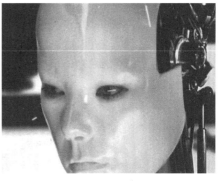

2015년 뉴욕 현대미술관 비요크 회고전 전시 작품

모튼은 비요크의 몸 또한 "바위에 부딪힌다"고 가사를 환기하며 덧붙인다. 그가 비요크의 뉴욕 회고전 갤러리를 채웠던 기기묘묘한 유기체, 혹은 비유기체들을 떠올렸을지도 모를 일이다. 그는 이들이야말로 "진정한 라투르 호칭기도a veritable Latour Litany"를 형성한다고, 즉 사제의 선창을 받아 신도들이 이어가는 형태의 '호칭기도Litany'를 이룬다고 환호한다. 여기서 모튼이 말한 라투르가, "사물의 의회Parliament of Things"란 이름 하에 인간과 사물 사이의 수직적이고 위계적인 관계를 이른바 '평평flat'하게 만든다는 의미에서 '평평한 존재론flat ontology'이란 찬사와 비판을 한 몸에 받아 온 프랑스 철학자 브뤼노 라투르Bruno Latour를 가리키는 것임은 물론이다.[7] 실제로 같은 글에서 모튼은, 비요크와 자신

---

7   Bruno Latour, *We Have Never Been Modern*, trans. Catherine Porter, Cambridge, MA: Harvard University Press, 1993, p. 142.

이 볼 때 "냉소적 이성과 허무주의를 넘어선 무언가를 향해 움직이는 커다란 문화적 변화"가 일어나고 있다고 쓰는데, 이는 "우리가 하는 모든 것에서 비인간적인 것들nonhumans을 고려하지 않는 것이 점점 불가능해지"고 있다는 사실과 무관하지 않다고 강조한다.

그렇다면 '초연결사회hyper-connected society'의 'hyper'와 티모시 모튼이 '초과객체hyperobjects'라 개념화한 새로운 객체/대상들을 규정하는 'hyper'는 얼마나 같고 또 다른 것일까? 기지국이나 공유기에서 조금만 멀어져도 연결이 약해지거나 끊기는 인터넷과 전화처럼 여전히 가시적인 거리를 전제로 하는 기존의 연결성과 달리, 양자는 (적어도 이론적으로는) 그러한 가시거리 내에서만 가능한 작동 범위를 벗어난다는 점에서 공통점을 지닌다. 하지만 동시에, 앞에서도 시사했듯 전자가 '사물인터넷'이라는 메커니즘을 전경화하는 데 반해, 후자는 인터넷이나 AI 같은 첨단 테크놀로지와는 독립적인 연원과 작동 방식을 갖는다는 점에서 차이점을 갖는다고 할 수 있다. 하지만 이것이 다일까?

| '사물들 가운데에서In Media Res' |

이 지점에서 생각해 봐야 할 것이 '미디어'의 개념이다. 미리 환기해 두자면, 미디어란 무엇보다 목적ends을 위해 언제든 쓰고 버릴 수 있는 도구tool나 수단means이 아니다. 미국의 주목받는 매체와 커뮤니케이션 철학자인 존 더럼 피터스John Durham Peters는, "중간계가 최고다The mid-world is best"라는 랠프 왈도 에머슨Ralph Waldo Emerson의 말을 자신의 역작인 《멋진 구름: 원소 미디어의 철학을 향하여The Marvelous Clouds:

Toward a Philosophy of Elemental Media》(2015)의 제사epigraph로 삼은 바 있는데, 이 책 서론 제목이 'In media res'라는 라틴어 구문이다.[8] '중간계'와 'in media res'는 어떤 관계를 갖는 것일까? 이들은 '초연결사회'와 '초과객체'의 차이와 무슨 관계가 있는 걸까?

일단 'media'가 '중간mid-' 또는 '가운데'의 뜻을 갖는다는 건 별다른 설명을 붙일 필요가 없을 것이다. 이에 반해 라틴어 구문 'In media res'는 영어로 대개 'in the midst of things'로 번역되며, 한국어로는 '사건/사물의 가운데에서' 정도로 번역될 수 있다.[9] 여기서 'things'로 번역된 'res'는 앞에서 살펴본 하이데거가 고대 독일어와 영어를 경유해 환기했던 그 'das ding/thing'의 로마어에 해당한다. res가 "어떤 것에 대해 말하다, 어떤 것에 대해 담판하다"는 뜻을 갖는 그리스어에서 나왔다는 점을 염두에 두고 읽으면, 'in media res'는 "사람들의 관심거리"가 되고, "사람들을 관여하게 하는 것", 혹은 "논란의 대상이 되게 하는 것" "가운데"를 지칭하는 것이다.

우리의 논의와 관련해 강조할 것은, 이 표현이 어떤 '중심' 또는 '중앙'을 전제하지 않는다는 것이다. 그것은 그저 '사물들 가운데에' 있다. 나는 종종 버스나 전철을 탄 어린아이를 예로 드는데, 어린 시절 엄마나 형과 함께 이런 대중교통 수단을 타 본 경험을 떠올리는 게 도움이 된다. 교통수단의 기점이나 종점은커녕 도시의 지형지물을 전혀 모르는

---

8 John Durham Peters, *The Marvelous Clouds: The Marvelous Clouds: Toward a Philosophy of Elemental Media*, Chicago: University of Chicago Press, 2015, p. 1.

9 한국어판은 이를 '사건의 중심으로'로 번역하고 있는데, 아래 상술하겠지만 '가운데'를 뜻하는 'media'는 '중심과 주변', 또는 '처음과 끝'의 짝패에 포섭되지 않을 뿐만 아니라, 'in'은 방향이나 운동의 경향성을 내포하지 않는다는 의미에서 적절한 번역이라 보기 어렵다. 존 더럼 피터스, 《자연과 미디어》, 이희은 옮김, 컬처룩, 2018, 21쪽.

입장에서 (열)차와 버스는 하염없이 가거나 끊임없이 정차하지만, 아이는 자기가 어디쯤 왔는지, 얼마만큼 가면 다 온 것인 알지 못한다. 그/그녀에게 수반되는 지루함과 불안은 이러한 무지에서 오지만, 우리에게 중요한 건 그/그녀가 아이라는 것이라기보다는 그/그녀의 위치가 중심을 전제하지 않는 '사물들 가운데'라는 사실이다. 그/그녀는 '처음과 끝,' '중심과 주변,' '전체와 부분'의 관계를 알 수 없다는 의미에서 '사물들 가운데' 있다. 다시 말하지만, 이는 단순히 출발지와 도착지를 모른다는 차원에 그치지 않는다. 코로나 바이러스 감염을 막기 위해 전 세계의 거의 모든 모임die Versammlung이 금지되고, 미세먼지를 줄여야 한다는 명분 아래 '식당이나 집 안에서 고등어를 굽지 말아야 한다'고 강조했던 뉴스를 넘어, 주문한 생선을 담을 플라스틱 봉지가 이미 생선의 몸속에 듬뿍 들어 있다는 식의 블랙유머가 시사하는 것은, '초과객체'가 해체하는 근본적인 관계망의 문제이다. 그것은 우리, 다시 말해 인류가 지금까지 유지해 온 '처음과 끝,' '중심과 주변,' '전체와 부분'은 물론 '목적과 수단'의 좌표계 자체를 그 뿌리에서부터 의문시할 것을 요청하는 것으로서, 일반적으로 '초연결사회'가 그려 보이는 '편리한 통제'의 그림 반대편에 선다.

미디어 철학의 계보에서 이러한 위상 변화는 '매클루언Marshall McLuhan과 키틀러Friedrich Kittler의 대립'으로 압축될 수 있다. 주지하듯 전자의 주저인 《미디어의 이해Understanding Media》는 '인간의 확장Extensions of Man'이란 부제를 갖고 있는데, 키틀러는 이러한 방식의 미디어 이해를 '인간중심주의'란 차원에서 비판한다. 오히려 인간이야말로 '미디어의 확장extensions of media'이라는 것이 키틀러의 견해다.[10] 우리는 미디어를 통해서만 인간일 수 있다는 것이다. 이는 메르스와 에볼라 바이러스를 거쳐 코로나 바이러스에 이른 일련의 생태적 위기는 물론, 남극의 빙하를 녹이는 지구온난화로 대표되는 기후위기가 스스로를 중심에 놓고 자연을 '착취'해 온 인류의 생존 방식 자체에 의해 발생한 것이라는 넓은 의미에서 인간중심주의anthropocentrism와 연동되는 것으로서의 '인류세anthropocene'에 대한 비판적 논의들을 환기시킨다. 이러한 '인간의 탈중심화decentering of humanity' 경향 중 가장 잘 알려진 것 중 하나가 도나 해러웨이Donna Haraway와 같은 이들이 지속적으로 강조해 온 "다종적인 생태정의multispecies ecojustice"[11]라면, 다른 한 방향은 이른바 '알파고' 사건 이후 단번에 당대적 사건으로 인지된 'AI' 같은 인공지능과의 관계 설정이다. 전자가 이른바 반려종이나 동물[12]은 물론 버섯과 같은 균사류[13]나 미토콘드리아까지 이어지는 생명의 그물망 일반에 대한 연구로 확장되고 있다면, 후자는 이른바 '포스트휴머니즘' 또는 '트랜스휴머니즘'이라는 이름 하에 가속화되는 중이다.[14]

물론 이러한 '탈중심화'가 반드시 어떤 냉소나 우울을 함의하는 것은

10 프리드리히 키틀러, 《광학적 미디어: 1999년 베를린 강의-예술, 기술, 전쟁》, 윤원화 옮김, 현실문화, 2011, 52쪽.

11 Donna Haraway, *Staying with the Trouble: Making Kin in the Chthulucene*, Durham: Duke University Press, 2016, p. 102.

12 Jacques Derrdia, *L'animal que donc je suis*, édition établie par Marie-Louise Mallet, Galilée, 2006.

13 대표적인 연구로는 다음을 보라. Anna Lowenhaupt Tsing, *The Mushroom at the End of the World: On the Possibility of Life in Capitalist Ruins*, Princeton, NJ: Princeton University Press, 2015.

14 Francesca Ferrando, *Philosophical Posthumanism*, London: Bloomsbury, 2019.

아니다. 예를 들어 '인공지능은 무엇인가?'라는 질문에 대한 직접적인 대답을 괄호 치는 대신, 사람이 만든 것인지, 아니면 기계가 만든 것인지 구분할 수 없는 문장이나 이미지의 결과물만을 가지고 인간과 인간 아닌 것을 구분하자고 제안했던 '튜링 테스트'를 환기하면서, 벤저민 브래튼Benjamin Bratton은 AI를 지능으로 인식한다는 것은 인간을 '지능'과 같은 어떤 하나의 "본질이나 목적인telos에 의해 판별될 수 없는 끊임없는 변형의 열린 기획"으로 재규정한다고 지적한다.[15] 물론 이러한 입장은 프랑켄슈타인이나 스탠리 큐브릭의 영화 〈2001 스페이스 오디세이〉(1968)에 나오는 Hal 9000 같은 무시무시한 디스토피아적 세계의 컴퓨터를 환기시키곤 한다. 우리는 AI에게 '무슨 일이 있어도 인간을 보호하라!'는 명령을 입력시켜야 하는 게 아닐까? 하지만 AI가 이 명령을 수행하려면 먼저 '인간이 무엇인지'를 알고 있어야만 한다. 도대체 '인간이란 무엇인가?'[16]

브래튼이 지적하지 않는 것은, 이 질문이 역설적으로 '장애인'을 불러온다는 사실이다. 예를 들어 휠체어를 탄, 인간의 형상을 어느 정도는 유지하나 한 팔을 제대로 쓰지 못하는 유기체는 '인간'인가?[17] 휠체어는 그의 '몸'인가 아니면 단순한 '도구'인가? 이러한 질문은 예컨대 '안경'이라는 지극히 일반화된 도구가 수정해 주는 일반적인 '장애'를 장애

---

15 Benjamin H. Bratton, "Outing Artificial Intelligence: Reckoning with Turing Tests," in *Alleys of Your Mind: Augmented Intelligence and Its Traumas*, ed. by Matteo Pasquinelli, Meson Press, 2015, p. 73.

16 Bratton, "Outing Artificial Intelligence: Reckoning with Turing Tests," p. 78.

17 김도현, 《장애학의 도전: 변방의 자리에서 다른 세계를 상상하다》, 오월의 봄, 2019, 193쪽.

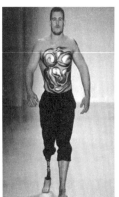

보철prosthesis을 착용한 장애인

의 범위에 넣을 수 있느냐라는 질문을 넘어, 사이보그처럼 '증강된 형상 augmented figure'만을 전경화하곤 하는 포스트휴머니즘 논의의 맹점을 선명하게 드러낸다.

장애인은 사이보그의 '오래된 미래'이기 때문이다.

| (비)자연과 (비)유기적인 것

이는 '정상과 비정상'의 경계에 대한 질문은 물론, 자연스러운 것과 부자연스러운 것, 자연과 인공, 또는 유기적인 것과 비유기적인 것의 차이에 대한 질문으로 우리를 이끈다.

프루동이 "[사유]재산의 경제외적extra-economic 기원"이라고 부른 것은 지대 또는 토지소유landed property에 불과하다고 비판하면서, 마르크스는 보다 근원적인 것은 개인이 "노동의 객관적 조건들"과 맺는 "전-부르주아적 관계pre-bourgeois relation"라고 지적한다. 여기서 관건이 되는 건 이른바 '자연'인데, 마르크스는 노동자가 "개인"이라는 "자연스런 존재"로 나타나는 것처럼 그의 노동력의 "최초의 객관적 조건" 또한 "자연"으로 드러난다고 덧붙이면서 이러한 자연, 즉 땅은 "그의 비유기[체]적 신체his inorganic body"라고 쓴다. 이런 의미에서 노동자 자신은 "유기[체]적 신체일 뿐만 아니라, 이러한 비유기[체]적 자연의 주체"라는 것이다."[18]

자연을 인간의 "비유기[체]적 몸"으로 간주한 마르크스의 인식은, "기차, 철로, 전기식 전보, 혼자 일하는 노새 등"이 "인간의 뇌 기관"이라는 그 반대편의 인식과 짝패를 이룬다.[19] 이러한 관찰은 "마차, 쟁기, 풍차, 돛단배의 등장 또한 생물학적 현상으로 간주되어야만 한다"[20]고 썼던 프랑스의 이단적 고고학자이자 철학자였던 앙드레 르루아-구랑André Leroi-Gourhan과도 흥미롭게 공명한다. 만약 '초연결사회'를 이렇게 확장된 자연과 미디어의 개념을 통해 재규정한다면 어떨까? 마르크스의 자연에 대한 인식이 "인간의 신체가 자연 전체로 확장된다"는 것을 뜻할 뿐 아니라 "거꾸로 자연 전체가 인간의 몸을 구성한다"는 것을 뜻한다고 적절히 덧붙이면서, 주디스 버틀러Judith Butler는 "이러한 상호의존과 그것이 함의하는, 살아 있는 주체의 탈중심화를 공언하는 것이 상호의존은 물론 궁극적으로 인간의 조건human condition과 지속되고 지속가능한 환경sustained and sustainable environment사이의 엄격한 구분을 거부하는

---

18 "[H]e himself is not only the organic body, but also the subject of this inorganic nature." Karl Marx, *Grundrisse: Foundations of the Critique of Political Economy*, trans. M. Nicolaus, New York: Vintage Books, 1973, p. 488.

19 Marx, *Grundrisse*, p. 706.

20 André Leori-Gourahn, *Le geste et la parole*, vol. 2, Paris: Albin Michel, 1965, p. 48.

연대를 사유하는 다른 길을 내어 준다"고 덧붙인다.[21]

휠체어나 목발이 없으면 움직일 수 없는 장애인들에 비해, 이것들을 필요로 하지 않는다는 의미에서 우리는 정상인 것일까? 정말 우리는 아무런 도움을 필요로 하지 않는 것일까? 하지만 그저 걷기 위해, 더 정확히 말하면 편안하고 안전하게 걷기 위해 우리는 보도블럭과 신호등, 가로등을 필요로 하며 더 근원적으로는 맑은 공기를 필요로 한다. 우리는 이들에 의존하는 만큼 그들의 부재에 취약할 수밖에 없다. 우리의 '정상성'은 이러한 근원적인 의존에 기대는 것이며, 그런 근본적인 차원에서 장애인들과의 차이는 종류kind가 아닌 정도degree의 문제로 재정의되어야 하는 것이다.[22]

| 노화하는 기계, 또는 자연으로서의 미디어 |

서두에서 언급했듯이, '초연결사회'에 대한 관습적인 논의는 자칫 잘못하면 '인터넷'과 SNS, 혹은 스마트폰이라는 21세기적 차원의 시너지가 일어나기 전에는 이러한 논의가 전혀 존재하지 않았다는 식의 착각을 강화할 가능성이 있다. 이러한 착시 현상을 막기 위해, 또한 철학자인 티모시 모튼과 가수인 비요크가 나눈 앞선 대화의 연장선상에서, 마지막으로 몇 가지 예술적 작업의 사례를 살펴보려 한다.

---

21 Judith Butler, "The Inorganic Body in the Early Marx: A Limit-Concept of Anthropocentrism," *Radical Philosophy* No. 2.06(Winter 2019), p. 5.

22 Judith Butler, *The Force of Non-Violence: An Ethico-Political Bind*, London, New York: Verso, 2020, p. 41.

여전히 시사적인 건 백남준이다. 이는 그가 TV와 비디오는 물론, 컴퓨터 코딩 프로그램을 망라하는 당대의 첨단 기술을 그 누구보다 먼저 포용해, 가장 첨예하면서도 재치 있는 방식으로 예술과 테크놀로지, 그리고 인간의 관계를 사유했던 대표적인 예술가로 간주되기 때문이지만, 이에 대한 관습적인 이해가 그와 우리와의 근본적인 연결을 가로막고 있기 때문이기도 하다. 특히 문제가 되는 건 이른바 백남준의 '인본주의Humanism' 혹은 '인간중심주의anthropo-centrism'인데, 이를 가장 잘 요약해 주는 것이 바로 다음 문장이다.

"예술과 기술Art and Technology"[이란 문제]에 내포된 진짜 관건은 또 다른 과학적 장난감을 만드는 게 아니라, 급속도로 발전하고 있는 기술과 전자 매체를 어떻게 인간화humanize할 것인가이다.[23]

그의 무수한 발언들, 특유의 과장 섞인 수사들 가운데서도 가장 자주 인용되는 이 발언은, 대개 그의 작업을 이른바 '인간적인humanist' 것으로 만드는 대표적인 증거로 간주된다. 실제로 1980년대 초 백남준의 비디오 작업들에 대한 선구적 전시를 기획한 독일 큐레이터 불프 헤르조겐라트Wulf Herzogenrath는 그의 작업을 "실질적인 기술의 인간화"란 맥락에서 요약했고,[24] 백남준의 초기 작업을 '융합 미학' 차원에서 분석했던 임산 역시 위의 문장을 인용하며 그의 "인본주의적 성찰"을 강조

23 Nam June Paik, "Afterlude to the Exposition of Experimental Television." In *Fluxus*, New York, 1964, p. 7.

24 Wulf Herzogenrath, *Nam June Paik Video Works 1963-1988*, London: Hayward Gallery, 1988, p. 43.

한 바 있다.[25] 이러한 경향은 최근까지도 여전히 이어지는데, 예를 들어 2015년 백남준의 로봇 작업을 중심으로 뉴욕에서 열린 전시의 도록에서 주관 큐레이터 미셸 윤은 "테크놀로지를 인간화humanizing technology"하는 것에 대한 백남준의 관심을 환기시키고, 같은 도록에 실린 대담에서 백남준의 전 스튜디오 매니저였던 존 허프먼Jon Huffman 또한 백남준은 "휴머니스트였다"고, 그는 "모든 것을 인간화humanize하고자 했다"고 강조한다.[26] 2018년 미국의 가고시안 미술관이 온라인으로 발행하는 '가고시안 쿼털리Gagosian Quarterly'에 실린 백남준에 대한 글 또한 '삶과 테크놀로지'를 백남준 작업 전체의 "이항대립"으로 제시하면서도 그가 "테크놀로지를 인간화"하려 했다는 상투구를 반복하고,[27] 이듬해인 2019년 백남준의 미발표 원고들을 발굴해 출판한 대표적 백남준 연구자 그레고리 진먼Gregory Zinman 역시 기술을 "인간화"하는 것이야말로 뉴미디어 활용의 관건이라는 점을 백남준이 반복해 언급했다는 점을 당연하다는 듯 환기하고 지나간다.[28]

하지만 이러한 관습적인 이해들은 백남준이 언급한 '테크놀로지의 인간화'의 '자연사'적 중핵, 다시 말해 '역사적인 것으로 이해되는 자연'의 급진적 함의를 전혀 포착하지 못한다. 이러한 맥락에서 주목해야 할

25 임산, 《청년, 백남준: 초기 예술의 융합 미학》, 마로니에북스, 2012, 183쪽.

26 Melissa Chiu and Michelle Yun eds. *Nam June Paik: Becoming Robot*, New York: Yale University Press, 2015, p. 25, 40.

27 Alexander Wolf, "Life and Technology: The Binary of Nam June Paik." *Gagosian Quarterly* (Summer 2018).(https://gagosian.com/quarterly/2018/10/16/life-and-technology-binary-nam-june-paik/ 2019년 10월 9일 접속).

28 Gregory Zinman, 'Reading Nam June Paik,' *Gagosian Quarterly* (Winter 2019).(https://gagosian.com/quarterly/2019/10/30/essay-reading-nam-june-paik/)

것은, 비디오아트의 특징을 '노화aging' 즉 '나이가 든다'는 차원에서 파악하는 백남준의 다음과 같은 언급이다.

비디오아트는 그것의 외양이나 덩어리mass가 아니라, 거기 내재한 "시간 구조", 즉 "나이 듦AGING"(일종의 비가역성irreversibility)의 과정 차원에서 자연을 모방한다.[29]

이는 비디오라는 매체 또한 '노화'라는 '자연사적 과정에 속박되어 있다는 것을 뜻한다. 〈거투르드 스타인Gertrud Stein〉(1990)을 예로 들어 보자. 대표적인 모더니스트 작가인 거투르드 스타인Gertrud Stein을 염두에 두고 만들어진 이 유명한 로봇 형상은 요제프 보이스Joseph Beuys를 모델로 삼은 〈보이스 보이스Beuys Voice〉(1990)와 함께, 멀게는 〈로봇 K-456Robot K-456〉(1963~1964)으로까지 거슬러 올라가는 '사이보그'에 대한 백남준의 일생에 걸친 관심을 증명하는 증거로 종종 환기된다. 물론 이조차 "테크놀로지를 인간화하려는 노력"이라는 기존의 통념 속에서 인간의 형상을 닮은 '휴머노이드' 정도로 다시금 환원되지만,[30] 핵심

----

29 Nam June Paik, "In-put Time and Out-put Time." In *Video Art: An Anthology*, eds. Beryl Korot and Ira Schneider, New York: The Raindance Foundation, 1976, p. 98. 강조는 인용자. 에디트 데커·이르멜린 리비어 엮음, 《백남준: 말에서 크리스토까지》, 임왕준 외 옮김, 백남준아트센터, 2019, 226쪽. 번역 수정.

30 월프는 이렇게 "테크놀로지를 인간화하려는 노력" 속에서 백남준의 조각 작업들이 "인간의 형태와 물리적으로" 닮게 되었다고 쓰는데, 이렇게 도상icon적인 유사성에만 집착함으로써 사태를 지극히 단순하게 만든다(Alexander Wolf, "Life and Technology: The Binary of Nam June Paik."). 사실 이러한 방식의 인간중심주의anthropocentrism는 매체를 "인간의 확장Extension of Man"으로 간주했던 매클루언의 입장과도 연결된다(주지하듯 "인간의 확장"은 그의 주저인 《미디어의 이해Understanding Media》의 부제이다).

은 그게 아니다. 머리부터 발끝까지 작은 TV 모니터들로 이루어진 이 작품은, 1940년대와 50년대에 만들어진 나무로 된 골동품 TV 세트 캐비닛을 사용해 백남준이 만들기 시작한 일련의 TV 작품군에 속하는데, 여기서 주목할 점은 각각의 TV 세트들의 제조년도가 다르다는 것, 더 정확하게 말하면 더 젊고 새로운 TV 세트들이 해당 작품을 '최신 버전으로 업데이트'하는 차

백남준, 〈거투르드 스타인〉(1990)

원에서 '나중에' 설치된 게 아니라는 사실이다. 〈거투르드 스타인〉이 소장된 제임스 코한 갤러리의 소유주 코한이 강조했듯이, 그 새로운 TV 세트들은 "처음부터" 그 안에 삽입되어 있었다.[31] 이는 무얼 뜻할까? '뉴미디어도 나이를 먹는다'는 것, 더 정확하게 말하면 백남준의 작업은 이러한 '기계의 노화'를 미리 인지하고 만들어졌다는 것이다.

이 과정에서 기계는 시간의 경과/흐름을 막거나 멈추는 것이 아니라 기록하고 기입한다. 시간의 테스트를 극복하거나 저항하기는커녕 〈거

---

31 Carolyn Kane, "The Cybernetic Pioneer of Video Art: Nam June Paik." *Rhizome* 2009. 5. 6. (https://rhizome.org/editorial/2009/may/06/the-cybernetic-pioneer-of-video-art-nam-june-paik/ 2019년 9월 27일 접속)

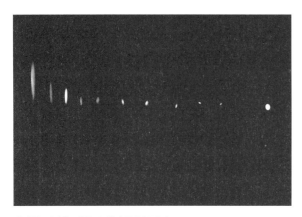

백남준, 〈달은 제일 오래된 TV〉(1965)

투르드 스타인〉 같은 백남준의 작품들은 (다가올) 시간의 이행을 기록하고 '미리 아카이브'한다. 문제는 대부분의 관습적인 비평가들처럼 이러한 아카이빙을 "테크놀로지의 인간화"라는 차원으로 고루하게 환원하는 것이 아니라, 기계와 매체를 '노화'라는 시간성의 차원에서 자연과 중첩시키는 것이다. 〈TV 시계TV Clock〉(1963)나 〈달은 제일 오래된 TV Moon is the Oldest TV〉(1965), 〈TV 정원TV Garden〉(1974) 같은 그의 잘 알려진 작품들이 웅변하듯이, 시간에 대한 백남준의 탐구는 '기술'을 '인간'의 대척점에 놓고 단순히 극복하거나 뒤섞는 것이 아니라, 한때 인공적이었던 테크놀로지가 시간이 지남에 따라, 그의 표현을 빌리면 "나이를 먹음"에 따라 '자연'스러운 것으로 변형되는 궤적에 대한 자의식 속에서 작동하는 것이기 때문이다.[32]

----

32 크라우스는 '엔트로피'를 이러한 "형상-배경 구분의 지속적인 붕괴"라는 차원에서 기술한다. Yves-Alain Bois & Rosalind Krauss, *Formless: A User's Guide*, New York:

| 말랑말랑한 가소성 시대의 자연과 미디어 |

말년에 그가 '레이저'에 주목했음에도 불구하고, 백남준이 결국 TV와 '비디오아트'의 선구자로 기억되는 건 막을 수 없는 일일 것이다. 그렇다면 우리의 '초연결사회', 아니 '초과객체' 사회의 이미지를 포착한 작업은 없는 것일까? TV가 달이고 숲이었던 백남준 세대의 자연과 미디어는 21세기에 어떤 형태를 취하고 있는 것일까?

대표작 중 하나인 〈분홍 돌고래와의 하룻밤〉(2015)에 등장하는 반인반수半人半獸의 분홍 돌고래 이미지가 웅변하듯, 염지혜의 작업에 등장하는 거의 모든 형상과 배경들은 잠재적으로 언제

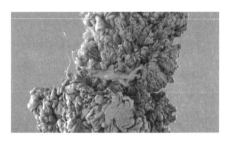

염지혜, 〈분홍 돌고래와의 하룻밤〉(2015)

든 변형 가능trans-formable하다. 이는 3D 매핑을 포함해 그가 능숙하게 다루는 일련의 컴퓨터 그래픽 기술들은 물론, 이와 연동된 현대적 이미지 풍경의 디폴트 값이기도 하다. 〈포토샵핑적 삶의 매너〉라는 작업과 제목이 이를 명시적으로 드러내 주기도 하지만, 그 근본적 중핵은 사실 〈아이솔란드 5번Isoland No.5〉(2014)에서 이미 예고된 것이다.

'아이슬란드Iceland'와 '고립isolation,' '고독solitude'이란 단어들을 조합

Zone Books, 1997. p. 75. 이브-알랭 부아·로잘린드 E. 크라우스,《비정형: 사용자 안내서》, 정연심·김정현·안구 옮김, 미진사, 2013, 89쪽. 번역 수정.

한 제목의 인상과 달리, 이 작업은 바다에 부유하는 집과 반죽되는 밀가루, 자유롭게 바뀌는 얼굴 형상의 애니메이션들을 마치 뫼비우스의 띠처럼 보여 주는데, 여기서 결정적인 건 '밀가루 반죽'이다. 데리다의 제자로 헤겔의 작업을 독창적으로 독해하면서, 이를 현대의 인지과학적 성과들과 연동시킨 일련의 작업들로도 잘 알려진 프랑스 철학자 카트린 말라부Catherine Malabou가 적절히 환기해 주었듯, 원래 'plastic/plastique/plastisch'이란 단어의 그리스어 어원은 'πλσσειν'(plassein)으로, 대개 '모양/형상을 만들다modeler/mould' 정도로 이해된다. 한국어로는 '조형적'이라고도 번역되고 '성형수술'이라 번역되는 'plastic surgery'의 'plastic'을 떠올리면 될 텐데, 이는 원래 '점토나 밀랍 따위로 물건을 빚거나 만들다' 또는 말 그대로 '반죽하다'는 뜻을 갖기 때문이다.[33]

제임스 캐머런 감독의 영화 〈터미네이터 2〉(1991)에 등장한 '액체금속liquid metal'을 연상시키는 은빛 얼굴의 이미지와 히말라야 산을 중첩시키며 시작하는 〈우리가 게니우스를 만난 곳〉(2015) 또한, 바로 이런 근원적 의미의 조형성, 즉 '가소성plasticity'에 의해 관류된다. 게니우스는 로마 신화에서 출생과 죽음을 돕는 '장소의 신'인데, 그는 히말라야가 히말라야라는 이름으로 불리기 전부터 자신이 존재했으며 "느티나무"나 "풍요로운 뿔" 또는 "장승"처럼 다양한 형태를 취할 수 있다고 선언함으로써 히말라야 산의 고유성과 형상(성)을 근원적으로 무화시켜 버린다. 물론 이러한 '신화적' 인식은, '아마존강에서 수영을 하는 처녀는 보뚜라 불리는 분홍 돌고래의 아이를 잉태한다'는 아마존 설화를 전

33 Catherine Malabou, *L'Avenir de Hegel: Plasticité, Temporalité, Dialectique*, Paris: Vrin, 1996, p. 20.

경화한 〈분홍 돌고래와의 하룻밤〉뿐 아니라, '일식日蝕이 일어날 때는 절대 술을 마시지 않는다'는 중국의 금기를 술에 취해 일식을 예측 못했던 천문학자들이 황제에게 처형당했기 때문이라는 전설과 병치시키는 〈검은 태양〉(2019)에서도 반복되는 것으로, 디지털 화면 위를 떠도는 3D 영상과 글리치glitch 이미지들로 가득한 염지혜의 작업과는 지극히 모순적으로 보인다. 하지만 이러한 표면적 긴장은, 하늘을 찌를 듯 치솟은 현대의 마천루들이 자본의 "이해관계에 따라 〔언제든〕 다른 무엇으로 대체될 수 있는 상대적 공간이 된다"(〈우리가 게니우스를 만난 곳〉)는 당대적 인식을 통해 눈 녹듯 사라진다. 아프리카의 가나와 핀란드, 브라질 아마존 등으로 이어진 작가의 현실적 유랑이 담긴 〈이방인 Solmier〉(2009)과 〈원더랜드〉(2012), 〈분홍 돌고래와의 하룻밤〉은 한때 '망명exile'이라는 토포스 속에서 다소 느슨하게 이해되기도 했지만,[34] 이 서로 다른 장소와 공간들은 "이해관계에 따라 〔언제든〕 다른 무엇으로 대체될 수 있는 상대적 공간"이라는 의미에서 가소성의 지배 하에 놓이는 것이다.

물론 이는 에드워드 사이드Edward Said가 근원적으로 "끔찍한 경험"이자 "치유될 수 없"는 것이라 규정했던 '망명'보다 '가소성'이 덜 고통스럽다는 말은 아니다.[35] 2020년 전 지구를 강타한 코로나 바이러스가 웅변하듯 '인류세'란 이름 하에 끔찍하게 당대화된 '기후위기'란, 지구라는 '바

---

34 2012년 귀국한 그가 아트선재센터 프로젝트 스페이스에서 가진 첫 번째 개인전 제목은 〈망명에는 보이지 않는 행운이 있다〉(2015)로, 심보선 시인의 시구를 그대로 가져다 쓴 것이었다.

35 Edward Said, "Reflections on Exile," in *Reflections on Exile and Other Essays*, Cambridge, MA, Harvard University Press, 2000, p. 171.

탕'과 '지평'의 가소성뿐 아니라 '인간'이라는 '형상'의 지속가능성 자체를 가소적인 것으로, 아니 지극히 가소로운 것으로 의문시한다는 근원적 의미의 위기이기 때문이다. 2018년 대구미술관 개인전의 중핵 중 하나라 할 수 있을 〈커런트 레이어즈〉(다시 말해 〈지구의 연대기적 연구〉, 〈플라스틱글로머러틱한 삶의 형태〉, 〈포토샵핑적 삶의 매너〉),[36] 태양이 잠시 보이지 않는 현상인 '일식'을 넘어 환경문제로 인한 태양 자체의 반영구적 비가시화를 강력히 시사하는 〈검은 태양〉을 떠올릴 수 있을 것이다. 이들 작품을 배경으로 삼을 때, "히말라야 봉우리는 그 어떤 것으로도 대체될 수 없는 장소"라는 언급을 통해 〈우리가 게니우스를 만난 곳〉에서 작가가 보여 주었던 안간힘은, 남극에서 실시간으로 사라지고 있는 빙하만큼이나 빠르게 사라지고 없다.

정확하게 이런 의미에서, 염지혜의 작업을 (에이젠슈타인이나 벤야민을 느슨하게 환기하는) '몽타주montage'나 (호미 바바의) '잡종성hybrid', 또는 (바우만의 핵심 토포스였던) '액체성liquidity'의 연장선에서 독해하려는 게으름들 또한 사라져야만 할 것이다. 왜냐하면 염지혜의 문제는 요소들의 탈식민주의적 혼재나 병합, 또는 영화적 몽타주를 통한 잠재적 병치 가능성이 아니라 '요소들 자체의 가소성elemental plasticity'이며, 그것이 내재적으로 수반하는 '형상과 배경 자체의 붕괴'이기 때문이다.

너무나 잘 알려졌으나 여전히 제대로 독해되지 않는 유명한 텍스트에서, 벤야민은 영화의 끝없는 "개선가능성/수정능력Verbesserungsfähigkeit"

---

[36] 대구미술관 개인전은 〈그들이 온다. 은밀하게 빠르게〉, 〈커런트 레이어즈〉, 〈미래열병〉 3부작으로 구성되었는데, 이 중 '지구의 연대기적 연구', '플라스틱글로머러틱한 삶의 형태', '포토샵핑적 삶의 매너'는 하나의 단채널 영상작품인 〈커런트 레이어즈〉를 구성하는 세 개의 장으로서 각각 독립적으로도 작동한다.

을 중요한 특징으로 드는데, 그 대표적인 예로 12만 5천 미터 길이의 촬영분에서 3천 미터로 추려져 편집된 찰리 채플린의 영화 〈파리의 여인 A Woman of Paris〉(1923)을 든다. 한마디로 영화란 잠재적으로 무한한 조합으로 편집/수정될 수 있다는 것인데, 바로 이러한 가능성을 통해 영화는 역설적으로 고대 그리스인들이 숭앙했던, 혹은 그의 흥미로운 관찰을 빌면 영화와 같은 고차원적 개선 가능성의 기술을 가지고 있지 못했던 "그들의 [낮은] 기술 수준 때문에 예술에서⋯생산할 수밖에 없었"던 "영원한 가치"와 대척점에 서게 된다. 즉, 영화처럼 무한히 "조립 가능한 예술작품의 시대"에 한 번 만들어지면 결코 변형될 수 없는 것으로서의 '조각der Plastik', 즉 "조형예술der Plastik이 몰락Niedergang"하는 것은 "불가피unvermeidlich"하다는 것이다.[37]

우리의 진단은, 벤야민과 이후의 번역자들이 단순히 '조각der Plastik'으로만 환원시켜 온 '조형예술der Plastik[38]'을 그 '가소성die Plastizität'의 차원에서 근원적으로 재규정함으로써, 다시 말해 그리스적 '근원Ursprung'임과 동시에 20세기 근대성의 산물이라는 이중적이고 시차적인 의미에서 '플라스틱Plastic'으로 되돌아간다. 열에 녹아 다종다기한 자연물, 또

---

37 Walter Benjamin, *Gesammelte Schriften* Vol. 7, Frankfurt am Main, Suhrkamp Verlag, 1989, p. 361.

38 벤야민 자신이 번역한 프랑스어판에서 "der Plastik"은 "la sculpture"로 번역되어 있고, 영어판들 역시 이를 따라 sculpture로 번역한다. "La décadence de la sculpture [der Plastik] à l'époque des œuvres d'art montables apparaît comme inévitable" Walter Benjamin, "L'œuvre d'art à l'époque de sa reproduction mécanisée, version française," in *Écrits français*, Gallimard, 1991, pp. 49.; "In the age of the assembled artwork, the decline of sculpture is inevitable." Walter Benjamin, "The Work of Art in the Age of Its Technical Reproducibility: Second Version." in *Selected Writings* Vol. 3, 1935-1939, trans. Howard Eiland and Michael W. Jennings, Cambridge, MA: Harvard University Press, 2002, p. 109.

는 퇴적물들과 엉겨 붙은 플라스틱이 암석화된 것을 가리키는 '플라스틱글로머레이트Plastiglomerate'를 지구의 현 상태와 등치시키는 염지혜의 작업은, 단순히 인간과 사물, 또는 사물과 사물들이 기술적으로 연결된다는 차원의 '초연결사회'를 넘어, 인간과 사물 모두를 관류하는 요소들 자체가 뒤엉키고 언제든 다른 무엇으로 변형 가능해진 '가소성 시대의 예술작품'인 것이다.

| 나가며: 칸트와 미래의 기억 |

한동안 총기를 잃은 노년에 남긴 별 의미 없는 노트 취급을 받기도 했지만, 칸트의 유작은 끊임없이 우리가 살펴본 일련의 논의와 공명하는 흥미롭고도 도발적인 논평들을 가지고 있다.

"유기〔체〕적인 것과 살아 있는 존재의 구분"을 더 밀고 나아갈 수 있다고 쓰면서, 그는 "식물의 왕국이 동물의 왕국을 위해 존재할 뿐만 아니라, 합리적 존재로서 인간〔도〕 다른 (인)종을 위해 존재한다"고 덧붙인다. '식물이 동물을 위해 존재하는 것처럼,' '합리적 존재인 인간'이 어떤 의미에서 '기여' 또는 '봉사'한다고도 할 수 있을 존재는 전자보다 "상위의 인류"인데, 이들은 "동시에" 존재할 수도 있지만 "연속적으로nacheinander", 즉 시간 차를 두고 존재할 수도 있다고 그는 쓴다.[39] 이는 무슨 뜻일까? 합리적 인간과 동시에, 또는 같은 시대에 존재하는 "상위 인류"의 사례로 그는 미국인들과 유럽인들을 드는데, 여기에 아시아나 아프

---

39 Immanuel Kant, *Opus Postumum*, Cambridge University Press, pp. 66-67.

리카인들이 포함되어 있지 않다는 점에서 그 또한 넓은 의미의 인종차별주의에 물들어 있었다고 할 수 있을 것이다. 이는 어떤 의미에서 그리 놀랍지 않다. 문제는 후자다. '합리적 인간' 이후에, 즉 "연속적으로" 시간 차를 두고 오는 상위의 존재란 어떤 존재일까? '더 발전된 인간' 혹은 '인류'라는 답만큼 쉬운 건 없을 것이다.

이 "다른 종류의 인류"란 어쩌면 앞에서 살펴본 기이한 존재들이 아닐까? 반인반수의 분홍 돌고래, 휠체어를 탄 장애인, 비요크의 뮤직비디오와 회고전을 채우던 기기묘묘한 유기체, 아니 비유기체들. 자연과 비자연, 정상과 비정상, 자연과 미디어를 넘나들던 존재들 말이다. 이미 우리보다 먼저 와 있던, 미래의 기억들, 그 오래된 미래 말이다.

참고문헌

김도현, 《장애학의 도전: 변방의 자리에서 다른 세계를 상상하다》, 오월의 봄, 2019.
백남준, 《백남준: 말에서 크리스토까지》, 에디트 데커 · 이르멜린 리비어 엮음, 임왕준
외 옮김, 백남준 아트센터, 2019.
임산, 《청년, 백남준: 초기 예술의 융합 미학》, 마로니에북스, 2012.

Benjamin, Walter. "The Work of Art in the Age of Its Technical Reproducibility:
Second Version." in *Selected Writings* Vol. 3, 1935-1939, trans. Howard
Eiland and Michael W. Jennings, Cambridge, MA: Harvard University
Press, 2002.
_____. "L'œuvre d'art à l'époque de sa reproduction mécanisée, version
française," in *Écrits français*, Gallimard, 1991.
_____. *Gesammelte Schriften* Vol. 7, Frankfurt am Main, Suhrkamp Verlag,
1989,
Bois, Yves-Alain & Rosalind Krauss, *Formless: A User's Guide*. New York:
Zone Books, 1997 (이브–알랭 부아 · 로잘린드 E. 크라우스, 《비정형: 사용자 안내
서》, 정연심 · 김정현 · 안구 옮김, 미진사, 2013.)
Bratton, Benjamin H. "Outing Artificial Intelligence: Reckoning with Turing
Tests," in *Alleys of Your Mind: Augmented Intelligence and Its Traumas*, ed.
by Matteo Pasquinelli, Meson Press, 2015.
Butler, Judith. *The Force of Non-Violence: An Ethico-Political Bind*, London,
New York: Verso, 2020.
_____. "The Inorganic Body in the Early Marx: A Limit-Concept of
Anthropocentrism," *Radical Philosophy* No. 2.06 (Winter 2019).
Chiu, Melissa and Michelle Yun eds. *Nam June Paik: Becoming Robot*, New
York: Yale University Press, 2015.
Derrida, Jacques. *L'animal que donc je suis*, édition établie par Marie-Louise
Mallet, Galilée, 2006.

Ferrando, Francesca. *Philosophical Posthumanism*, London: Bloomsbury, 2019.

Haraway, Donna. *Staying with the Trouble: Making Kin in the Chthulucene*, Durham: Duke University Press, 2016.

Heidegger, Martin. "Das Ding," in *Vorträge und Aufsätze* (1936-1953), ed. F.-W. von Herrmann, Frankfurt am Main: Vottorio Klostermann, 2000 (마르틴 하이데거, 〈사물〉, 《강연과 논문》, 이기상 · 신상희 · 박찬국 옮김, 이학사, 2008.)

Kane, Carolyn. "The Cybernetic Pioneer of Video Art: Nam June Paik." Rhizome 2009.5.6. https://rhizome.org/editorial/2009/may/06/the-cybernetic-pioneer-of-video-art-nam-june-paik/ (2019년 9월 27일 접속).

Kant, Immanuel. *Opus Postumum*, ed. with intro. by Eckart Förster, trans. Eckart Förster & Michael Rosen, New York: Cambridge University Press, 1993.

Kittler, Friedrich. *Optical Media*, trans. Anthony Enns, London: Polity, 2010 (프리드리히 키틀러, 《광학적 미디어: 1999년 베를린 강의—예술, 기술, 전쟁》, 윤원화 옮김, 현실문화, 2011.)

Latour, Bruno. *We Have Never Been Modern*, trans. Catherine Porter, Cambridge, MA: Harvard University Press, 1993.

Leori-Gourahn, André. *Le geste et la parole*, vol. 2, Paris: Albin Michel, 1965.

Malabou, Catherine. *L'Avenir de Hegel: Plasticité, Temporalité, Dialectique*, Paris: Vrin, 1996.

Marx, Karl. *Grundrisse: Foundations of the Critique of Political Economy*, trans. M. Nicolaus, New York: Vintage Books, 1973.

Merleau-Ponty, Maurice. "L'entrelacs-le chiasme." *Le visible et l'invisible*, Paris: Gallimard, 1964, pp. 170-201.

Morton, Timothy. *Dark Ecology: For a Logic of Future Coexistence*, 2016.

_____. *Hyperobjects: Philosophy and Ecology after the End of the World*, 2013.

Paik, Nam June. "In-put Time and Out-put Time." In *Video Art: An Anthology*, eds. Beryl Korot and Ira Schneider, New York: The Raindance Foundation, 1976.

_____. "Afterlude to the Exposition of Experimental Television." In *Fluxus*, New York, 1964.

Peters, John Durham. *The Marvelous Clouds: The Marvelous Clouds: Toward a Philosophy of Elemental Media*, Chicago: University of Chicago Press, 2015.(존 더럼 피터스, 《자연과 미디어》. 이희은 옮김, 컬처룩, 2018.)

Said, Edward. "Reflections on Exile," in *Reflections on Exile and Other Essays*, Cambridge, MA, Harvard University Press, 2000.

Tsing, Anna Lowenhaupt. *The Mushroom at the End of the World: On the Possibility of Life in Capitalist Ruins*, Princeton, NJ: Princeton University Press, 2015

Wolf, Alexander. "Life and Technology: The Binary of Nam June Paik." *Gagosian Quarterly* (Summer 2018). https://gagosian.com/quarterly/2018/10/16/life-and-technology-binary-nam-june-paik/ (2019년 10월 9일 접속).

Zinman, Gregory. "Reading Nam June Paik," *Gagosian Quarterly* (Winter 2019). https://gagosian.com/quarterly/2019/10/30/essay-reading-nam-june-paik/ (2020년 1월 17일 접속)

3부

초연결의 가상 혹은
미래 표상

초연결시대, 연결의 딜레마와 주체의 (재)탄생

홍단비

이 글은 《어문론집》 제83호(2020)에 게재된 원고를 수정하여 재수록한 것이다.

| 초연결시대의 도래와 주체의 딜레마

현대사회를 초연결사회hyper-connected society라 부른다. 스마트폰·블로그·페이스북·유튜브 등 다양한 사회적 네트워크 시스템, 인공위성을 통한 정보통신기술의 획기적인 발전으로 인간과 인간, 인간과 사물, 사물과 사물 등으로 연결 범위가 확장되고 시간과 공간의 제약이 극복되는 '호모 커넥투스homo-connectus', '호모 모빌리언스homo mobilians', '포노 사피엔스phono sapiens'의 시대가 도래한 것이다. 초연결사회는 인간과 사물의 연결 포인트가 급증하고 연결 범위가 초광대역화되면서 시공간이 더욱 압축된 생활과, 새로운 성장 기회와 무한한 가치 창출이 가능한 사회[1]이다. 동시에 전 세계가 정보통신기술ICT 시스템으로 연결되어 그 속에서 새로운 부와 새로운 행동양식이 등장하고, 새로운 경쟁과 협동, 네트워크 지능, 집단지성, 새로운 사회공동체 등이 생성되는 시대이다. 공상과학 영화나 SF소설에서 등장하던 가상의 이야기들이 지금, 현실에서 하나 둘씩 재현되고 있는 것이다.

초연결시대의 도래는 우리의 삶에 많은 변화를 가져왔다. 가정과 직장의 시간과 공간 속에서 스마트 기기를 통한 사물의 모바일 연결이 보편화됨으로써 본격적인 모바일 및 입체 가상공간 라이프가 실현되었고, 소셜미디어의 활성화로 인해 다양한 공공서비스와 코로나19 관련 소식 등의 긴급 상황을 전달받을 수 있게 되었으며, 은행이나 공공기관

---

1 유영성 외, 《초연결 사회의 도래와 우리의 미래》, 한울아카데미, 2014, 9~10쪽.

에 직접 방문하지 않고도 손쉽게 금융서비스를 제공받거나 행정에 참여할 수 있게 되었다. 뿐만 아니라 스마트 헬스, 스마트 레저, 스마트 러닝 등 현대인들은 언제 어디서나 자신이 원하는 맞춤형 서비스를 제공받을 수 있게 되었고, 구글과 크롬 브라우저와 같은 실시간 통·번역 기술 덕분에 전 세계 누구나 언어 장벽 없이 자유로운 소통이 가능해졌다. 이전에는 도구 및 네트워크가 없거나 시공간의 제약으로 실현하지 못했던 소통의 욕구가 새로운 기술과 기기의 출현으로 실현 가능해진 것이다. 이처럼 초연결시대의 도래로 현대인들은 생활의 편리함과 다양성을 누리게 되었고, 국가와 언어, 이념, 사상 등 많은 것들의 경계가 허물어지고 있다.

초연결시대의 중요 키워드로 인공지능, 로봇, 사물인터넷, 5G, 빅데이터 등을 떠올릴 수 있지만 초연결시대의 핵심은 단연 '연결'[2]이라 볼 수 있다. 현대사회는 사람–사물–시공간–단위 시스템이 고도로 상호 '연결'되어 더 큰 연결 시스템들을 형성하고, 메타적 연결망 속에서 사회가 작동하기 때문이다. 실제로 세계적인 사물인터넷IoT: Internet of Things 전략가이자 미래학자인 스티븐슨David Stephenson은 초연결을 '실물 세계와 디지털 세계를 연결해 이전에는 상상할 수 없었던 일을 가능

---

2 4차 산업혁명과 함께 가장 많이 언급되는 것은 로봇, 인공지능AI이다. 우리는 정보의 홍수에 휩쓸려 4차 산업혁명의 본질이 무엇인지 들여다보지 못하고 있다. 가상현실로 대표되는 '로보틱스robotics' 시대, AI의 미래, 소셜미디어의 진화, 스마트 시티, 사물인터넷IoT, 에너지 혁신, 디지털 화폐 혁명, 로봇 자산관리, 가상현실 등 4차 산업혁명을 대변하는 말들은 많지만, 4차 산업혁명의 핵심은 어렵고 새로운 것이 아니라 '연결'이다. 인공지능의 발달은 기술과 사람의 '연결'이며, 소셜미디어 역시 사람과 사람 사이의 '연결'이 없다면 존재하지 않을 단어이다. 성유진, 《초연결자가 되라》, 라온북, 2018, 31쪽.

케 하는 압도적인 힘'³이라고 정의한다. 끊임없이 연결하고 연결되는 상황이 초연결시대를 이끄는 중요한 핵심이며, 보이지 않는 수많은 연결들이 세계를 움직이는 원동력임을 피력한다. 뿐만 아니라 초연결시대의 주류를 형성해 가며 경제적·사회적 변화와 발전을 주도하는 요즘 세대를 일컬어, C세대Connection Generation라 부른다. C세대는 현실과 가상 세계를 넘나들며 네트워크를 형성하고 거대한 양의 정보를 생산·소비하는 주체로서 언제 어디서나 더 신속하고 믿을 수 있는 '연결'을 지향한다.⁴

기술·경제적 측면에서 바라보았을 때 '연결'은 무한한 가능성과 잠재력의 원천이자, 미래의 선구자가 되기 위한 필수적 요소이다.⁵ 다양한 시공간의 연결을 통해 사회구조와 문화, 비즈니스 구조 등을 변화시킴으로써 기존의 경계를 파괴하고 새로운 부의 창출 시스템을 구체화할 수 있기 때문이다. 그러나 인문학적 측면에서 바라보았을 때, 연결은 그리 단순하게 설명되지 않는다. 인간에게 있어 이질적인 것과의 연결은 두려움과 불안 등의 실존적 문제를 야기하고, 초연결사회의 연결은 산업사회에서의 능동적·자발적 연결과는 달리 수동적·비자발적 연결을 동반하기 때문이다. 뿐만 아니라 초연결사회의 연결은 카오스적이

3   W. 데이비드 스티븐슨, 《초연결》, 김정아 옮김, 다산북스, 2019, 서문 참조.

4   유영성 외, 《초연결 사회의 도래와 우리의 미래》, 64~66쪽.

5   세계경제포럼World Economic Forum: WEF은 초연결시대가 새로운 기회와 도전 과제를 제공할 수 있음은 물론 개인-개인, 소비자-기업, 국민-정부 등의 관계를 재정립하는 데 깊이 관련되어 있어 경제적·사회적 변화의 근본적인 원인이라고 강조한 바 있다. 즉, 모든 것이 연결되어 방대한 양의 정보, 지식 등이 생산·교환됨에 따라 수많은 사업적 기회가 창출되고 빈부의 격차 해소, 효율적인 자원 사용 등이 가능해지는 등 세계가 안고 있는 문제에 좀 더 능동적으로 대처할 수 있는 사회가 바로 초연결사회이다. 유영성 외, 《초연결 사회의 도래와 우리의 미래》, 31~32쪽.

며 예측하지 못한 다양한 결과[6]들을 파생시킨다. 초연결시대, '연결의 딜레마'이다.

초연결시대의 인간은 무한한 연결 속에서 풍부한 지식을 얻고 많은 사람들과의 소통을 욕망하기도 하지만, 반대로 자신에 관한 정보와 데이터를 삭제할 수 있는 '잊혀질 권리'를 주장하며 스스로의 고립을 욕망하기도 한다. 막대한 양의 정보와 데이터를 축적함으로써 지식의 범위가 확대되고 다양한 연결망을 통해 인간관계가 확장되지만, 반대로 소외를 경험하기도 한다. 《동물화하는 포스트모더니즘》의 저자 아즈마 히로키東 浩紀는 인터넷은 계급을 고정하는 도구이자, 공동체의 인간관계를 더 깊게 고정시켜 거기에서 벗어나지 못하게 하는 미디어[7]라고 말한다. 우리는 스스로 자유롭게 검색한다고 여기겠지만, 사실은 구글이 취사선택한 틀 안에서 검색이 이루어지고 틀 안에 저장되어 있는 정보들을 제공받는다. 타자가 규정한 세계 안에서만 생각하고 기능하는 것이다. 이렇듯 연결은 무한한 기회와 가능성을 제공하는 동시에, 예측 불가능한 함정들이 그 안에 숨어 있다. 그리고 타자와의 연결은 피할 수 없다. 그렇다면 인간은 '강한 연결'을 추구할 것인가, '약한 연결'을 추구할 것인가. 초연결시대 '주체의 딜레마'이다.

지금까지 초연결사회에 대한 연구는 초연결의 기술적 특징, 사회적 효과, 미래 산업으로서의 생산성과 가능성 등 기술·산업·경제적 측면에서 주로 논의되어 왔을 뿐, 초연결성에 대한 인문학적, 윤리적 논의

---

6 초연결사회에서는 개인정보 유출, 온라인 범죄 등이 꾸준히 증가하고 있으며, 인터넷 중독, 인터넷 피로도 증가, 사고력 저하, 사회 유대감 저하 등의 개인적 증상들과 쏠림현상, 정보격차 등의 다양한 사회적 문제가 공존한다.

7 아즈마 히로키, 《약한연결 ─ 검색어를 찾는 여행》, 안천 옮김, 북노마드, 2016, 7~15쪽.

들은 활발히 진행되지 않았다. 본 글은 초연결시대의 연결 양상과 그 특징에 주목하고 문학의 영역에서 초연결성이 가시화되는 양상, 특히 주체의 병리적 증상과 해체 및 재구성 문제를 다루고자 한다. 이를 위해 본 글은 윤이형의 단편소설을 주요 텍스트로 삼고자 한다. 윤이형은 그동안 장르문학으로 취급받던 SF 문학을 적극적으로 활용한 작가로, 포스트휴먼을 논할 때 문학 담론 안에서 가장 활발히 언급되는 작가이다. 윤이형 소설은 로봇과 안드로이드, 사이보그 등 기술과 인간이 결합한 새로운 형태의 미래 인간을 소설 속에 등장시킴으로써 포스트휴먼의 가능성과 한계점을 재현하는 한편, 미시적이고 감각적인 접근을 통해 여성과 노인·동성애자 등 소수자들의 개별적 삶에 관심을 가져왔다. 특히, '테크노사이언스'나 '테크노페미니즘'의 관점에서 볼 때, 포스트휴먼을 중심으로 한 윤이형의 문학적 상상력은 과학기술과의 상호 영향 속에서 변화할 인간과 인간 사회의 모습을 사유하는 작업이 된다. 이런 점에서 초연결성이 주체의 구성이나 타자와의 소통에 개입하는 양상과 거기에 얽힌 문제들의 소설적 재현 양상을 살피려는 본 글의 목적에 있어, 윤이형의 소설은 유효하다.

과학기술의 발달과 함께 도래한 초연결사회에서는 인간의 모든 삶이 데이터화되고 인간과 인간, 인간과 사물, 사물과 사물 사이에 무한한 접속이 이루어진다. 또한 이러한 데이터화와 접속은 이질적인 타자와의 만남과 갈등, 혼종이라는 사건으로 이어진다. 즉, 초연결성이란 주체성과 이데올로기의 문제부터 주체의 증상, 타자론 차원에서 주체의 해체와 재구성 문제와 맞닿아 있다. 따라서 이하에서는 초연결성과 주체(성)의 문제가 윤이형 소설 속에서 어떻게 표상되고 있는지를 구체적으로 확인해 볼 것이다.

| 만물인터넷: '접속'에의 욕망과 주체의 박탈성 |

세계적 IT기업인 IBM의 최고경영자 버지니아 로메티Virginia Marie Rometty는 '단언컨대 다음에 올 가장 큰 변화는 사물인터넷에서 출발할 것'[8]이라 언급한 바 있다. 사물인터넷은 주변 사물들이 유무선 네트워크로 연결되어 유기적으로 정보를 수집·공유하면서 상호작용하는 지능형 네트워크 기술 또는 환경을 의미한다.[9] 인간의 개입 없이도 기계끼리 서로 연결되어 정보를 수집하고, 수집된 정보를 분석하여 판단을 내리는 등 일상 속에서 인공지능과 공존하는 시대가 개막된 것이다. 초연결사회의 목표는 사물인터넷의 시대를 넘어 만물인터넷IoE: Internet of Everything의 시대를 개척해 나가는 것이다. 사람이 시간을 할애하거나 움직이지 않아도, 정신적·신체적인 에너지를 소비하지 않아도 모든 것들이 자동으로 연결됨으로써 경제적 이익과 생산성이 극대화되는 시대, 만물인터넷은 인간의 편의와 안락을 위해 끊임없는 연결을 추구하지만 초연결시대의 연결은 더 이상 인간 중심이 아니다. 초연결시대 소통의 주체는 인간이 아닌 사물이자 기계이며, 자본주의의 틀 안에서 인간은 수동적·도구적으로 기능할 뿐이다. 그럼에도 불구하고 인간은 끊

---

8 W. 데이비드 스티븐슨, 《초연결》, 4~5쪽.

9 사물인터넷이 제공하는 기회는 이종 산업 간 융합을 통한 시너지 창출, 데이터 통합 관리에 따른 효율적 통제, 비용 절감, 유통 과정의 치밀한 관리, 소비자와의 관계 강화, 새로운 비즈니스 모델 창출, 스마트 라이프, 인간 노동 수요 감소, 개인에게 보다 맞춤화된 서비스 향유, 지속적이고 효율적인 감시를 통한 공공재 개선 등을 들 수 있으며, 사물인터넷이 주는 위협으로는 기술적 한계, 마인드 부족, 해킹과 보안, 낮은 신뢰, 인간 경시 현상 등을 들 수 있다. 김성철, 〈사물인터넷의 기회와 위협〉, 《인간, 초연결 사회를 살다》, 커뮤니케이션북스, 2015, 23~30쪽.

임없는 접속과 연결을 욕망한다.

접속에의 욕망과 주체의 박탈성이라는 초연결의 아이러니가 가장 선명하게 드러난 작품은 윤이형의 〈완전한 항해〉[10]이다.

소설 속 주인공 창연은 쉰 번째 생일을 맞아 쉰 번째 튜닝을 준비 중이다. 부모에게 적지 않은 유산을 물려받은 그녀는 48개국에 지사를 둔 가구회사의 CEO이자 한국에서는 여섯 번째, 동양에서는 열일곱 번째 재력 있는 인사로 이름을 떨치고 있다. 서른 살 때 처음 튜닝 에이전시를 알게 된 뒤 창연은 튜닝을 반복하며, 다양한 에디션들을 흡수함으로써 '완전한 자아'로 거듭나고자 한다.

창연이 첫 번째로 통합한 자아는 당장 멘사에 가입해도 좋을 만큼 지능이 높았다. 여덟 번째와 열두 번째 에디션은 심리학에, 열일곱 번째는 역사에 오래전부터 조예가 깊었고 스무 번째 에디션은 서양 근대 철학의 발견되지 않은 권위자였다. 서른한 번째 에디션은 끈기를 가지고 낡은 책 한 권을 읽어 내려가는 일이 펀드에 넣어 둔 돈이 불어나는 걸 보는 일보다 신묘한 즐거움을 줄 수 있다는 귀중한 진리를 깨우쳐 주었다. 서른여섯 번째 에디션은 교양 있는 화술에 천부적인 재능이 있었고, 마흔한 번째 에디션은 전 세계 언어를 탐색하는 일에 무한한 희열을 느꼈다. 창연은 박사학위를 받은 후 세 개 대학의 다섯 개 학과에 강의를 나가기 시작했고, 한국헤겔학회 회장을 역임했으며 루마니아어와 아랍어를 포함해 총 16개국어를 모국어 수준까지는 아니더라도 꽤 능숙하게 구사할 수 있게 됐다《완전한 항해》, 59쪽).

---

10 윤이형, 〈완전한 항해〉,《큰 늑대 파랑》, 창비, 2011. 이후 작품명과 인용 쪽수만 적는다.

창연은 죽음을 앞둔 에디션들의 다양한 능력과 재능을 자신의 정신과 연결하여 통합함으로써 '트랜스휴먼'으로 재탄생하는 중이다. 창연은 튜닝을 통해 부와 명예뿐만 아니라 지적 능력, 외국어 능력, 예술적 감각, 끈기와 인내, 삶의 철학 등을 마치 게임 아이템을 획득하듯 다양하게 획득하며 자아의 기능을 강화시킨다. 창연의 삶을 동경하는 에디션들은 자신의 기억과 고유한 자아를 버리고, 창연의 정신에 흡수되는 것을 흔쾌히 받아드린다. 그러나 창연은 튜닝을 거듭할수록 "자신이 아직 알지 못하는 세계, 논리로 이해하기 힘든 영역이 있다는 걸 참을 수가 없어 빠르게 손을 움직여 검색엔진을 돌리며"(71쪽), 에디션과의 결합을 통해 "누군가가 자신을 절벽 끝으로 몰아 대는 것 같은 다급함, 아무리 노력해도 자신은 여전히 부족한 인간이라는 강박"(86쪽)에서 해방감을 느끼는 등 다양한 증상들을 보인다. 창연의 튜닝 중독, 자아강화에 대한 강박과 불안 등은 초연결시대를 살아가는 연결세대의 욕망 및 증상들과 맞닿아 있다. 검색을 통해 다양한 정보와 지식을 축적하고픈 욕망, 많은 사람들과 연결되고픈 욕망, 자신의 SNS에 달린 댓글 수와 팔로우 수, 별풍선, 좋아요에 대한 집착. 결국 인터넷은 자기긍정을 강화하는 미디어이며,[11] 현대인들은 강한 연결에 매진함으로써 자신의 능력과 연결망을 끊임없이 확장하고자 한다.

---

11 사람들은 대개 현실의 인간관계는 강하고, 인터넷은 얕고 넓은 약한 유대관계를 만드는 데 적합하다고 생각하지만 실제로 인터넷은 강한 유대관계를 더 강하게 만드는 미디어다. 약한 유대관계는 노이즈로 가득하다. 이 노이즈가 바로 기회라는 것이다. 그렇다면 우리는 어디에서 약한 유대관계를, 우연한 만남을 찾아야 할까. 바로 현실이다. 신체의 이동이고 여행이다. 인터넷에는 노이즈가 없다. 따라서 현실에 노이즈를 도입한다. 약한 현실이 있어야 비로소 인터넷의 강함을 활용할 수 있다. 아즈마 히로키, 《약한연결》, 7~15쪽 참조.

그러나 우리는 '접속'과 '소통'을 구분할 필요가 있다. 타자와의 교류를 통해 양방향으로 이루어지는 소통과 달리 접속은 일방적이다. 무한한 정보와 가능성, 기회를 향한 일방적인 접속은 인간을 더 깊이 매료시키고 더 강하게 구속한다. 일방적인 접속에는 타자가 개입할 틈이 존재하지 않기 때문이다. 주체는 타자와의 부딪침을 통해 차이를 생성하고 끊임없이 주체성을 만들어 가야 하지만, 초연결사회의 '접속'에는 타자의 영역이 완벽히 배제된다. 더욱 견고한 주체만이 존재할 뿐이다. 초연결사회는 수많은 데이터가 생산되고 정보화되므로 정보는 사람이 감당할 수 있는 양을 초과하고, 이로 인해 개인은 시간 부족의 한계와 피로감을 느낀다. 그럼에도 인간의 연결 욕망은 끝이 없고 결여는 만족되지 않으며, "피곤하면서도 즐겁고, 즐겁고도 피곤한"(62쪽) 자기착취는 계속된다.

쎄일러는 시간을 거스르고 공간과 차원의 경계를 자유분방하게 뛰어넘으며 무수한 갈래 세계를 항해하는 자. 쎄일러는 인간이 아닌 존재였으나 바로 그 점 때문에 인간을 위해 완전한 항해, 정확히 말하자면 완전함을 향한 항해를 할 수 있었다. 생물의 연약한 몸이 통과하지 못하는 갈래 세계 사이의 벽을 견고한 특수합금으로 만들어진 쎄일러들은 마음대로 넘나들 수 있었던 것이다(《완전한 항해》, 56쪽).

창연의 에디션들을 향한 욕망과 집착의 중심에는 쎄일러가 있다. 튜닝 에이전시 소속인 쎄일러는 창연에게 적합한 에디션들을 찾아 소개한다. 쎄일러는 "아찔한 한기를 느낄 정도의 기계의 정확함"(62쪽)과, "거부할 수 없을 만큼의 성실함"(63쪽)으로 창연과 에디션들을 설득하여 튜닝을 성사시킨다. 튜닝의 최종 선택은 창연에게 달려 있지만, 사실 창연의 욕망은 자신의 욕망이 아닌 쎄일러로부터 비롯된 욕망이다. 쎄일러가 창연의 정신을 분석하여, 창연이 갖추지 못한 능력의 에디션을 찾아내 고객인 창연에게 소개하기 때문이다. 즉, 창연의 욕망은 '자본'이라는 거대주체가 만들어 낸 대타자의 욕망이고, 연결의 주체 또한 창연이 아닌 기계이다. 창연이 튜닝의 대가로 지불하는 돈 또한 자신의 정신을 포기하는 에디션들에게 주어지는 것이 아니라, 쎄일러를 개발한 에이전시로 돌아간다. 결국 자본주의의 틀 안에서 창연은 생산성 향상에 최적화된 기계인간으로, 창연의 에디션들은 자본주의가 요구하는 자기강화의 아이템으로 소비되어 버릴 뿐이다. 주체성을 박탈당한 인간은 스스로를 착취함으로써 더욱더 소진되고, 소외되며, 기계화된다.

　루가 천천히 날개를 움직이기 시작했을 때, 투명한 공기 속에 창이 믿는 길이 보이기 시작했을 때, 그리고 그것이 마침내 자신이 통제할 수 있는 흐름으로 느껴지기 시작했을 때, 처음으로 허공에 궤적을 만들며 느낀 짜릿함을 창은 생생하게 기억했다. … 창은 아는 것이 많지 않았다. 세계를 천천히 들여다본 적도, 온전히 이해해 본 적도 없었다. 그러나 창은 자신이, 그리고 자신과 한 몸이 된 루가 사방에서 덮쳐 오는 거대한 얼음 조각들을 피해 날아갈 수 있을 만큼은 빠르다는 것을 알았다. 다른 세계에서의 삶은 아무 의미가 없었다. 그 세계에는 루가 없었다. 창은 전속력으로 루를 믿기 시작했다(《완전한 항해》, 91~92쪽).

　50번의 튜닝에도 여전히 만족할 수 없는 창연에게 쎄일러는 루족의 '창'이라는 에디션을 소개한다. 루족은 엄지손톱보다 작고, 엄청나게 빠른 괴물 비행기 '루'[12]를 타고 날아다니는 돌연변이 종족으로, 창연이 창과의 통합을 갈망하는 이유는 루족이 환생을 통한 영생이 가능하기 때문이다. 루족은 죽음을 맞이하게 되면 루의 줄기에서 나오는 수액을 통해 다시 환생하게 되며, 환생 시 이전의 '기억'은 모두 사라지고 젊은 몸으로 다시 태어난다. 따라서 루족에게 번식과 새로움은 없다. 오직, 반복만이 있을 뿐이다. 50세 생일을 맞은 창연이 '창'과의 흡수를 통해 영생을 욕망하는 것과는 달리, 창은 몇 명의 무리들과 혁명을 일으켜 신처럼 섬겨 온 루의 줄기를 모두 토막 내 버린다. 스스로가 무한한 삶의 기회를 박탈해 버림으로써 단 하나의 온전한 자아로 거듭나는 것이다. 창에게는 오직 한 번뿐인 삶이라도 자신의 감각이, 자신의 의지와 선택이, 그리고 경험에서 비롯된 자신의 '기억'이 더 가치 있기 때문이다.

주체로 하여금 시간 속에서 정체성을 가질 수 있도록 해 주는 것, 이것을 우리는 '기억'이라고 부른다. 따라서 사건들을 통해 생겨난 기억의 내용들로 채워지지 않은 주체는 아무런 의미가 없다.[13] 창이 스스로 유한의 삶을 택함으로써 창의 삶은 예정대로 끝이 났지만, 시스템이 예언한 것처럼 창은 눈에 파묻혀 죽지 않았다. 창과 루는 쏟아지는 눈송이

---

12 루족은 발생 초기부터 식물인 '루'를 신으로 섬겼다. 루는 신앙이자 영원을 약속하는 절대자였고, '신의 눈물'이라 부르는 루의 수액은 나약한 루족을 멸종의 위험에서 구해 주었다. 그러나 젊은 무리가 루의 마디들을 모두 썰어 내자 원래 식물이었던 루의 잎들이 동물로 기능하기 시작하고, 혁명을 일으킨 젊은이들은 각자의 루를 타고 세계 각지로 날아간다.

13 사건들은 외재적이다. 따라서 주체는 바깥에서 부딪쳐 오는 사건들 없이는 성립하지 않는다. 사건들과의 부딪침은 계속 차이를 만들어 내고, 주체는 그 차이들의 와류에 휩쓸려 가지 않는 한에서만 주체로서 존립한다. 주체는 바깥으로의 열림, 타자와의 부딪침 없이는 성립하지 않는다. 그러나 기억 능력은 변화를 겪는 주체에게 연속성을 부여함으로써 시간 속에서의 차이들의 종합을 가능케 한다. 이정우, 《주체란 무엇인가》, 그린비, 2009, 39~40쪽.

들 사이를 아슬아슬하게 피하면서 속도를 높여 계속 날아올랐고, 대기권을 벗어나면서 새빨간 불꽃으로 변해 타올랐다. 상징계의 균열을 가하는, 거대주체에 균열을 가하는 타자성의 출현이다. 창이 스스로 루의 줄기들을 잘라 버린 것은 자신의 뿌리와의 단절, 그리고 자기 자신과의 단절을 의미하며, 동시에 타자로서의 자신과의 연결을 의미한다. 창은 죽음에 대한 두려움 앞에서도 주체성이 결여된 '영원성'과의 연결을 스스로 끊어 버리고, 루와 한 몸이 되어 달을 향해 날아오름으로써 미지의 항해를 시작한다. 진정한 주체의 움직임을 통해 새로운 경험과 의미를 생성해 내는 것이다. 거대주체와의 강한 연결을 통해 자신의 주체성을 스스로 박탈하는 창연의 삶, 거대주체와의 연결을 스스로 끊어 냄으로써 고착되지 않고 유동하는 주체로 거듭나는 창의 삶. 〈완전한 항해〉는 초연결시대 자본주의적 욕망으로 구축된 강한 연결의 위험성과 주체성의 박탈, 그리고 강한 연결을 비껴 감으로써 경험과 존재의 의미를 생성해 가는 새로운 주체의 가능성을 성찰하게 한다.

| 원본과 복제본: 소통에 대한 욕망과 주체의 분리 |

초연결시대의 특징 중 하나는 원본과 복제본의 경계가 허물어진다는 것이다. 기술경제 시대에는 원본의 '희소성'이 경제적 가치를 만들어 내며, 확대재생산하려면 그만큼의 비용과 시간과 노동력이 필요했기 때문에 원본과 복제본의 차이가 분명했다. 그러나 초연결시대 비트로 구성된 '데이터'의 세계는 아주 적은 비용만으로 정보들이 확대재생산되며, 데이터가 모였을 때 얻게 되는 시너지 효과는 기하급수적으로 늘어

나므로 원본과 복제본 사이에 차이가 존재하지 않는다.[14] 많은 정보들이 생산되고, 복제되고, 소비되는 초연결시대에 원본의 의미와 가치들은 크게 중요하지 않으며, 원본의 진위와 상관없이 더 많이 클릭되고 더 많이 복제되어 소비될수록 원본으로 가장假裝된다. 현대사회에서 '전지구화의 본질은 복제'[15]라는 말이 더 이상 낯설게 느껴지지 않으며, 모방 불가능한 원본이 아닌, 세계 어디에서도 통할 수 있는 복제본의 가치가 주목받는 시대로 변모하고 있다. 다시 말해 초연결시대는 원본이 중시되고 복제본은 아류로 평가받던 근대적 사유를 전복한다.

윤이형의 단편소설 〈결투〉[16]는 인간의 본체와 분리체 간의 고독한 결투에 대한 이야기로, 문학적 상상력을 통해 주체의 증상과 소통에의 욕망을 드러내는 한편, 초연결사회의 원본과 복제본에 대한 재전유를 가능하게 하는 소설이다.

주인공 '나'는 결투 진행요원이다. 분리의 원인이 무엇이든 간에 분리가 일어난 인간들은 본체와 분리체가 잔인한 결투를 벌여야만 한다. 결투에서 이기는 쪽이 본체이자 인간으로 인정되며, 지는 쪽은 분리체이자 이물질로 분류되어 법에 의해 처리된다. 누가 본체였고 누가 분리체였는지는 중요하지 않다. 오직 결투에서 승리한 자만이 인간으로 인정되어 체육관 밖을 걸어 나갈 수 있다. 분리가 일어난 인간들은 남들에게 비밀로 하면서 어떻게든 본체와 분리체가 공존하며 살아가려 했지만, 대부분은 그럴 수 없었다. "본성이 악하기 때문이 아니라 물리적

---

14 W. 데이비드 스티븐슨, 《초연결》, 10~11쪽.

15 아즈마 히로키, 《약한연결》, 126~128쪽.

16 윤이형, 〈결투〉, 《큰 늑대 파랑》, 창비, 2011. 이후 작품명과 인용 쪽수만 적는다.

으로 불가능하기 때문"(203쪽)이다. 국가는 늘어나는 분리체들의 생존에 직접 관여하지 않았다. 대신 "공간과 도구를 제공했고, 나머지 일들은 분열을 일으킨 시민 당사자의 책임으로 결론지었다"(203쪽). 결국, 개인들은 국가 시스템에 맞춰 공존 대신 자기 자신과의 경쟁을 선택할 수밖에 없으며, 결투에서 더 좋은 무기를 사용하기 위해 최신식 무기들이 구비되어 있는 수도권의 체육관만을 고집하기에 이른다. 네크로필리아[17]가 지배하는 세상에서 인간의 생명과 기술의 가치는 전복되고, 살아남기 위해 스스로를 살해해야만 하는 인간의 잔인하고도 외로운 싸움이 반복된다. 이는 초연결시대 정보들이 살아남는 양상과 맞닿아 있다. 초연결시대의 정보들은 원본의 출처나 내용의 진위 여부가 중요치 않다. 자극적인 머리글, 선정적이고 사적인 내용으로 재생산됨으로써 독자들의 클릭 수를 높이는 것이 더 중요하다. 치열한 경쟁 속에서 많이 옮겨지고 많이 소비될수록 그것이 원본이 되어 살아남는다. 생산성과 효율을 중요시하는 자본주의사회에서 차이 없는 똑같은 것의 공존은 시스템상 허용되지 않는다.[18] 정보뿐만 아니라 정보를 생산하는 사람도, 정보를 재생산하는 사람도, 정보를 퍼 나르는 사람도 거대주체의

---

17 인간을 비롯한 살아 있는 생명들보다 정교하고 깔끔한 인공물에 더 의지하고 그것들을 더 좋아하는 성향을 에리히 프롬Erich Fromm은 '네크로필리아'라 일컬었다. 네크로필리아는 원래 시체나 부패한 것을 좋아하는 심리적인 성향을 가리키지만, 에리히 프롬은 부인이 아플 때보다도 자동차가 부서졌을 때 더 안타까워하는 현대인들의 물질주의적인 성향을 지칭한다. 박찬국, 《삶은 왜 짐이 되었는가》, 21세기북스, 2017, 56쪽.

18 사회란 사실상 폭력적 힘들, 스스로를 주체화하고 타자들을 객체화하려는 힘들이 마찰하는 장이다. 그렇기 때문에 거대 주체의 형성은 바로 그만큼의 그늘을 만들어 낼 수밖에 없고, 주체화∞객체화에서의 폐색 현상을 만들어 내게 된다. 이정우, 《주체란 무엇인가》, 86쪽.

경쟁적, 자기착취적 시스템 안에서 원본이 되어 살아남기 위해 고투苦鬪한다.

결투 진행요원으로 성실하게, 그리고 평탄하게 살아가던 '나'에게 어느 날 본체와의 싸움을 위해 대기 중이던 분리체가 "저 아이와 친구가 되어 주세요. 누군가가 필요해요"(201쪽)라는 말과 함께 이름과 전화번호가 적힌 쪽지를 건넨다. 석 달 뒤 체육관을 다시 찾은 최은효의 분리체는 "다시 부탁드릴게요. 친구가 되어 주세요. 친구가 되어 주지 않으면 저 아이는 계속 분열할 거예요"(206쪽)라고 말한다. 타자의 요청으로 새로운 연결을 하게 된 나는 '최은효의 이야기'를, 분리를 경험한 '타자의 이야기'를 듣게 된다.

> 그런데요. 이것도 좀 이상한 건지 모르겠는데, 별로 기분이 나쁘지는 않았어요. 잘 생각해 보니까 분열하기 전에 문득문득 그런 생각이 스치곤 했던 것 같아요. 이래도 되는 건가? 이거 사도 되는 걸까? 여기 와도 되는 걸까? 뭐 이런 순간적인 생각들이요. 그러니까 속으로만 했던 그런 아주아주 희미하고 옅은 생각들이 모이고 뭉쳐서 걔한테 들어간 것 같아요. 신기하죠. 저는 그런 것들을 깊이 생각해 볼 만한 여유도 없었고, 그것 때문에 특별히 마음이 괴롭다거나 한 적도 없었거든요. … 내가 생각하지 못하는 부분을 쟤는 생각하고 있구나, 싶기도 했고, 반대로 걔가 생각하지 못하는 부분들도 있으니까 제가 설명해 줄 때도 있었죠. 왜 그런 식으로 기억에 차이가 생기는 건지 좀 궁금해요. 얘기를 나눠 보지 않았다면 저도 아마 모르고 그냥 지나쳤을 테니까요(《결투》, 214~215쪽).

위의 고백에서 알 수 있듯, 최은효는 자신이 분리되는 경험을 통해 내 안의 낯선 타자와 '연결'되고, 억압되고 소외되어 있던 자신의 생각들과 감정들을 떠올리게 된다. 분리체의 존재를 계기로 자기 자신과 소통하게 된 동시에, 주체성의 균열이 발생하게 된 것이다. 주체성이란 어떤 실체나 본질이 아니다. 객체성과 마주쳐 가면서 스스로의 인식을 해체하고 재구성하는 과정을 통해 끊임없이 생성해 나가는 것이다. 최은효의 이야기에 비추어 볼 때, 인간의 분리는 자신과 깊게 연결되어 있는 거대주체의 시스템에 의문을 품게 되고, 소외나 허무함을 느끼게 될 때 '증상'처럼 발생한다. 증상으로서의 분리는 신체의 '복제'를 넘어서 정신의 분열, 주체성의 '해체'를 의미한다. 이처럼 원본과 분리체와의 공존은 자기 자신과 소통할 수 있는 기회를 마련해 주며, 변화의 가능성을 열어 주지만, 거대주체는 이를 조금도 허락하지 않는다. 죽음에 대한 불안, 경쟁의식 등을 조장하고 주체의 의심을 생산성과 효율성이 떨어지는 생각으로 규정해 버림으로써, 자기와의 연결 기회를, 타자화他者化의 기회를 박탈해 버리는 것이다. 최은효가 결투를 치를 수밖에 없었던 직접적인 이유 또한 '자본'이라는 거대주체의 개입 때문이다. 남편의 발령으로 서울로 이사를 가야 했지만, 전셋값이 너무 올라 분리체와 함께 살 방을 구할 수가 없었고, 결국 현실적인 문제에 등 떠밀려 결투장을 찾게 된다. 막상 결투장에 들어서자 최은효는 본체인 자신이 꼭 이겨야만 한다는 투지에 불타오른다. 그러나 최신식 매그넘 총을 무기로 고른 자신과는 달리, 쇠곤봉을 선택한 분리체는 아무런 저항 없이 죽음을 맞는다. "걔가 저를 불쌍하게 생각하고 있다는 건 몰랐어요"(216쪽). 그동안 최은효에게 분리체는 시혜施惠의 대상이었다. 그러나 반대로 분리체가 자신을 동정했음을 깨닫게 되자 주체성에 또 한 번 충격이 가해진다. 자신 안의 타자성과의 연결을 통해 거대주체의 실체를 깨닫고, 자신에 대한 연민과 소외를 경험한 최은효는 또 다시 분열한다.

소설에서 주목할 점은 최은효가 분열을 경험할 때마다, 그녀의 분리체가 나를 '호출'함으로써 나와 연결되기를 희망한다는 것이다.

> 그녀가 화장실에 갔을 때 잠시 생각해 보았다. 나는 불편한가? 불편하지 않은가? 이해할 수 있는가? 나는 약간 얼떨떨했다. 어떤 판단 같은 것을 할 수는 없을 듯했다. 그녀는 왜 내게 그런 이야기를 한 것일까? 나는 '영향을 미친다'는 말의 의미에 대해 생각해 보려 했다(〈결투〉, 217쪽).

최은효와의 만남 이후로, 거대주체의 시스템 안에 종속되어 살아가던 나 또한 새로운 생각과 감정들을 경험하게 된다. 나는 지금까지 분리를 경험하지 않은 인간으로, 시스템에 의문을 품지 않고 성실히 주어진 임무를 수행하며 살아가는 기계화된 존재였다. 뿐만 아니라 나는 타인과의 만남에 적당한 거리를 두고, 그것이 타인에 대한 배려와 존중이라고 여기며 살아왔다.[19] 그러나 최은효와의 만남 이후로, 나는 "문득문

---

19 유혹, 안심시킴, 소외라는 현상들은 퇴락이라는 특수한 존재 양식이 갖는 성격이며 현존재는 그러한 현상들에 의해서 끊임없이 비본래적인 존재 양식으로 휘말려 들어간다. 하이데거는 이를 전락이라고 부르는데 이러한 전락은 일상적이고 공적인 세계 해석에 의해서 오히려 고양이나 구체적 삶으로 해석되기 때문에, 자신이 실은 전락하고 있다는 사실은 현존재에게는 은폐된다. 현존재는 그러한 전락으로 인해 자신의 본래적인 가능성들을 기투하지 못하고 오히려 자신이 일체를 소유하고 있으며 성취하고 있다고 안심하게 된다. 현존재를 본래성으로부터 끊임없이 이탈시키면서도 현존재로 하여금 자신이 본래적으로 존재하는 것처럼 착각하게 만드는 것이다. 박찬국, 《하이데거의 《존재와 시간》 읽기》, 세창미디어, 2013, 94쪽.

득 그녀의 안부가 궁금해지기도 하고, 함께 식사를 하고 차를 마시고, 함께 음악을 듣고 싶다는 생각"(220쪽)이 들었다. 그리고 위의 인용문처럼 자신의 존재에 대해, 자신의 상태에 대해 의문을 품는다. 타자성이 주체성에 영향을 미치기 시작한 것이다. 타자정치학의 핵심은 억압도 무관심도 아닌 끊임없는 마주침이며, 마찰과 소통을 통한 상호 생성변화이다. 최은효라는 타자와 사건의 마주침은 나로 하여금 내 안의 낯선 존재감을 경험하게 하며, 자기가 속한 세계와의 소통이 아닌 외부 세계와의 소통을 경험하게 한다. 즉, 분리체의 '친구가 되어 달라'는 요청은 자기 스스로의 분열을 만들어 내는 동시에, 타자에게도 손을 내밀어 변화의 가능성을 만들어 준 것이다. 그 결과 나의 몸에도 분리선이 생기기 시작한다.

윤이형의 〈결투〉는 고정된 주체성으로서의 '원본'과 타자성으로서의 '복제본'에 대해 새롭게 사유하게 한다. 초연결시대의 강한 연결 속에서 원본으로 규정된 인간의 주체성은 허구적일 수밖에 없으며, 그 속에서 인간은 소외되기 쉽고 타자와의 '소통'을 욕망한다. 소통은 인간의 사회적 욕구이며, 상대와 연결되고 상호 간의 소중한 연대에서 따뜻함을 느끼고 싶어 하는 것은 인간이라면 누구나 마음속 깊이 가진 욕구다. 따라서 초연결시대의 강한 연결과 거대주체의 그늘 안에서 빠져나올 수 있는 방법은 두 가지이다. 첫째는 자기 자신과의 소통이다. 복제본에는 다양한 욕망들이 내재하고 있다. 우리는 자신과의 연결을 통해 자신이 만들어 낸 복제본, 즉 자신의 증상들에 귀 기울임으로써 끊임없이 내부의 타자성을 마주하고 원본을 변화시킬 수 있어야 한다. 두 번째는 타자와의 소통을 통한 '타자성의 확장'이다. 깊은 연결에서 빠져나올 수 있는 가장 확실한 방법이다. 타자윤리학의 핵심은 자아의 확장에만 그치는 것이 아니라, 타자와의 관계 속에 들어감으로써 자신과 타자의 동시적인 변이를 꾀하는 것이다. 따라서 우리는 타자성의 '호출'에 주목하여 실재와의 마주침을 통해 스스로 변화하는 동시에, 타자를 '호출'함으로써 타자로 하여금 주체성을 깨뜨리고 변화할 수 있도록 노력해야 한다. 이것이 초연결시대, 거대주체에 함몰되지 않고 주체적인 연결을 통해 세계와 소통할 수 있는 또 하나의 가능성일 것이다.

| 빅데이터: 인간적 리얼리티의 해체와 주체의 확장 |

초연결사회에서는 데이터가 계속 생성되고, 축적된 빅데이터는 초연결사회를 가속화한다. 이런 공진화와 관련해 일반적으로 빅데이터 과학자들은 몰맥락성, 피상성, 상호관련성을 특징으로 하는 빅데이터 세계에 인간적인 개입이 필수적이라고 주장한다.[20] 하지만 기술합리성에 가까운 이러한 '인간적 개입'은 또 다른 문제를 야기한다. 빅데이터에서 맥락을 중시하는 관점은 특정 알고리즘에 부합하는 데이터만 취사선

---

20 빅데이터가 상용화된다면 인간의 합리적 사고방식에 근거한 '인과성의 논리'가 '상호관련성'의 논리로 대체된다. 즉, 원인과 결과의 더 심오한 인과관계가 아닌 단순 연관성만 나타내는 상호관련성만으로 판단되는 것이다. 원인과 결과에 대한 사고와 윤리학적 고민이 계산학적 예측으로 대체되면서 인간 대신 컴퓨터가 판단의 주체가 되는 것이다. 이러한 상호관련성에만 의존하는 빅데이터는 자칫 인간의 실제 행동의 결과에 따른 판단이 아닌, 단순 성향과 생각만으로 판단하는 심각한 오류를 낳을 수 있다. 즉, 인과성에 따른 인간의 행동 패턴이 아닌, 페이스북 등 SNS에 나타난 단순 성향, 기호, 의견 등의 피상적 관계성에 근거해 판단한다. 따라서 빅데이터는 관계성에 근거한 많은 정보를 양산할 수 있으나 대부분의 정보가 몰맥락성을 가지고 있기에 그 자체로서는 한계를 가진다. 신동희, 〈빅데이터와 맥락〉, 《인간, 초연결 사회를 살다》, 커뮤니케이션북스, 2015, 39~40쪽.

택하고 연결하는 편향적인 세계, 즉 지금의 현실 감각이 연장·강화된 세계로의 연결만을 허락하기 때문이다. 따라서 인간중심주의와 자본주의 등 '지금–여기'에 작용하는 강력한 이데올로기에서 해방된 새로운 리얼리티와 주체의 가능성을 모색하기 위해서는, '인간적 개입'과는 다른 방향에서 빅데이터 세계에 접근할 필요가 있다.

초연결과 빅데이터 기술을 인간을 위한 '수단'으로 보지 않고 어떠한 것의 '존재 방식'으로 접근할 때,[21] 우리는 빅데이터 세계에서 다음과 같은 면을 주목할 수 있다. 먼저 초연결에 기반한 빅데이터 세계에서는 그동안 주목받지 못했던 것들을 포함해 세상의 모든 사물과 사건이 동일한 가치를 가진 데이터로 수집된다. 또한 원래의 의미·가치 체계로부터 탈맥락화된 데이터들은 기존의 관습적 관계를 무시한 채 '초'연결되며 복수로 존재한다.[22] 그렇다면 빅데이터는 그동안 우리가 상상하거나 감각하지 못했던 세계에 대한 새로운 리얼리티와 이를 토대로 구성

---

21 하이데거에 따르면 인간은 기술을 통해, 기술이 휘두르는 대로 세상과 관계를 맺는다. 인간이 기술을 만들었지만, 이제는 기술이 인간을 만들고 있다. 시몽동Gilbert Simondon 또한 인간이라는 존재는 기술과 관계를 맺으면서 자신의 존재가 완성되고 풍부해진다고 주장했다. 이런 관점에서 인간은 인간이 맺고 있는 기술적 관계의 총체라 할 수 있다. 다른 말로 하자면, '내'가 있고 그 다음에 기술이 있는 것이 아니라, '나'라는 존재는 이미 기술이 가득한 세상에서 태어나 이런 기술과 다양한 관계를 맺으면서 완성되어 가는 것이다. 그러므로 어떤 기술의 존재 방식에 대한 탐구는 주체가 존재하는 방식에 대한 탐구이기도 하다. 홍성욱,《포스트휴먼 오디세이》, 휴머니스트, 2019, 192쪽.

22 한 연구자가 언급한 '빅데이터의 과학적 활용에서의 도전 과제'는 한편으로 빅데이터의 존재 방식에 대한 설명으로 읽을 수 있다. "빅데이터는 지저분한 데이터다. 전형적인 빅데이터 세트는 어떤 과학적 목적 없이 임시 절차를 통해 수집된 사실과 수치의 잡다한 모음일 뿐이다. 빅데이터가 제공하는 상관관계를 원인과 결과의 측면에서 설명해야 할 때가 오면 빅데이터는 거의 맥을 못 춘다." 에레즈 에이든·장바티스트 미셸,《빅데이터 인문학: 진격의 서막》, 김재중 옮김, 사계절, 2015, 30쪽.

되는 새로운 주체가 무한히 생성될 수 있는 원천이기도 하다.

윤이형의 〈로즈가든 라이팅 머신〉[23]은 빅데이터와 초연결 기술이 집약된 창작기계를 소재로 '소설이란 무엇인가, 소설 창작에서의 주체성이란 무엇인가, 리얼리티란 무엇인가'라는 질문을 제기함으로써, 인간적 리얼리티를 벗어난 '확장된 주체(글쓰기)'를 상상해 볼 수 있게 하는 작품이다. 소설은 크게 작가지망생 이비가 몽식이와의 대화를 계기로 포기했던 소설쓰기를 다시 시작하게 되는 과정으로 전개된다.

가령 토사물로 범벅된 어두운 거리를 묘사한다 치자. 이비는 토사물과, 그 토사물을 토해 낸 사람들의 생활, 토사물을 매일 밟고 다녀야 하는 사람들의 감정, 토사물 위로 냄새를 맡으며 지나다니는 추레하고 눈한쪽이 멀기까지 한 개 … 같은 것들을 신나게 묘사하다가 그 비참함에 눌려 제풀에 나가떨어지곤 했다. 대체 지구상에 어떻게 이런 비참한 거리가 존재할 수 있단 말인가! 이비는 글을 쓰며 화를 냈고, 화를 내다 그 거리의 이야기를 죄다 망쳐 버렸다. … 몽식이는 똑같이 더러운 거리를 묘사하면서도 감정에 휘둘려 실수를 하지 않았다. 게다가 거기에 태양이 떠오르고, 눈으로 문장을 훑는 독자가 그 위로 스며 나오는 아침 수프 냄새를 맡으며 군침을 삼키게 할 수 있었다(《로즈가든 라이팅 머신》, 236쪽).

같은 시간, 같은 공간을 살아가는 또래의 이비와 몽식이의 소설이 이

---

23 윤이형, 〈로즈가든 라이팅 머신〉, 《큰 늑대 파랑》, 창비, 2011. 이후 작품명과 인용 쪽수만 적는다.

토록 다른 이유는 무엇일까. 처음에 이비는 몽식이가 가진 세상에 대한 간절한 소망이 차이를 만들었다고 생각한다. 이비와 몽식이는 둘 다 "우리가 쓰고 있는 소설이라는 건 어떤 식으로든 시대를 반영"(241쪽)한다는 근대적인 의미의 리얼리즘 소설관을 전제하고 있었다. 때문에 그러한 차이는 경험한 현실의 차이, 그 현실을 재현하는 소설가의 태도와 능력의 차이에서 비롯한다고 판단한 것이다. 그 결과 "숨구멍을 찾아내고 여기 이런 게 있다고 사람들에게 알리고 퍼뜨리는"(242쪽) 데서 소설 쓰기의 의미를 찾던 이비는 몽식이를 동경하게 되고, 결국 자신의 재능을 의심하다가 글쓰기를 그만두게 된다. 그런데 몽식이와의 대화 과정에서 이것이 이비의 오해였음이 드러난다. 몽식이는 이비만큼이나 끔찍한 경험들을 해 왔고, 세상을 "막장"이라고 부를 정도로 비관적이었다. 몽식이는 그 차이가 자신이 쓴 글을 다듬어 준 창작기계로부터 만들어졌음을 고백한다.

이비와 몽식이가 찾고 싶었던 이 세계의 '숨구멍', '비상구', '아름다움'이 '로즈가든 라이팅 머신 RG 001'에 의해 '리라이팅'된 글에서 재현되었다는 사실은 근대적 의미의 리얼리즘적 소설관을 전복한다. 동시에 인간적, 시대적 맥락이 부재한 데이터는 무가치한 것이라고 보는 인간 중심적 빅데이터론을 전복한다. 'RG 001'은 외부와의 연결이 차단된 노트북 프로그램으로, 데이터베이스화된 언어들과 그 원리를 알 수 없는 알고리즘을 토대로 사용자가 입력한 문장을 리라이팅한다. 중요한 점은 그 결과물이 글쓴이의 의도를 무시한 채 어떤 존재의 감각인지 알 수 없는 시선으로 사건을 재서술하고, 현실적·인간적·시대적 지식과 논리로는 그 이미지나 의미가 결코 파악되지 않는 단어를 사용하여 서사를 전개한다는 것이다.

*A가 죽었다. A가 죽었다는 사실을 아무도 몰랐다. 쥐들이 A의 몸을
먹어 치우기 위해 다가왔다.*

　몽식이는 입력한 문장을 클릭해 블록 처리한 다음, '편집' 탭에서 '변
환'을 찾아 눌렀다. …

　*A의 영혼이 육체를 떠났다. 그 사실을 아무도 몰랐지만, 이미 그런
것은 중요한 문제가 아니었다. 자유로워진 A의 영혼은 살아 있는 동안
자신을 괴롭히던 소외감으로부터 드디어 벗어날 수 있었다. 자신의 몸
을 향해 다가오는 쥐들을 보며 A의 영혼은 천천히 미소를 지었다. 남
아 있는 너희들의 삶, 평안하길. 나는 갈라트레스로 간다*(《로즈가튼 라이팅
머신》, 244~245쪽).

　근대의 재현 모델은 외부의 대상을 일단 이미지의 형태로 의식이라
는 거울에 비추어 놓고 이 이미지들을 시간적, 공간적 혹은 인과적으
로 결합시킴으로써 현실을 '재현'한다.[24] 하지만 'RG 001'이 고쳐 쓴 글
에서는 이러한 현실을 인식할 수 없다. 'RG 001'이 쓴 글에서 몽식이가
상상했던 "외롭게, 아무도 없는 방에서 얼굴을 일그러뜨리고 죽은 A",
"불쌍하게 죽은 A"(249쪽)는 존재하지 않는다. 육체를 떠남으로써 비로
소 소외감에서 벗어났다고 말하는 A, 영혼이 떠난 몸을 향해 다가오는
쥐들을 '너희들'이라고 부르며 미소와 함께 평안을 빌어 주는 A, 어딘지
도 모르는 '갈라트레스'로 간다고 말하는 A에 대한 'RG 001'의 재현은
몽식이에게 인식적 대상이 아닌 감각적 충격으로 다가올 뿐이다. 중요
한 점은 이 충격이 몽식이로 하여금 수많은 질문을 던지게 만들고, 어

24　진중권, 《현대미학강의》, 아트북스, 2013, 208쪽.

떤 존재인지도 알 수 없는 A와 스스로를 동일시하게 만듦으로써 존재적 조건이었던 인간적 리얼리티를 벗어나게 만든다는 것이다. 이는 곧 몽식이가 삶과 죽음은 무엇인지, A는 어떤 존재인지, A와 쥐는 어떤 관계인지 이해하기 위해 A와 자신을 연결하는 새로운 리얼리티를 창조하는 과정이기도 하다. 탈맥락화된 데이터들의 무작위적인 조합 같은 단어들과 인과적 논리나 개연성을 무시한 듯한 서사 전개는 삶과 죽음, 육체와 영혼, 인간과 쥐 사이의 경계를 무화시키거나 의미를 전복하면서 세계 자체를 변형시키고, 그 세계를 감각하는 주체를 변형시킨다.[25]

물론 이러한 변형을 몽식이는 쉽게 받아들이지 못한다. 이 연결의 과정은 인간의 기계화, 주체의 소멸로 느껴지기도 하고, 그 결과물은 가짜(허구)처럼 보이기도 하기 때문이다. 하지만 몽식이가 글쓰기에 대한 욕망을 갖고 있는 한, 'RG 001'과의 대화적 글쓰기를 지속하는 한, 그것은 인간의 기계화나 주체의 소멸일 수 없다. 또한 그 글을 리얼리티 가득한 '소설'로 읽었던 이비가 있는 한 그것은 가짜일 수 없다. 들뢰즈Gilles Deleuze가 '기관 없는 신체'를 통해 강조했듯, 또 랑시에르Jacques Rancière가 '자기soi가 아니라, 자기가 다른 자기와 관계를 맺어 하나un를 형성하는 것'으로서 주체화를 말했듯,[26] 진정한 주체란 처음부터 위계 없는 것들이 초-연결된 상태이기 때문이다. 몽식이와 'RG 001'의 대화적 글쓰기는 인간과 기계, 인간적 데이터와 비-인간적 빅데이터, 인간

---

25 이러한 장면은 들뢰즈가 말한 '감각의 폭력'과 '기관 없는 신체'를 떠올리게 만든다. 들뢰즈는 새로운 미학으로 구현되는 감각의 폭력이 기관의 분화를 지우고, 의미작용을 무효화하고, 주체를 해체함으로써 '기관 없는 신체'를 만들고, 이때의 신체는 미리 '존재'하는 상투성의 틀을 전복하고 끝없이 새로운 것을 '생성'해 내는 새로운 유목적 주체가 된다고 말한다. 진중권, 《현대미학강의》, 242쪽.

26 자크 랑시에르, 《정치적인 것의 가장자리에서》, 양창렬 옮김, 길, 2013, 118쪽.

적 리얼리티와 비-인간적 리얼리티의 경계를 넘나들며 둘 사이를 잇는 진정한 주체(글쓰기)의 출현인 것이다.

마지막 장면에서 이비는 창작기계의 위력에 감탄하면서도 끝내 자신은 창작기계를 사용하지 않기로 결정하고, 대신 몽식이에게는 계속해서 'RG 001'과 동행할 것을 권한다.

여러 가지로 힘들겠지만, 몽식아, 어쨌든 간에 나는 네 글을 정말 좋아한다. 너는 가짜라고, 네 것이 아니라고 했지만 가짜를 진짜가 되게 하는 게 글쓰는 사람이 할 수 있는 일 중 하나고, 따지고 보면 순수하게 독창적인 것은 사실 하나도 없지만 그래도 또 뭔가를 하나 더 만들어 가만히 놓아 보는 게 우리가 할 수 있는 일이라고 생각한다. 너는 나한테 오늘 뭔가를 줬다. 이게 뭔지는 아직 모르겠다. 되게 이상한 모양이다. 모양은 꽃이 아닌데, 느낌은 꽃다발에 상응하는 어떤 것이다. 이런 거, 굉장히 오랜만에 누구한테서 받아 봐. 고맙게 받겠고, 이걸로 뭔가 해 볼게. 너도 오늘 나한테 한 얘기 잊어버리지 말고, 그걸 끝까지 놓지 말고 뭔가 해 봐라. 너는 잘할 수 있을 거야. 이 기계를 현명한 방향으로 쓸 수 있을 거라고. 나는 그렇게 생각한다《로즈가튼 라이팅 머신》, 266~267쪽).

'RG 001'을 포기한 이비의 선택은 '지극히 소박한, 인본주의적이고 예술지상주의적인 메시지'[27]가 아니라, 기존의 인간적 리얼리티를 해체하고 좀 더 확장된 세계 속에서 자신을 감각하기 시작한 초연결적 주체

---

27 백지연, 〈'세계의 끝'에서 시작되는 이야기의 모험〉,《큰 늑대 파랑》해설, 창비, 2011, 329쪽.

의 존재 방식을 보여 주는 것이라 할 수 있다. 즉, 주목할 지점은 창작기계의 사용 여부가 아니라 자기와 타자적인 것들을 연결해서 사유하는 태도, 그 연결 속에서 실제로 변화된 이비의 감각이다. 몽식이에게 남긴 편지를 보면 'RG 001'의 도움 없이도 이비가 새로운 주체로서 세계를 다르게 감각하기 시작했음을 확인할 수 있다. "싸움이니 꽃이니 하는 몹시 이례적인 단어들을 써 가며"(268쪽) 자신과 몽식이가 소설을 써야 할 이유를 적극적으로 설명하는 이비는 이제 쉽게 구해지지 않는 방을 찾아 나선 거리에서도 "맛있는 밥냄새"(269쪽)를 맡을 줄 아는 존재가 된다. 여기서 이비와 연결되는 존재는 분명 '토사물 위로 냄새를 맡으며 지나다니는 추레하고 눈 한쪽이 멀기까지 한 개'이다. 그리고 이러한 '이비-개'의 이미지는 비참함 대신 충만함을 발산한다. 이것이 바로 탈맥락화된 데이터들의 초연결적 접속으로부터 상상할 수 있는 확장된 주체와 새로운 리얼리티라고 할 수 있다. 이처럼 빅데이터와 초연결 기술의 집약체인 창작기계를 소재로 한 〈로즈가든 라이팅 머신〉은 '공통세계를 함께 나누는 자로서 자신과 타자를 긍정'[28]하고 그 복수의 세계, 복수의 리얼리티로 자신을 개방하는 것, 그 초연결적 존재로서 주체의 의미를 성찰하게 한다.

| 포스트릴레이션을 위하여

지금까지 윤이형의 소설 세 편을 중심으로 초연결시대의 특징과 거대

---

[28] 자크 랑시에르, 《정치적인 것의 가장자리에서》, 93쪽.

주체의 함정, 이데올로기의 문제, 개인의 욕망과 증상 등을 살펴봄으로써 초연결시대 연결의 딜레마와 초연결자로서의 주체의 (재)탄생 가능성을 논의하였다.

'만물인터넷: '접속'에의 욕망과 주체의 박탈성'에서는 강한 연결을 통해 자신의 능력과 연결망을 끊임없이 확장함으로써 자아강화에 대한 욕망과 함께 강박과 불안 등의 증상을 안고 살아가는 연결세대의 모습을 살펴보았다. 윤이형의 〈완전한 항해〉는 초연결시대 자본주의적 욕망으로 구축된 강한 연결의 위험성과 주체성의 박탈, 그리고 강한 연결을 비껴 감으로써 경험과 존재의 의미를 생성해 가는 새로운 주체의 가능성을 보여 준다.

'원본과 복제본: 소통에의 욕망과 주체의 분리'에서는 초연결사회의 원본과 복제본에 주목함으로써 고정된 주체성으로서의 '원본'과 타자성으로서의 '복제본'에 대해 사유하였다. 윤이형의 〈결투〉는 초연결시대의 강한 연결 속에 함몰되지 않기 위해서는 자신이 만들어 낸 복제본, 즉 자신의 증상에 귀 기울임으로써 끊임없이 내부의 타자성을 마주할 수 있어야 하며, 동시에 타자와의 관계 속에 들어감으로써 자신과 타자의 동시적인 변이를 꾀해야 함을 피력한다.

'빅데이터: 인간적 리얼리티의 해체와 주체의 확장'에서는 초연결과 빅데이터 기술을 인간을 위한 '수단'으로 보지 않고 어떠한 것의 '존재방식'으로 접근하였다. '인간적 개입' 이전의 빅데이터 세계는 세계의 모든 사물과 사건이 탈맥락화된 데이터로 디지털 공간에 모이고, 상호 연관성에 기반한 비관습적 연결을 통해 복수의 세계가 생성되는 공간이다. 윤이형의 〈로즈가든 라이팅 머신〉은 빅데이터와 초연결 기술이 집약된 창작기계와 인간의 대화적 글쓰기라는 사건을 중심으로, 주체란 처음부터 위계 없는 것들이 초-연결된 상태임을 그려 낸다. 또한 그러한 초연결적 주체화란 '공통 세계를 함께 나누는 자로서 자신과 타자를 긍정'하고 그 복수의 세계, 복수의 리얼리티로 자신을 개방할 때 가능함을 확인할 수 있었다.

예측 불가능한 미래, 다양한 가능성들을 소설로 재현함으로써 상상하고, 이해하고, 탐색할 수 있게 하는 윤이형의 소설은 '연결'된 유대, 즉 연대를 바탕으로 하는 타자성의 윤리를 강조한다. 윤리의 바탕인 자아 형성을 가능케 하는 자기배려는 몸과 정신으로서의 자기를 재전유하는 삶의 지혜를 말한다. 여기서 자기는 고립되고 원자화한 자아가 아니라 나, 너, 당신, 우리, 그들이 공유하는 자아로서의 자기이다. 진정한 자기배려는 오로지 나만을 생각하는 것이 아니라, 자아가 타인에게로 확장하는 공유적 자아의 윤리이다. 자기배려는 자아 형성의 윤리이고 타인과 감응하고 공감하고 행동하는 삶의 기본적인 방식[29]인 것이다.

다음의 글은 윤이형이 2019년 출판한 네 번째 소설집 《작은마음동호회》에 독자들에게 보내는 엽서 형태로 수록한 글이다. 윤이형이 꿈꾸는 '작은 마음들'의 연대는 희망이 보이지 않는 세계의 소박한 희망이자 가능성의 세계이다.

점점 작아지던 마음들이
또 다른 작은 마음을 만나
대화를 시작할 수 있기를

[29] 김동윤, 〈4차 산업혁명과 NBIC 기술융합 시대의 인문학적 차원 연구〉, 《영상문화》 제32권, 한국영상문학학회, 2018, 75쪽.

갈등을 두려워하지 않기를

이 지옥을 채우고 있는 것들을 믿을 수 없지만

이어진 마음을 믿음으로써

다시 자신을 믿기 시작할 수 있기를

— 2019. 여름. 윤이형 드림[30]

　미국의 철학자 리처드 로티Richard Rorty는《우연성, 아이러니, 연대성 Contingency, Irony, and Solidarity》에서 인간이 연대하게 되는 중요한 계기는 이념의 공유가 아니라 '당신도 힘이 듭니까?'라는 상상력에 바탕을 둔 물음이라고 말한다.[31] 초연결시대의 강한 연결에 함몰되지 않고 자기착취와 소외에서 해방되기 위해서는 '약한 연결'을 통한 연민의 공유와 믿음의 연대가 필요하다. 강한 연결과 달리 약한 연결은 타자성의 개입이 가능한 우연성의 세계이기 때문이다. 나의 주체성을 인정하는 만큼 타자의 주체성을 인정하는 것, 타자를 객체화하는 만큼 나 자신도 자발적으로 객체화되는 것, 내부의 타자성을 통해 스스로 변화하는 동시에 타자에게 손을 내밀어 타자화의 기회를 마련해 주는 것, 이것이 초연결시대에 이데올로기나 자본주의의 메커니즘에 종속되지 않고 차이를 가로지르면서 연결을 이어 갈 수 있는 주체의 실천적 움직임이자 포스트릴레이션일 것이다.

30　윤이형,《작은마음동호회》, 문학동네, 2019.
31　아즈마 히로키,《약한연결》, 110쪽.

참고문헌

윤이형,《큰 늑대 파랑》, 창비, 2011.
_____ ,《작은마음동호회》, 문학동네, 2019.

W. 데이비드 스티븐슨,《초연결》, 김정아 옮김, 다산북스, 2019.
김동윤,〈4차 산업혁명과 NBIC 기술융합 시대의 인문학적 차원 연구〉,《영상문화》제
　　32권, 한국영상문학회, 2018.
김성철,〈사물인터넷의 기회와 위협〉,《인간, 초연결 사회를 살다》, 커뮤니케이션북스,
　　2015.
박찬국,《하이데거의《존재와 시간》읽기》, 세창미디어, 2013.
_____ ,《삶은 왜 짐이 되었는가》, 21세기북스, 2017.
성유진,《초연결자가 되라》, 라온북, 2018.
신동희,〈빅데이터와 맥락〉,《인간, 초연결 사회를 살다》, 커뮤니케이션북스, 2015.
아즈마 히로키,《약한연결 – 검색어를 찾는 여행》, 안천 옮김, 북노마드, 2016.
에레즈 에이든·장바티스트 미셸,《빅데이터 인문학: 진격의 서막》, 김재중 옮김, 사계
　　절, 2015.
유영성 외,《초연결 사회의 도래와 우리의 미래》, 한울아카데미, 2014.
이유선,《리처드 로티, 우연성·아이러니·연대성》, 커뮤니케이션북스, 2016.
이정우,《주체란 무엇인가》, 그린비, 2009.
자크 랑시에르,《정치적인 것의 가장자리에서》, 양창렬 옮김, 길, 2013.
진중권,《현대미학강의》, 아트북스, 2013.
홍성욱,《포스트휴먼 오디세이》, 휴머니스트, 2019.

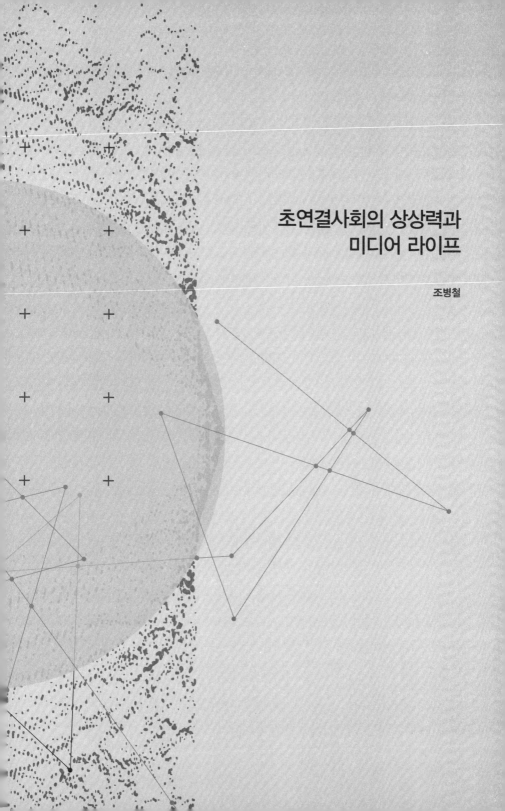

초연결사회의 상상력과
미디어 라이프

조병철

포스트 코로나 시대에 이르러 전 세계적으로 실시간 빅데이터 수집 및 인공지능을 이용한 비대면 서비스untact service 수요가 급증하고 있다. 비대면 서비스가 일상화되면서 유튜브, 페이스북, 트위터 등 SNS 사용이 증가하고 있다. 거대한 알고리즘으로 이루어진 진정한 초연결사회가 도래한 것이다. 최근 개인화 서비스, 콘텐츠 추천 서비스가 이러한 알고리즘에 기반하여 이루어지고 있는 것은 초연결사회로의 진입을 반증하고 있다.

1936년 영국의 수학자 앨런 튜링Alan Turing은 프로그램이 가능한 튜링 머신Turing machine을 고안하였다. 그는 모든 것을 알고리즘화하는 원리를 도입하였다. 이후 알고리즘은 문제를 해결하기 위한 논리 요소 logic component와 효율성을 향상시키는 통제 요소control component로 구성되면서 그 성능이 지속적으로 향상되고 있다. 초연결사회는 이러한 거대한 알고리즘에 의해 모든 정보가 데이터베이스로 편입되면서 사회 구성원들이 상호 간에 세밀한 정보로 연결되는 사회이다.

2003년 과학자들이 인간의 유전자 지도를 판독했을 때 30억 개의 염기쌍을 배열하는 데 꼬박 10년이 걸렸다. 17년이 지난 지금은 단일 연구소가 몇 시간만에 빅데이터와 컴퓨터 알고리즘을 이용하여 DNA를 분석할 수 있다. 뿐만 아니라 구글은 하루에 페타바이트petabyte, 엑사바이트exabyte 단위로 데이터를 처리하고 있으며, 페이스북에는 매 시간 수천만 개의 사진이 업로드된다. 양자 컴퓨팅 기술의 발달로 제타바이트zettabyte, 요타바이트yottabyte 단위의 빅데이터 처리 기술도 조만간 구현 가능할 것으로 예상된다.

기술적인 관점에서 유한한 자원을 이용하여 최적의 효과를 만들어 내는 것은 긍정적인 측면도 있지만, 이러한 빅데이터와 인공지능 기술이 단순히 편리함을 넘어서서 '문명적인 변환civilization transformation'을 통해 개인과 사회의 영역을 세밀하게 침범하고 있다는 점에서 문제도 있을 것이다. 빅데이터와 인공지능 기술의 적용은 주식시장과 같은 금융시장, 헬스케어와 같은 의료서비스는 물론 정치, 사회, 경제, 문화 영역 전반에 적용되고 있으며 이미 우리의 상상력을 넘어서고 있다.

초연결시대 가장 우려되는 것은 인간의 감각과 기억의 위기이다. 즉, 빅데이터와 인공지능과 같은 저장 및 처리 기술의 발달로 인한 문제는, 문화적 기억의 해체뿐만 아니라 인간의 사회적 관계까지 흔들고 있다는 데 있다.

| 미래 초연결사회의 상상력: SF영화에서 묘사된 초연결사회 |

미래 초연결사회의 상상력을 표현하려는 노력은 근대 초기 영화부터 최근 SF영화에서 쉽게 찾아볼 수 있다. 1982년 미국 할리우드에서 제작한 영화 〈블레이드 러너Blade Runner〉가 대표적인 예이다. 복제인간과 미래 사회를 묘사한 영화 〈블레이드 러너〉는 2016년 다시 제작되었다. 2017년에 개봉된 〈블레이드 러너 2049Blade Runner 2049〉에서는 핵전쟁 이후의 도시를 완전히 파괴되어 고철 덩어리만 남은 황량한 사막으로 표현하였다. 영화 〈블레이드 러너 2049〉의 도시 중심가 풍경은 미래 최첨단 초연결사회에서 하늘을 가로지르는 자율주행 자동차와 홀로그

〈그림 1〉 영화 〈블레이드 러너 2049〉에 등장하는 미래 사회의 모습. 옥외광고판과 자율
주행자동차로 표현된 도시 중심가 풍경(왼쪽)[1]과 주인공의 홀로그램 여자친구의 모습[2]

램hologram[3] 광고로 표현되었으며, 주인공의 여자 친구 역시 진화된 인
공지능 기반의 홀로그램으로 구현되었다(〈그림 1〉참조). 인간과 복제
인간이 공존하는 미래 도시는 외적으로는 화려해 보이지만 결국 일부
사회적으로 문제시되는 복제인간을 폐기해야만 하는 어두운 '디스토피
아'의 이중성을 드러낸다.

미셸 푸코Miche Foucault는 《감시와 처벌》에서 근대적 신체의 통제와
영혼에 대해 다음과 같이 언급한다. "한 영혼이 인간 속에 들어가 살면
서 인간을 생존하게 만드는 것이고 신체의 감옥이다. 이런 의미에서,
영혼은 정치해부학의 성과이자 도구이며 육체의 감옥이다."[4] 그의 논

1 "Why Does Sci-Fi Love Asian Culture But Not Asian Characters?." (https://www.
slashfilm.com/blade-runner-2049-asian-culture/)

2 "Why Does Sci-Fi Love Asian Culture But Not Asian Characters?" (https://www.
slashfilm.com/blade-runner-2049-asian-culture/)

3 Sean F. Johnston, "Wavefront Reconstruction and beyond", *Holographic Visions : A History
of New Science*, OUP Oxford, 2006, p.17.

4 미셸 푸코, 《감시와 처벌》, 오생근 옮김, 나남출판, 2003. 62쪽.

지인 '신체의 통치성'은 1995년 일본에서 제작된 애니메이션 〈공각기동대〉에서도 생명공학의 어두운 이면을 드러내고 있다. 체니 리폴드 존Cheney-Lippold John은 "우리는 오늘날 데이터로 가득 차 있는 네트워크 사회에서 살고 있다"[5]고 밝힌 바 있는데, 그의 논리가 현실화되고 설득력을 얻으면서 할리우드에서 〈공각기동대〉가 다시 실사영화로 제작되었다.

〈그림 2〉에서 애니메이션과 영화로 제작된 〈공각기동대〉에 등장하는 하이브리드 신체 묘사 장면은 네트워크 사회의 메커니즘 하에 통제되는 개인의 신체를 강렬하게 드러내고 있다. 인공심장, 인공두뇌 혹은 기계와 인간 두뇌가 합쳐진 사이보그 인간의 모습은 거대한 권력이 인

〈그림 2〉 애니메이션 〈공각기동대〉(왼쪽)[6]와 실사영화 〈공각기동대: 고스트 인 더 쉘〉(오른쪽)[7]에 묘사된 하이브리드 신체

---

5 "We are 'well filled with data' in today's networked society." Cheney-Lippold John, *We are data : algorithms and the making of our digital selves*, New York : New York University Press, 2017, p.3.

6 Ghost in the Shell(1995), (http://sphinxanimehd.blogspot.com/2018/03/ghost-in-shell-1995-peliculabd720ptrial.html)

7 Ghost in the Shell(2017), (https://www.youtube.com/watch?v=eWMBQhdcCTo 2016. 6. 30일 열람)

간의 신체를 관통하고 있음을 증명한다. 이것은 인간의 신체와 자아, 생명의 문제, 인간의 조건에 대한 문제로까지 연결된다. 인간의 생물학적 기억을 조작하여 주입하는 행위는 인간 기억의 정체성이 무엇인지 알 수 없게 만들고, 결국 기억이 부재하는 초연결사회의 암울한 미래를 경고하고 있다. 피에르 노라Pierre Nora는 "기억은 삶과 죽음, 두 가지 성분들이 혼합된 것이다. 기억이 존재하는 이유는 시간을 멈추게 하고 망각을 차단하며, 시대가 변하여도 그것들의 의미가 끊임없이 새롭게 변하기 때문"[8]이라고 주장한다. 미래 사회는 화려한 광고만이 가득한 조지 오웰George Orwell 디스토피아가 현실화될지도 모른다.[9]

1999년 개봉한 영화 〈매트릭스The Matrix〉(릴리 워쇼스키·라나 워쇼스키 감독)는 디지털화된 가상현실을 의미하며, 동시에 올더스 헉슬리 Aldous Huxley가 발표한 미래 소설 《멋진 신세계》의 은유적 표현이다. 즉, 디지털화된 가상현실은 컴퓨터 네트워크를 통해 인간이 소통하는 환경을 만들어, 인간의 의식 세계까지 새로운 환영illusion의 세계로 초대하고 있다.

〈그림 3〉에서와 같이 영화 〈매트릭스〉에서 표현된 인간은 미래 초연결사회가 만들어 낼 디지털 알고리즘으로 탄생한 새로운 디지털 인류라 할 수 있다. 디지털 생명체에 대한 논의는 윤리적인 문제와 더불어 매우 중차한 문제이며 지금도 공학 분야 및 콘텐츠 분야에서도 계속

---

8 피에르 노라는 《기억의 장소 1 :공화국》에서 다음과 같이 논증한다. "기억은 집단적인 것과 개인적인 것, 진부한 것과 성스러운 것, 불변의 것과 끊임없이 변하는 것이 나선을 이루며 뫼비우스의 끈처럼 하나가 되어 있는 것이다. 기억으로 인해 우리의 자아는 과거와 새로운 관계에 놓이게 된다." 피에르 노라, 《기억의 장소 1: 공화국》, 김인중·류희수 옮김, 나남출판, 2010, 56쪽.

9 George Orwell, *1984*, Planet Ebook, 2017, p. 22.

〈그림 3〉 영화 〈매트릭스〉(왼쪽)와 〈마이너리트 리포트〉(오른쪽)에 묘사된 초연결사회

이어지고 있다.

2002년 스티븐 스필버그 감독이 제작한 영화 〈마이너리티 리포트 Minority Report〉도 통제된 초연결사회의 어두운 면을 묘사하고 있다(〈그림 3〉 참조). 〈마이너리티 리포트〉는 혁신적으로 발전된 초연결사회의 미래를 그리면서, 그와 동시에 공공의 사생활 침해와 감시, 안전과 치안의 문제점을 시사한다. 영화에서 표현된 미래 도시에 대한 욕망은 관련 기술이 실현되어 현실로 다가오는 원동력이 되기도 하며, 그 욕망의 부작용을 미리 엿볼 수 있게 해 주기도 한다. 실제로 스티븐 스필버그 감독의 상상력은 현실에서 이미 상당 부분 실현되었다. 국제공항, 도심지 쇼핑몰의 디지털 광고판, 인터넷 홈페이지의 광고 팝업창은 빅데이터를 활용하여 고객의 소비 패턴을 분석한 후 실시간으로 관련 상품 정보를 예측하고 파악하여 서비스를 하고 있다. 또한 구글은 소형 무선센서가 탑재되어 당뇨병 환자의 혈당을 확인하는 등의 기능을 가진 콘택트렌즈를 개발하여 이미 상용화 단계에 이르렀다. SF영화 속 상상의 기술은 우리가 의식하지 못한 사이에 빠르게 현실화되고 있으며, 사람들은 이를 당연하게 받아들이고 적응하고 있다.

토머스 모어Thomas More로부터 시작된 유토피아는 현대에 이르러 많은 영화에서 '미래 사회'라는 주제로 표현되었다. 그들이 표현한 미래 초연결사회는 유토피아임과 동시에 디스토피아로 변질될 수도 있음을 경고한다. 미셸 푸코는 근대에 이르러 도시가 인간의 신체를 통제하고 변화시키고 있음을 폭로해 왔다. 미래 초연결사회에서 인류 문명은 그들이 경고하는 바와 같이, 새로운 초연결사회의 희망과 기술 발전에 따른 위기를 맞을 수 있다는 문제점을 동시에 갖고 있다. 파편화되고 기계화된 도시 안에서 인간의 신체는 무의식 중에 하나의 부품처럼 통제될 수도 있을 것이다. 이러한 논의는 여러 우려와 새로운 가능성과 함께 미래 초연결시대 인간학적 연구의 초석이 될 것이다.

| 초연결사회의 통치성은 무엇인가 |

디지털 파놉티콘 : 새로운 감시사회

초연결사회에서 빅데이터는 개인 추천 서비스와 같이 더욱 정교한 작업을 수행하기 위해 알고리즘을 기반으로 한 인공지능의 힘을 빌린다. 인공지능은 알고리즘의 진보에 의해 그 성능이 나날이 높아지고 있다. 인공지능이 성능 면에서 향상되었다고 하지만, 알고리즘은 상업적인 광고, 거짓 정보 영상 등 자극적인 콘텐츠를 걸러 내기에는 한계가 있다. 개인은 여전히 자본 권력에 의해 알고리즘의 조작 및 위변조의 가능성, 사이버 범죄의 가능성 그리고 왜곡된 추천 서비스에 노출되어 있다. 인공지능과 같은 디지털 기술의 진화는 다음과 같은 문제점도 내포하고 있다.

첫째, 소프트웨어 프로그램들은 컴퓨터 알고리즘을 이용하여 사람의 감정들을 인식하고 그것들을 데이터로 변환한다. 즉, 이러한 프로그램들은 인간 신체의 고유성을 데이터로 인식해서 저장하는 것이다. 가령, 자율주행 자동차에 운전자 생체 데이터를 바탕으로 실시간 감정을 인식하는 시스템 도입이 그 사례라고 할 수 있다. 또한, 인공지능은 사람 얼굴의 움직임이나 피부색을 통계 자료로 변환하거나, 쇼핑몰에서 제품의 매력을 측정하기 위해 고객의 의심스러운 행동 등을 파악하기도 한다. 즉, 개인의 취향과 신체의 움직임까지 모두 알고리즘에 의해 통제되는 것이다. 이러한 원리로 세계를 지배하는 대표적인 기업이 구글이다. 구글의 사명은 "전 세계의 정보를 조직하여 보편적으로 접근하고 사용할 수 있게 하는 것"인데, 바로 알고리즘으로 인간의 삶을 조직하고 있다. 세계 정보를 조직화하여 검색과 추천을 가능하게 함으로써 인간 생활과 정보기술이 순환하는 거대한 플랫폼을 형성하는 것이 구글의 의도일 것이다.[10]

이는 알고리즘에 의한 무의식적 '길들임'으로 인공지능에 대한 의존도가 지속적으로 높아질 수 있다는 증거이기도 하다.

둘째, 인공지능은 딥러닝deep learning[11]이라는 최고 수준의 알고리즘 도입을 통해 모든 스마트 공간을 통제한다(〈그림 4〉참조). 딥러닝 알고리즘은 빅데이터 처리를 통해 데이터 간의 미묘한 상관관계를 파악한다.

---

10 이시다 히데타카, 《디지털 미디어의 이해》, 윤대석 옮김, 2017, 144쪽.

11 딥러닝 기술은 인간의 두뇌와 같이 수많은 데이터 속에서 패턴을 발견한 뒤 사물을 구분하는 정보처리 방식을 모방하는 기술이다. 즉, 컴퓨터가 빅데이터를 이용해 사물을 분별하도록 컴퓨터 알고리즘에 지속해서 학습시킨다. Yann LeCun, Yoshua Bengio & Geoffrey Hinton, "Deep learning", *Nature*, Vol. 521, No. 28, 2015, p. 346.

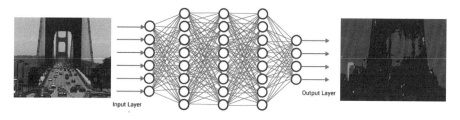

〈그림 4〉 딥러닝 개념도

이미 존재하는 가설에 근거하여 지식 생산도 자동화되어 가는 것이다.

이에 대해 학자들은 "가설을 입증하기 위해 전통적인 통계를 사용하고 데이터를 기반으로 가설을 직접 생산하는 기계학습machine learning과 딥러닝에 의존하는 경향이 보편적인 일이 될 것이다. 이러한 자동화는 결국 '잡음noise'으로 간주되는 모든 주관적 개입을 제거하고 절대적인 객관성을 유지하기 위해서"라고 주장한다. 인공지능 기반의 감정 인식 시스템도 이러한 객관적 시스템을 지향하게 될 것이다. 하지만 개인은 지역의 문화, 분위기나 상황에 따라 '감정의 애매모호함', '감정의 고유성'을 갖고 있으므로 인공지능이 이 모든 것을 수용하여 판단하기는 어려울 것이다.

셋째, 현대인은 주관성을 회피한 객관성과 엄격성을 더욱 중시하게 되며 자동화된 데이터 처리를 기반으로 하여 점점 기능화된 세상으로 향하고 있다. 그럼에도 불구하고 전 세계를 평균으로 만들려는 목표는, 평균에 맞지 않는 것을 제외하는 것이 아니라 예측할 수 없는 것을 피하려는 것으로 보인다. 알고리즘은 개인의 소외, 개인과 집단의 소통 등 인간관계에 필요한 모든 자원을 수치화된 데이터로 규격화할 수는 없을 것이다. 이처럼 디지털 알고리즘에 의한 통치성의 위기가 여러 사회적 문제로 확장될 가능성도 있다.

기억이 없는 사회

삶의 기억은 인간의 정체성을 형성하며 시민들의 삶 자체이기도 하다. 기억은 경험과 함께 사회의 삶을 구성하기 때문이다.[12] 최근 빅데이터가 초연결사회에서의 서사적 구조 형식 그 이상으로 우리 삶을 지배하고 있다. 초연결사회에서 디지털 데이터를 저장하고 분석하는 일은 서사를 부여하는 것과는 완전히 다른 차원의 일이기 때문이다.[13] 인간학적인 관점에서 인간이 무언가를 기억하려면 잊어버리지 않으면 안 되기 때문에, 모든 것을 기억한다는 것은 아무것도 기억하지 못한다는 것과 순환구조로 연결되어 있다.[14] 그에 비해 빅데이터에 연결된 데이터베이스와 컴퓨터·스마트폰은 상시로 연결 가능하므로, 데이터베이스의 수많은 정보가 인터넷 공간에서 지속적으로 유영游泳하고 있다. 즉, 초연결사회에서 인간의 신체는 기술과 문화적 연결, 사회문화적 연결을 유지하며 초고속 네트워크에 연결되어 있기 때문에, 인간의 삶은 과거와 다르게 매우 복잡한 환경에 처해 있다고 할 수 있다.[15] 데이터 관리자로서 구글, 마이크로소프트, 인텔, 애플과 같은 글로벌 기업이 우월한 자본적 지위를 활용해 초연결사회의 공간 영역을 구축, 확장, 관리

---

12 철학 아카데미, 《공간과 도시의 의미들》, 소명출판, 2004, 21쪽.

13 애비 스미스 럼지, 《기억이 사라지는 시대》, 곽성혜 옮김, 유노북스, 2016, 262쪽.

14 이시다 히데타카, 《디지털 미디어의 이해》, 141쪽.

15 데이비드 볼터·리차드 그루신, 《재매개: 뉴미디어의 계보학》, 이재현 옮김, 커뮤니케이션북스, 2006, 53쪽.

하고 있는 것은 이러한 상황을 반영하고 있는 것이다.[16]

삶의 기억은 무한히 확장되는 초연결사회에서 길을 잃어버릴 수도 있다. 이른바 '초연결사회'에 이르러 매일 생성되는 방대한 양의 데이터로 인해 우리가 진정 지켜야 할 소중한 삶의 기억들이 소멸하고, 선정적이고 자극적인 것에 몰입되어 현재의 소중한 기억과 가치관을 잃어버릴 수도 있는 것이다.[17] 이러한 부작용의 사례로 기억상실증이나 장기기억이 형성되지 않는 근본적인 문제가 나타날 수 있다.[18] 즉, 몸에 체화되면 '길들이기'가 진행되고 이에 익숙해짐으로써 '기억력 상실'로 이어지는 일이 반복될 것이다. 이는 우리가 편리하고 당연하다고 생각하는 '익숙함의 착각'을 의미한다. 인간 스스로 축적한 소중한 기억이 빅데이터의 파도에 휩쓸려 망각oblivion의 길로 접어들게 될 위험한 상황에 놓여 있다. 미셸 푸코는 《광기의 역사》에서 광기의 진실이 어떻게 억압되었는지 명확하게 보여 주고 있다.[19] 이러한 통치성의 공간 속에서 삶의 기억을 지키려면 적극적인 실천이 필요하다. 현대인은 어린 시절 경험한 자신의 기억을 떠올리고 이리저리 퍼즐을 맞추어 보며 자신

16　빅데이터는 인공지능과 연계하여 모든 공공과 민간의 서비스를 프로그램화하려는 의지를 갖고 있으며 컴퓨터 알고리즘으로 빅브라더Big Brother를 구현하여 도시를 통제하려는 정책을 펼친다. 싱가포르의 도시 구축이 대표적 사례이다.

17　기억이란 "과거의 것을 현재화하는 인간의 능력으로 정의될 수 있으며, 또는 인간에 의해 생산되고 축적된 그 어떤 역사적 산물 자체로 간주될 수 있다. 혹은 무의식적으로 축적되어 왔지만 언제든지 현재화될 수 있는 그 무언가를 기억이라고 부를 수 있다." 최문규 외, 《기억과 망각: 문학과 문화학의 교차점》, 책세상, 2003, 361쪽.

18　한나 아렌트의 논지에 의하면 '기억'은 인간 신체의 생물학적 과정과 일치하며 새로운 시작으로서의 행위인 '탄생'과 '죽음'과 밀접한 관계를 갖는다. 한나 아렌트, 《인간의 조건》, 이진우 옮김, 한길사, 2017, 75쪽.

19　미셸 푸코, 《광기의 역사》, 이규현 옮김, 나남출판, 2003, 747쪽.

과 끊임없는 대화를 시도해야 한다. 삶의 기억에서 우리의 의식은 멈추지 않으며, 자신과 끊임없이 소통하는 것이 우리의 역할이기 때문이다. 이러한 기억과 망각이 교차하는 지점에서 일상의 소중한 삶의 기억들을 지켜내는 '초연결사회'의 새로운 역할 또한 요구된다.

| 미디어 스텍터클 사회와 개인화 서비스란 무엇인가 |

미디어 스펙터클의 사회

초연결사회의 상업 지역은 광고 기획자의 의도에 따라 '유희적 가치', '유토피아적 가치'의 대상이 되고 있다. 기 드보르Guy Debord는 "자본주의적 생산관계에 의해 지배되는 현대사회를 '스펙터클의 사회'"[20]라고 규정한다. 광고 영상은 유토피아를 욕망하는 '스펙터클의 사회'이며 서구적 자본주의사회를 담고 있다. 더글러스 켈너Douglas Kellner는 "현대사회는 광고, 엔터테인먼트, 빅데이터에 의해 만들어진 정보를 통해서 왜곡된 삶이 제시되는 새로운 소비사회에 진입했다. 미디어 스펙터클은 현실보다 환상을 더 쫓는 삶을 만들어 낸다"[21]고 주장한다. 그의 말에 따르면, 환상을 쫓는 삶은 곧 본질에서 멀어지게 되고 사람들과의 소통이 어렵게 되어 점차 수동적 인간으로 변하게 만드는 경향이 있다.

---

20 "Experience and everyday life are thus shaped and mediated by the spectacles of media culture and the consumer society." Douglas Kellner, *Media Culture and the Triumph of the Spectacle*, University of Texas, Arlington, 2005, p. 2.

21 Douglas Kellner, *Media Culture and the Triumph of the Spectacle*, p. 1.

이러한 현상을 반영하듯, 개인들은 LTE보다 20배 이상 더 빠른 속도인 5G, 나아가 6G를 갈망한다. 즉, 초연결사회는 초고속 네트워크 기술의 표준화라는 새로운 '권력의 효과'를 창출하고 있는 것이다. 초고속 네트워크 기술의 표준화는 빠른 전송 속도로 물리적인 거리를 무력화시키면서 현실과 분리된 초고화질 서비스, 현실에 가까운 실감 콘텐츠를 제공하면서 개인의 지속적인 소비를 유도하고 있다. 폴 비릴리오 Paul Virilio는 이러한 속도가 현대인의 지각 방식을 근본적으로 바꾼다고 주장한 바 있다.[22] 폴 비릴리오는 속도와 지각 방식의 잠재성을 수용하면서도, 속도의 위험성이 '인간의 파멸'을 가져온다고 강하게 경고하며 이에 저항해야 한다고 역설한다.

이런 상황에서 인간과 미디어가 상호적인 관계를 맺는 새로운 공간 환경이 현대 문명사회에서 자연스럽게 늘어날 것이다. 보드리야르 Jena Baudrillard는 "이러한 현대 문명사회를 거대한 시뮬라시옹Simulation의 세계"[23]라고 주장한다. 인간의 감각적 체험과 경험이 우리의 현실을 반영해 나가고 있다는 것이다.[24] 마셜 매클루언Marshall McLuhan은《미디어의 이해Understanding Media》에서 인간의 확장된 감각을 이용해서 현실 세계와 단절된 새로운 세계를 인식하고 상호 교감하는 것은 자연스러운 현

---

22 이안 제임스,《속도 사상가 폴 비릴리오》, 홍영경 옮김, 앨피, 2013, 81쪽.

23 장 보드리야르는 "시뮬라시옹은 더 이상 영토 그리고 이미지나 기호가 지시하는 대상 또는 어떤 실체의 시뮬라시옹이 아니다. 오늘날의 시뮬라시옹은 원본도 사실성도 없는 실재, 즉 파생실제Hyperréal"라고 밝힌다. 장 보드리야르,《시뮬라시옹》, 하태환 옮김, 민음사, 2013, 12쪽.

24 Xiangyu Wang, "A user-centered taxonomy for specifying mixed reality systems for AEC industry", *Journal of Information Technology in Construction* Vol. 16, 2011, p. 494.

상이라고 언급한 바 있다.[25]

초연결사회는 영상 과잉의 시대를 향해 가고 있는 것이다. 이는 의식하지 못한 상태에서 무차별하게 넘쳐나는 광고의 홍수 속에 인간의 의식이 갇혀 있음을 의미한다. 장 보드리야르의 관점에서는 인류가 경험하는 세계란 거대권력이 통제하는 세계이며, 그 세계는 그 자체가 폐허가 되는 파생 실재이다.[26] 한병철은 장 보드리야르의 '영상 과잉'에 대하여 "이러한 세계는 인류 전체의 면역학적 저항력을 떨어뜨릴 위험으로 작용한다"[27]고 하며 그의 주장을 견고하게 한다.

생체권력을 이용한 개인 맞춤형 서비스

초연결사회에서 빅데이터와 인공지능 기술은 이전에는 상상할 수 없었던 새로운 서비스를 만들 것으로 예측된다. 모바일을 통해서 접속한 모든 개인의 기록 정보들이 눈에 보이지 않지만 글로벌 기업들에 의해 가공되어 매우 정교하게 활용된다는 것이다. 이처럼 정교한 서비스를 제공하는 개인 맞춤형 서비스는 개인의 많은 정보를 요구한다. 즉, 개인 맞춤형 서비스 기술은 '개인화' 혹은 '개인 맞춤화'라는 명목 하에 소비자들의 개인정보와 취향을 파악하고 그들이 원하는 상품에 대한 수요를 예측하는 알고리즘 제공자라고 할 수 있다. 〈그림 5〉와 같이 영화 〈마이너리티 리포트〉에서 디지털 사이니지digital signage가 쇼핑몰을 방

---

25 Marshall Mcluhan, *Understanding Media: The Extensions of Man*, New York: Mentor, 1964, p. 21.

26 장 보르리야르, 《시뮬라시옹》, 13쪽.

27 한병철, 《피로사회》, 김태환 옮김, 문학과지성사, 2012, 18쪽.

〈그림 5〉 영화 〈마이너리티 리포트〉에 나오는 홍채인식을 이용한 개인 맞춤형 마케팅

문하는 고객의 홍채와 얼굴 등 생체정보bio data를 인식하여 고객이 선호하는 맞춤형 광고를 제시하고 있다.

개인 맞춤형 정보 제공 서비스가 문제가 되는 것은 개별 소비자의 욕구와 취향을 세심하게 고려하기보다는 특정 개인의 행동 패턴, 습관 그리고 구매 성향을 자동으로 감지하여 준비된 상품 정보를 자동으로 제공하는 것에 목적을 두고 있기 때문이다. 최근에는 감정이나 건강 상태를 포함하는 개인의 구체적인 생체정보로까지 정보 수집 범위가 점점 확대되고 있는 추세이다.

생체권력을 이용한 마케팅의 일상화

초연결사회에서 빅데이터를 이용한 인공지능 분석 기술은 인간의 지각 능력, 이해 능력과 융합되면서 데이터 분석의 신뢰성과 마케팅 적용의 현실적 가능성을 더욱 증폭시키고 있다.

우리는 이미 이러한 시스템에 길들여져 있다. 미셸 푸코는 인공지능 기술에 의해 조정되는 인간의 정체성에 대해 경고하였다. 디지털 알고리즘은 개인들의 취향까지 임의로 통제하고 있기 때문이다. 이러한 알고리즘의 원리는 고객 분포에 기초하여 상품을 마련하고, 알고리즘으로 소비를 관리하는 알고리즘형 소비를 유도하기 때문이다.[28] 이러한 개인 맞춤형 정보 제공 서비스는 사생활 침범을 넘어 소비자가 이것에 점점 둔감해지고 있다는 점에서 문제이다. 결국 개인들은 현재 거대한 알고리즘을 기반으로 작동되는 판타스마고리아Phantasmagoria에 의해 지배받고 있다.[29] 대용량 콘텐츠, 전자신문, 전자잡지 속에 포함된 이미지가 초고속 무선 인터넷으로 연결된 네트워크 세계에서 표준화standardization된 문화 코드로 보편화되고 유통되면서 대중의 취향과 선호도 역시 표준화될 위기에 직면해 있는 것이다.

많은 사람들이 이런 사실을 인식하며 당연하게 생각하고 있다. 구글 최고경영자CEO인 에릭 슈미트Eric Schmidt는 "우리는 당신이 어디에 있는지, 당신이 무슨 생각을 하고 있는지, 다 압니다"리고 말하기도 했다.[30] 즉, 구글이 영상 인식과 음성 인식 기술을 활용해 수익을 극대화하는 방법을 모색한다면 얼마든지 실현 가능하다는 것이다. 구글어시스턴트는 자연어 처리와 음성 인식 기술의 최고 수준의 응용 사례로서, 개인 비서 역할뿐만 아니라 일상생활의 미디어 라이프 서비스media life service까지 다양하게 활용되고 있다. 신체에 적용된 생체권력이 '개인의 안전'과 '개인의 사생활 침해'라는 '양가성ambivalence'을 드러내고 있는 것이다. 이처럼 생체권력은 소비자의 취향이나 움직임 같은 개인의 생체

---

28 이시다 히데타카,《디지털 미디어의 이해》, 154쪽 재인용.

29 발터 벤야민은 파리 오스만의 도시 정비 사업에서도 일종의 시간과 공간의 근대성을 읽어 내면서 근대성을 환영인 판타스마고리아로 규정하기도 하였다. 이창남, 〈오스만과 근대 도시 파리의 경관: 발터 벤야민의《파사주 작품》을 중심으로〉, 한국문화사회학회,《문화와사회》8권, 2010, 8쪽.

30 "We Know Where You Are. We Know Where You've Been. We Can More Or Less Know What You're Thinking About." (https://www.businessinsider.com/)

정보를 파악하여 이전보다 정교하고 공격적으로 개인 맞춤형으로 작동하는 새로운 국면으로 접어들고 있다. 이에 대처할 방안은 무엇인가?

| 나아가는 길: 새로운 미디어 라이프 |

우리는 〈블레이드 러너 2048〉에서 묘사된 '사막과 같은 미래 사회'에서 '새로운 문화적 역동의 삶'을 위한 새로운 미디어 라이프 서비스를 재검토해야 하는 시점에 직면해 있다.

초연결사회에서 발생하는 주요 특징으로, 경제적 차원에서 심화되는 삶의 불안과 연관된 세대 격차가 더해지고 있다. 빈익빈 부익부 현상, 불평등한 분배로 인한 세대 간 격차가 세대 갈등으로 이어지고 있는 것이다. 이러한 갈등은 한국 사회의 정치·문화적 갈등이 표출되는 지형이었지만, 최근 젊은 세대는 그들이 경험하는 취업난, 주거난, 비혼화, 가족생활의 불안이 기성세대가 자원을 점유하기 때문이라고 인식하는 경향이 있다. 또한 노년층을 돌보는 부담이 젊은 세대에 가중된다는 인식도 강하다. 반면 중년층과 노년층 입장에서는 젊은 세대가 부모에 의존하며 국가관과 사회의식이 약하고 이기적이며 자립심과 책임감이 부족하다고 비판하는 인식이 강하다. 초연결사회에서는 ICT기술의 발달과 뉴미디어 기술이 출현하면서 또 다른 격차가 계속 추가될 수 있다. 세대간 가치관의 차이가 대화의 단절로 이어지고 이것이 다시 신뢰의 상실로 이어질 가능성이 크며, 특히, 노인 소외 현상과 더불어 자존감 상실 등의 문제가 나타날 수 있다.

초연결사회의 가속화로 '지방 소멸', '경제적 양극화' 그리고 '디지털 정보 격차'가 총체적인 사회적 문제로 대두되고 있는 것이다. 또한 초연결사회는 생활 주체인 인간과 함께 어우러져야 함에도 불구하고 상업 자본주의적 공간으로 설계되어 인간 소외를 불러오는 문제점을 내포하고 있다. 인간 소외 문제는 특정 연령, 특정 지역의 문제만이 아니라 우리 모두의 문제로 직결될 것이다. 따라서, 다양한 세대가 함께하는 프로그램을 통해 세대 간, 지역 간 격차를 해소하고 개인의 자존감 회복을 위한 미디어 라이프 교육 프로그램이 요구된다.

초연결시대 새로운 미디어 라이프 교육 프로그램 모델의 도입 취지는, 디지털에 취약한 계층과 세대들을 위해 대면과 비대면 미디어 라이프 교육 프로그램을 동시에 활용하여 전 세대와 전 계층을 아우르는 참여를 유도하기 위함이다. 예비청년을 위한 '비대면 문화 콘텐츠 제작','지역 비대면 문화예술 프로그램'은 세대 간 통합을 실현하며 지역 시민 스스로 삶의 의미를 성찰함으로써 자존감을 회복하는 방법이 될 수 있다. 이러한 미디어 라이프 서비스를 위한 사회적 실천과 교육 프로그램 구현을 위해서 인문학, 문화예술, 문화 콘텐츠, 공학, 정책 등 학제간 연구가 지속적으로 요구된다.

참고문헌

저널

이창남, 〈오스만과 근대 도시 파리의 경관 : 발터 벤야민의 《파사주 작품》을 중심으로〉,
　　한국문화사회학회, 《문화와 사회》 8권, 2010.

Xiangyu Wang, "A user-centered taxonomy for specifying mixed reality systems
　　for AEC industry", *Journal of Information Technology in Construction*, Vol.
　　16, 2011.

Yann LeCun, Yoshua Bengio & Geoffrey Hinton, "Deep learning", *Nature*, Vol.
　　521, No.28, 2015.

단행본

미셸 푸코, 《감시와 처벌》, 오생근 옮김, 나남출판, 2003.

_____, 《광기의 역사》, 이규현 옮김, 나남출판, 2003.

최문규 외, 《기억과 망각 : 문학과 문화학의 교차점》, 책세상, 2003.

철학아카데미, 《공간과 도시의 의미들》, 소명출판, 2004.

데이비드 볼터 · 리차드 그루신, 《재매개 : 뉴미디어의 계보학》, 이재현 옮김, 커뮤니케
　　이션북스, 2006.

애비 스미스 럼지, 《기억이 사라지는 시대》, 곽성혜 옮김, 유노북스, 2016.

피에르 노라, 《기억의 장소 1 : 공화국》, 김인중 · 류희수, 나남출판, 2010.

Marshall Mcluhan, *Understanding Media: The Extensions of Man*, New York:
　　Mentor, 1964.

Douglas Kellner, *Media Culture and the Triumph of the Spectacle*, University of
　　Texas, Arlington, 2005.

Sean F. Johnston, "Wavefront Reconstruction and beyond", *Holographic
　　Visions : A History of New Science*, OUP Oxford, 2006.

Cheney-Lippold John, *We are data: algorithms and the making of our digital
　　selves* , New York : New York University Press, 2017.

George Orwell, *1984*, Planet Ebook, 2017.

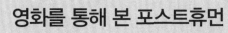

영화를 통해 본 포스트휴먼

정락길

이 글은 《인문과학연구》 64집(강원대학교 인문과학연구소, 2020. 03.)에 실린 필자의 글 〈포스트 휴먼에 대한 영화적 성찰– 2000년 이후 스티븐 스필버그(Steven Spielberg)의 SF영화를 중심으로〉를 일부 수정하고 보완한 것이다.

| 스필버그의 영화 세계와 포스트휴먼 |

포스트휴먼

90년대 아주 낮은 수준의 컴퓨터가 보급되기 시작할 무렵, 컴퓨터 문명이 일으킬 변화의 파장이 얼마나 클지 모르던 인문학자들에게 21세기 이후 세계의 풍경이 감당하기 힘든 속도로 변해 왔음은 부정할 수 없는 사실이다. 이제 인간 몸의 일부가 된 핸드폰과 같이 기계는 더 이상 도구가 아닌 존재의 일부가 되어 버렸다. 알파고의 등장 이후 인공지능의 시대가 본격화되면서 기술에 의한 인간의 변화에 대한 인문학적 성찰의 중요성은 날로 증대하고 있으며, 이러한 흐름 속에 '포스트휴먼'에 대한 논의의 필요성이 제기되고 있다. 논쟁 중인 개념으로서의 '포스트휴먼'에 대해 정의를 내리는 것은 이 글의 범위를 넘어서는 과제이다. 논의의 전개를 위해 간단히 포스트휴먼의 입장을 세 가지 줄기로 나누고, 이 세 가지 입장 중 하나의 철학적 입장을 따르면서 스필버그의 영화를 검토할 것이다.

로베르토 마르셰시니Roberto Marchesini는 '포스트휴먼' 논의를 다음의 세 가지로 나누고 있다. 첫 번째가 트랜스휴머니즘trans-humanism의 입장이다. 기술을 통한 인간강화론human enhancement으로 요약 가능한 이 입장은 마르셰시니에 따르면 데카르트의 육체와 사유에 대한 근대 철학적 이원론의 현대적 변형이다. 뇌가 일종의 하드웨어라면 정신은 그 안에 포함된 소프트웨어이다. 트랜스휴머니즘은 신체의 한계를 넘어선 (재해석된) 니체적인 초인을 꿈꾼다. 기술이 일종의 신적 임무를 수행하는 기술적 유토피아의 미래주의를 지향하고 있다. 두 번째는 마르셰시니 자신이 취하고 있는 철학적 포스트-휴머니즘philosophical post-humanism 입장이다. 인간 자체를 규정하는 어떤 선 개념을 부정하면서 타자성에 대한 개방성에 방점을 두고 있는 이 입장은, 인간 존재를 끊임없이 협상 가능한 존재로 보며 그래서 외부 존재들과의 혼종화 hybridization에 방점을 두고 있다. 또한 기술을 부정적 입장에서 보기보다는 신체와의 새로운 연결의 관점에서 적극적으로 사유한다.[1] 이 글은 세 번째의 포스트휴먼적 철학post-humanist philosophy의 입장을 따른다. 이 입장은 남성중심주의적이고 폐쇄적인 근대적 휴머니즘을 비판하면서도 인간중심주의Anthropocentrism의 깊은 필요성을 주장한다. 두 번째 입장과 구별되는 지점은 크게 두 가지다. 첫째는 동물성과 인간성을 차이의 관점에서 본다는 점이고, 둘째는 하이데거Martin Heidegger의 본래성Eigentichkeit에 대한 사유로부터 기술을 은폐와 탈은폐의 관계로 사유한다는 점이다.[2]

스필버그 영화 세계의 특징

2000년대 스티븐 스필버그Steven Spielberg의 SF영화들에는 포스트휴먼과의 연관 하에서 특이한 감각적 경험, 미적 경험 그리고 윤리적 질문

---

1 포스트휴먼 논의는 다음의 저자의 글에 따라 분류하였다. Roberto Marchesini, *Over the Human-Post-jumanism and the Concept of Animal Epiphany*, Springer, 2017, pp. 137-146.

2 두 번째와 세 번째의 입장은 동물성을 어떻게 볼 것인가를 둘러싸고 전개된다. 이러한 논의는 다음의 논문을 참조하였다. 김동규, 〈후기 하이데거 철학의 동물론〉, 《철학탐구》 제52집, 2018.

이 제기된다. 논쟁이 있을 수 있지만,[3] 스필버그의 영화가 전 세계 대중과 비평가들에게 주목을 받는 이유는 무엇보다 그의 영화가 체계화하고 있는 감각적(시청각적) 경험으로부터 인간의 모럴에 어떤 파문을 일으키는 효과에 있을 것이다. 미국의 대표적인 여성 영화비평가 폴린 카엘Pauline Kael의 찬사를 빌려 앤드류 브리튼Andrew Britton은 스필버그를 어떤 황홀bliss-out의 경험을 관객에게 건네주며 적절한 타이밍 조절을 통해 관객을 감동의 순간으로 끌어들이는 고전감독 하워드 혹스Howard Hawks를 계승한 선천적 엔터테이너로 평가한다.[4]

이 글은 스필버그의 영화가 강렬한 시청각적 경험으로부터 낯섦, 흥분, 고통 등이 어우러지는 미적 경험(숭고의 경험)으로 전이되며, 이를 통해 어떤 흥분에 찬 윤리적 질문을 최종적으로 던지고 있다는 점을 밝히고자 한다. 여기에는 포스트휴먼을 둘러싼 수위가 다른 두 가지의 다른 문제가 연관되어 있다. 우선 '디지털의 시청각적 몰입 경험'이 포스트휴먼의 문제들 중 가상성virtuality의 신체화embodiment와 연관되어 있음을 살펴볼 것이다. 포스트휴먼에서 강조하는 가상성은 기존의 문화예술적 의미에서의 허구성, 환상성 그리고 상상력과 강력히 연계되어 있기보다는, 은유적으로 신체의 언어라고 표현되는 감각과 지각 차원의 문제와 연관되어 있다.

가상현실의 감각과 지각은 신체를 사로잡으려 하며 이를 통해 가상

---

3 로빈 우드Robin Wood는 1980년대의 할리우드 영화를 평가하면서 스필버그의 세계가 유아적 퇴행과 환상으로 점철된 세계라고 차갑게 비판하기도 하였다. 로빈 우드, 《베트남에서 레이건까지》, 이순진 옮김, 시각과 언어, 1995, 175쪽.

4 Andrew Britton, "Blissing Out: The Politics of Reaganite Entertainment", in *Movie*, Winter 1986, p. 4.

과 실제의 경계를 소멸시키려는 역설 속에 존재한다. 특히 스필버그의 영화들 중 〈마이너리티 리포트Minority Report〉(2002), 〈우주 전쟁War Of The Worlds〉(2005), 그리고 〈레디 플레이어 원Ready Player One〉(2018)을 주요한 참조 텍스트로 삼아 포스트휴먼이 제기하는 이러한 기술과 신체의 현대적 문제들이 '디지털의 시청각적 몰입 경험'을 통한 신체화와 연관되어 있음을 살펴볼 것이다. 이러한 분석을 통해 포스트휴먼을 역사적인 맥락에서의 기술문화적 개념으로 우선 이해하고자 할 것이다.

그리고 이어서 스필버그의 SF 영화 〈A. I.A.I. Artificial Intelligence〉(2001)를 중심으로 포스트휴먼이 중심적으로 제기하고 있는 인간과 기계의 관계에 대한 철학적 문제를 주로 살펴보고자 한다. 영화 〈A. I.〉는 기계와 인간의 사랑의 문제를 허구적으로 보여 주는 영화이다. 사실 포스트휴먼 논의는 현대 과학과 기술이 전제하는 이론적 전망과 토대를 지니고 있다. 하지만 많은 SF소설이나 영화들은 포스트휴먼의 과학적 전제들이 조망할 수 없는 문화적이고 사회적인 맥락과 인간학적 성찰을 제기하고 있다. 바로 이러한 과학적 조망이 해결하지 못하고 있는 인문학적 성찰을 중심에 두고 살펴보려 한다.

| 가상의 신체화embodiement

블록버스터 미학과 몰입경험

스필버그의 영화들은 정치 영화, 코미디, 액션, 공상과학 영화, 역사극, 어드벤처물 등, 다양한 장르와 주제들로 변주되어 나타난 바 있다. 50여 년 동안 지속해 온 그의 영화 인생은 소위 문제적 영화serious films와 오락영화pop corn movies 사이를 끊임없이 왕복하는 과정이기도 하였다. 이 글에서 주로 언급되는 2000년대 이후 스필버그 영화 중 〈레디 플레이어 원〉이 오락영화의 범주에 드는 영화라고 한다면, 나머지 세 영화는 문제적 영화에 속한다고 할 수 있다.

문제적 영화건 오락영화건 그의 영화들이 그의 이전 세대와 구별되는 주요한 특징이자 70년대 이후 전 세계적 대중성을 확보한 이유는 무엇보다 시청각적 자극에 기반한 영화적 몰입경험experience of immersion의 체계화에서 찾을 수 있을 것이다. 〈라이언 일병 구하기Saving Private Ryan〉(1998) 초반 20분의 유명한 전투 장면이 보여 주듯이, 그의 카메라는 관객에게 관조적 시점 너머 관객의 '신체 내로' 침입하여 마치 관객 옆으로 총알이 지나가는 듯한 시청각적 감각체험을 제공한다. 흔히 블록버스터 영화의 주요 미학으로 제시되는 롤러코스터와 같은 카메라 움직임, 특수효과 그리고 입체음향에 의해 강화되는 이러한 몰입경험은 스타 캐스팅에 입각해 등장인물과의 동일시identification with the character를 특징으로 했던 고전 할리우드 영화의 미학적 경향과 변별된다고 할 수 있고, 이러한 영화적 경험에 입각한 블록버스터 미학은 70년대 이후 할리우드 영화의 대표적 전략이자 70년대 이전 영화 관객들의 수용적 원리와 변별되는 경험이기도 하다.[5]

스필버그에 의해 개척되기 시작한 이러한 블록버스터 미학은 〈터미네이터The Terminator〉(1984)의 제임스 캐머런James Cameron, 〈블레이드 러너Blade Runner〉(1982)의 리들리 스콧Ridley Scott, 〈다이 하드 2Die Hard 2〉(1990)의 레니 할린Renny Harlin 그리고 90년대를 대표하는 〈더 록The

---

5 Fredrick Wasser, *Steven Spielberg's America*, Cambridge, Polity Press, 2010, p. 7.

Rock〉(1996)의 마이클 베이Michael Bay등 그의 세대 이후의 감독들에서 더욱 강렬해지고 있으며, 그들의 영화들은 강렬한 흥분의visceral 감각적인(시청각적) 행위들로부터 파괴와 혼돈의 시각적 쾌락을 극대화하고 있다. 하지만 프레드릭 와서Fredrick Wasser가 지적하듯이, 스필버그의 영화는 흥분excitement과 위안reassurance이라는 70년대 이후 영화 관객들의 요구를 가장 적절히 배합하고 있다.[6] 그의 영화는 놀이공원에서 롤러코스터를 타는 감각적 차원의 압박과 스릴의 경험을 제공하고, 동시에 따스한 느낌의 조명과 이미지의 사용이 상징하는 봉합된 가족주의(혹은 그것의 위기), 또는 (거짓된) 로맨스의 완성으로 나아간다.

80년대 후반의 상대적인 침체기를 지나 〈쥬라기 공원Jurassic Park〉 (1993)의 성공을 통해 스필버그는 세계 영화의 대중적 아이콘으로 다시 그 명성을 획득한 바 있다. 그런데 같은 해 스필버그는 이러한 특수효과와 강렬한 감각적 체험에 기반을 둔 영화와 결을 달리하는 〈쉰들러 리스트Schindler's List〉를 개봉한다. 이 영화가 나오기 이전까지 영화비평의 세계에서 나치의 유대인 학살 문제는, 재현과 재현 불가능한 것을 둘러싼 이미지의 정치학과 윤리학의 핵심적 논제였다. 〈쉰들러 리스트〉는 바로 이 유대인 학살 문제를 정면으로 다루고 있는 영화이다. 이 영화가 개봉되었을 때 〈쇼아Shoah〉의 감독 클로드 란즈만Claude Lazmann은 표상 불가능한 학살의 공포를 영화화한 스필버그를 격렬하게 비판한 바 있다.[7] "모든 슬픔은 그것을 이야기로 만들거나 그것들에 관해 이야기를 할 수

6   Ibid. p. 5.

7   Clélia Cohen, *Steven Spielberg : collection Grands Cinéastes*, Cahiers du Cinéma, 2007, p. 57.

있다면 견뎌질 수 있다"라는 한나 아렌트Hannah Arendt의 진술처럼[8] 이제 영화의 문제는 이미지 재현의 정치학과 윤리학에서 가상과 현실의 경계를 어떻게 설정할 것인가의 문제로 전환된 것일까? 이 복잡한 문제에 대해 이 지면에서 답할 수는 없지만, 적어도 스필버그는 2000년대 이후 이러한 문제 자체를 자신의 영화 세계의 주요한 주제로서 제시하고 있다.

포스트휴먼적 인간으로서의 스필버그

스필버그는 단순히 감독으로 평가될 수 없는 인물이다. 그는 80년대 이후 수많은 영화의 제작자로서 활동했고 동시에 매체 융합이 본격화되는 80년대 이후 할리우드라는 매체 산업(TV, 게임, 영화, 심지어는 놀이 공원)에서 그 산업을 유지하고 경영하는 사업가mogul이기도 하다. 스필버그는 변화된 매체 환경을 적극적으로 활용할 뿐만 아니라, 전통적인 필름 기반의 영화 산업에서 벗어나 끊임없이 새로움을 요구하는 관객들의 요구에 기민하게 응답하는 사업가이기도 하다. 그는 앰블린Amblin과 드림 웍스Dream Works를 대표하는 경영인으로서 현재까지 활동 중이다.[9] 그는 필름으로서의 영화적 성취를 디지털 기술과 창조적으로 결합시켜 왔고, 이러한 현대 영화의 트렌드를 확립한 인물로 평가된다. 따라서 그는 캐서린 헤일즈Katherine Hayles가 주장하는 의미의 '포스트휴먼

---

8 한나 아렌트, 《인간의 조건》, 이진우 옮김, 한길사, 2017.

9 다음 논문은 할리우드 영화 산업에서 스필버그의 다각적인 활동을 앰블린 이전 시기, 앰블린 시기 그리고 드림웍스 시기를 중심으로 논의하고 있다. Thomas Schatz, "Spielberg as Director, Producer, and Movie Mogul", in *A Companion to Steven Spielberg*, ed. by Nigel Morris, Wiley Blackwell, 2017.

post-human'적 인간의 전형이라고 말할 수 있을 것이다. 헤일즈는 근대적 휴머니즘을 정의하는 자유롭고 독립적인 사유의 주체로서의 인간이라는 개념에 비판적이다. 그녀에 따르면 이러한 사유는 점차 와해되고 있으며 인간의 신체적 실존과 기계, 그리고 인공지능 사이의 경계는 점차 흐릿해지고 있다. 인간의 정체성은 이제 하나의 신체에 국한된 개인의 실존 방식에 자리 잡고 있지 않다는 것이다. 결론적으로 현대의 인간은 신체와 기술적 체계(장치) 사이의 혼종의hybrid 결합에 의한 사이보그 cyborg 인간이라는 사실이다.[10] 스필버그는 바로 이러한 실천을 체현한 대표적 인물이라고 할 수 있다. 디지털 기술의 성과를 적극적으로 영화 제작에 활용한 스필버그의 뛰어난 결과물이 〈쥬라기 공원〉이라는 사실은 익히 알려져 있다.[11]

디지털과 스필버그

〈죠스Jaws〉, 〈미지와의 조우Close Encounters Of The Third Kind〉, 〈E. T.E.T., The Extra-Terrestrial〉, 그리고 〈인디아나 존스〉 시리즈에 이르기까지 스필버그는 영화감독을 시작할 때부터 특수효과를 적극적으로 그의 영화 세계에 활용한 바 있다. 그는 필름 기반 영화의 기술적·미학적 성과를

---

10 N. 캐서린 헤일스, 《우리는 어떻게 포스트휴먼이 되었는가》, 허진 옮김, 플리닛, 2013. 영화 〈A. I.〉를 분석하면서 스필버그와 포스트휴먼의 주제에 대해 좀 더 자세히 언급하고자 할 것이다.

11 이 영화에는 시나리오상 첨단 유전자 복제 기술에 의해 부활한 공룡들이 등장한다. 이렇게 탄생한 공룡들의 테마파크에서 벌어지게 되는 재난이 이 영화의 주요 주제이다. 스필버그는 디지털 특수효과를 통해 이 공룡들을 재현해 내고 있다. 영화사는 이 작품의 탄생을 필름으로서의 영화로부터 디지털로의 전환을 표지하는 대표적 사건으로 평가하고 있다.

컴퓨터 기반 기술과 결합해 70년대 이전 영화들의 수용 경험을 현대적 감각으로 변형시킨 블록버스터 미학의 대표 주자이다.[12] 익히 알려져 있듯이, 이러한 새로운 미학은 디지털 기술의 영화적 활용을 위해 스필버그와 조지 루카스George Lucas가 합작한 ILM 스튜디오의 설립[13]과 그 특수효과 기술의 지속적인 영화적 개선을 통해 이루어진 바 있다.[14] 돈 노스Don North가 주목하듯이, 스필버그의 블록버스터 미학은 미국 현대 미술의 '포토 리얼리즘'이나 '하이퍼리얼리즘'과 연관되어 있지 않다.[15] 스필버그의 영화미학은 즉각적인 사건을 실감나게 연출하고자 하는 (카메라의) 영화적 구성 감각에 충실한, 혹은 사건을 생생하게 구성하는 구성주의에 가까운 지각적 리얼리즘(스테판 프린스Stephen Prince가 사용한 용어)에 가깝다. 이러한 지각적 리얼리즘은 때로는 심리적 리얼리즘으로 잘못 오용되기도 하는데, 중요한 것은 시청각적 경험 자체가 하나

---

12 니겔 모리스Nigel Morris는 다음의 글에서 시네필로서의 스필버그가 자신에게 영향을 끼친 감독들의 영화 장면들을 어떻게 오마주하고 있는지 보여 주고 있다. 알프레드 히치콕의 〈북북서를 돌려라〉는 〈결투〉와 연관되고, 프랑수아 트뤼포의 〈400번의 구타〉와 그의 단편 〈Amblims'〉, 데이비드 린의 〈아라비아의 로렌스〉와 〈컬러 퍼플〉 등을 비교하고 있다. 이 글에서 다루는 〈우주 전쟁〉의 마지막 장면은 존 포드의 〈수색자〉와 유사한 엔딩으로 끝나고 있다. 이와 같이 스필버그의 영화 세계는 고전적 유산과 현대적 유산의 결합 속에 위치하고 있다고 할 수 있다. Nigel Morris, "Magisterial Juvenilia-Amblin' and Spielberg's Early Television Work", in *A Companion to Steven Spielberg*, ed. by Nigel Morris, Wiley Blackwell, 2017.

13 Industrial Light and Magic은 영화 〈스타워즈〉의 특수효과를 위해 1975년 반 누이Van Nuys가 캘리포니아에 설립한 스튜디오이다.

14 Don North, "The Spielberg Effects", in *A Companion to Steven Spielberg*, ed. by Nigel Morris, Wiley Blackwell, 2017, p. 401.

15 사진과 같은 효과를 내는 미국 현대미술의 한 경향으로 사진적 현실의 단순한 모방적 회화로 오해되기도 한다.

의 생생한 체험으로 각인되어지는 '효과' 자체라는 사실이다.[16] 이러한 리얼리즘은 영화가 촬영한 것이 실재적 인간이거나 그 사건이 존재적으로 선행한다는 인과적 사실성을 강조하는 소위 '존재론적 영화 리얼리즘'과는 다르다. 이제 재현의 현실성은 중요하지 않으며 강조되는 것은 컴퓨터의 개입을 통해 이루어지는 환상성과 현실성의 상호 침투적 과정이다. 그리고 이를 통해 성취해 내고자 하는 최종의 목표는 어떻게 관객의 생생한 경험의 강도를 유지시킬 것인가의 문제이다. 이러한 미학은 영화 경험에서 육체성을 강조하는 비비안 섭책Vivian Sobchack의 영화론과 유사한 점이 있다. 그녀는 하나의 영화에서 어떻게 허구적 긴장이 '특수한 어펙트affect'를 통해 관객의 긴장과 신체적으로 통합되는가 하는 관객의 주관적 경험성을 강조하고 있기 때문이다.[17] 스필버그는 바로 이러한 디지털 리얼리즘을 통해 현대 관객들의 신체를 사로잡은 인물이라고 할 수 있다.

플로우 숏flow shot

스필버그 미학의 주요 특징이 잘 나타나는 장면을 살펴보자. 〈우주 전쟁〉에서 지하에 숨어 있던 외계인이 처음 출몰하는 장면이 있다. 불안하거나 혹은 평안한 효과 음악, 위험이 닥칠 것을 모르는 등장인물, 이상한 조짐을 관찰하는 주인공(톰 크루즈), 먹구름 낀 하늘 위로 번져 나오는 찬란한 빛, 번개, 어리둥절해 하는 사람들, 그리고 마침내 갑작스

---

16 Don North, op. cit. p. 401.

17 Vivian Sobchack, *Screening Space: The American Science Fiction Film*, Piscataway, NJ: Rutgers University Press, 1987, p. 284.

레 출몰하는 외계인이 있다. 이어서 남자 주인공인 아버지 레이의 시점 숏으로부터 어리둥절해 하는 순진한 시선의 그의 딸과 아들 그리고 가족의 피난 과정과 함께 다시 급박한 음악과 아비규환의 소리들이 넘쳐난다. 〈우주 전쟁〉의 초반부가 잘 보여 주듯이 이 영화에서 숏들은 이완과 수축, 정지(관망에 가까운 설정 숏), 팽창과 폭발로 이어진다. 이러한 그의 스타일은 〈미지와의 조우〉, 〈죠스〉, 〈쥬라기 공원〉, 〈쥬라기 공원 2: 잃어버린 세계The Lost World: Jurassic Park〉 등에서 지속적으로 발견되는 시청각적 스타일이기도 하다.

촬영의 편의를 위해 클로즈업과 주로 스튜디오에서 제작되며 이야기의 짜임에 방점을 둔 당시 TV의 관습적 영화 제작 방식과 달리 이미 〈결투Duel〉에서부터 스필버그의 영화는 긴박한 로드 무비의 템포를 성취한 바 있다. 레몽 벨루어Raymond Bellours는 히치콕Alfred Hitchcock의 영화 〈새The Birds〉를 분석하면서 이 영화가 고전 할리우드의 시퀀스 구성과 달리 각 숏의 연결들이 서사적 원리에 따르기보다는 임의적인 숏들이 행위적 긴박감의 논리에 따라 구성되는 파편들segments로 이루어져 있다고 분석하고 있다.[18] 이러한 파편적 구성의 방식은 〈마이너리티 리포트〉, 〈우주 전쟁〉 그리고 〈레디 플레이어 원〉의 시청각적 영화 세계를 구현하는 방식이라 할 수 있다.

〈마이너리티 리포트〉의 미래 러시아워 시간에 일어나는 추격신이나 백화점 장면, 〈레디 플레이어 원〉의 결투 장면들은 긴박한 서스펜스의

---

[18]   Raymond Bellour, *The Analysis of Film*, ed. by Constance Penley. Bloomington: Indiana University Press, 2000. 스필버그는 히치콕의 서스펜스를 현대적 속도 감각에 따라 변형시킨 감독이라고 평가할 수도 있다.

시간을 구축하는 행위 위주의 편집이다. 어떤 점에서 스필버그의 편집 원리는 고전 할리우드 영화의 편집 원리에 입각해 있기 보다는 러시아 몽타주 학파의 편집 원리와 유사하다. 〈우주 전쟁〉에서 끊임없이 아버지의 권위에 도전하는 아들이 외계인들과 싸우기 위해 군대에 자원하겠다는 장면을 살펴보자. 이 장면은 세 가지 다른 상황 속에 관객들을 위치시키고 있다. 첫 번째 상황은 군대에 자원하겠다는 아들의 무모한 의지를 막으려는 아버지 레이의 행위로 이루어져 있다. 두 번째 상황은 외계인들에 맞서 전투를 벌이고 있는 군인들의 모습과 이 전투의 광경을 보여 주는 롱숏으로 이루어진 상황이다. 세 번째 상황은 아들을 말리기 위해 나무 아래에 남겨 둔 어린 딸과 버려진 줄 알고 어린 딸을 데려가려 하는 익명의 부부들의 장면으로 구성되어 있다. 서로 행위 목적이 다른 상황들이 존재하며 스필버그는 이 상황들 사이를 긴박한 리듬에 따라 전쟁의 참상의 관찰로부터 급박한 상황으로 때로는 이완시키고 때로는 수축시키고 있으며, 교묘하게 배치된 음악과 음향 효과를 통해 이 긴장의 순간을 다시 확장시키고 있다. 이 시퀀스의 시공간은 지속적으로 관객의 시선과 심장을 쥐어짜는 이완과 수축 그리고 팽창의 시공간이며, 관객은 시한폭탄이 결국 터지고 말 수도 있다는 예감 속에 놓이게 된다는 점에서 세르게이 에이젠슈타인Sergei Eisenstein의 〈전함 포템킨Bronenosets Potemkin〉(1925)을 연상시킨다. 스필버그의 이러한 스타일은 이미 〈쥬라기 공원 2: 잃어버린 시간〉에서 안전한 경이감의 대상으로서 존재하던 공룡이 유리 방패막의 안쪽 공간 혹은 건물 속 공간으로 침입하는 순간이 잘 예시하고 있는 스타일이기도 하다. 아비규환의 공포로 변하는 관객의 경험의 순간, 즉 신체적으로 강렬히 체험되는 순간을 스필버그는 디지털에 의해 가능한 모든 수단을 동원해 창출해

낸다. 워렌 벅랜드Warren Buckland는 〈쥬라기 공원 2: 잃어버린 시간〉의 액션 신들을 아주 세세하게 분석하면서 스필버그의 이러한 편집 방식 속의 숏들을 '플로우 숏shot flow'이라고 명명하고 있다.[19] 이 영화에서 액션 장면들은 사건들 혹은 상황들을 분열시키고, 앵글의 다양화, 속도와 리듬의 파편화를 통해 작동하는 동시에, 하나의 전체를 향해 축적되어 나가는 과정이기도 하다.

가상현실의 세계: 〈레디 플레이어 원〉

〈쥬라기 공원〉은 공룡에 대한 인간의 오래된 환상을 모티브로 해서 이 환상이 악몽으로 변천되는 과정을 담고 있는 영화이자, 가상과 현실 사이의 경계가 붕괴될 때 출현 가능한 악몽을 담고 있는 영화라고 할 수 있다. 스필버그가 제작에 참여한 〈쥬라기 월드Jurassic World〉(2015)에는 테마파크에서 공룡들을 관람하는 아이들의 장면이 있다. 관객석과 공룡이 살고 있는 아쿠아리움 사이에는 관객들을 안전하게 보호하는 유리막이 설치되어 있다. 공룡들의 갑작스런 출연에 따라 관객들은 물세례를 받는다. 이 장면은 촉각으로 확장되는 증강현실의 관객 경험을 보여 주는 대표적인 예이기도 하다. 또한 유리막을 두고 나타나는 공룡을 한편으로는 경탄의 시선으로 다른 한편으로는 두려움의 시선으로 바라보는 아이의 시선은 이 유리막으로 알레고리화되는 가상과 현실의 미묘한 경계이기도 하다.

　〈쥬라기 공원〉의 예가 보여 주듯이 스필버그의 영화에는 영화라는

19　Warren Buckland, "Creating a Cliffhanger‑Narration in The Lost World: Jurassic Park", in *A Companion to Steven Spielberg*, ed. by Nigel Morris, Wiley Blackwell, 2017, p. 132.

가상이 건네주는 강렬한 신체적 쾌락과 함께 이 쾌락이 공포로 변신하는 순간이 존재한다. 〈레디 플레이어 원〉은 바로 이러한 스필버그의 영화적 핵심에 접속하는 중요한 전언이 들어 있는 영화이다. 〈레디 플레이어 원〉은 스필버그가 10년만에 SF 장르로 돌아와 메가폰을 잡은 작품으로 어니스트 클라인Ernest Cline의 동명 소설을 영화화한 것이다. 영화는 2045년 황량한 빈민가를 배경으로 시작된다. 많은 사람들이 판자촌처럼 얽힌 트레일러의 아파트에 살고 있고, 이 시대 젊은이들의 삶의 가치는 가상현실 놀이터인 오아시스OASIS 속에서 이루어진다. 그리고 스티브 잡스와 스필버그 자신의 유년 캐릭터가 조합된 오아시스의 창조자 할리데이는 사망하면서 오아시스의 가상 세계에 숨겨 놓은 이스터에그를 모두 찾으면 오아시스를 물려준다는 유언을 남긴다. 스필버그의 영화 '〈레이더스〉 시리즈'의 가상게임처럼 전개되는 이 영화에서, 이 가상게임의 유저들은 보물 사냥에 열광한다. 유저들뿐 아니라 악의 축 IOI 회사의 '식서'라는 별명으로 불리는 사원들 역시 오아시스에 투입되어 이 보물 사냥에 나서고 있다. 빈민촌에 이모와 함께 사는 주인공 웨이드 와츠는 할리데이가 숨겨 놓은 이스터에그를 발견한 첫 번째 사람이 되어 유명인사가 된다. 이제 웨이드는 IOI의 오아시스 독점을 저지하려는 저항세력의 중요한 동맹 대상이 되는데, 충분히 예상되듯이 그는 저항세력의 리더인 아르테미스를 사랑하며 그들의 편에 서게 된다. 이 영화는 약간의 로맨스가 가미된 게임 판타지의 형식을 취하고 있고, 이스터에그를 모두 찾은 웨이드와 아르테미스의 해피엔드로 막을 내린다. 이 영화에서는 어니스트 클라인의 80년대 대중문화적 취향을 재료로 한 다양한 패러디가 넘쳐난다. 영화의 배경이 되는 미래의 세계는 가상과 현실이라는 두 세계를 왕복하며 전개되고, 이미 가상과 현실이 서로 중첩되어 가상과 현실의 경계를 구분하기 힘들게 된 현대적 삶을 고려할 때 그 현실성이 직접 체험되는 세계이기도 하다. 스필버그는 웨이드가 속한 실사 필름으로 표현되는 현실의 세계와 CG 애니메이션으로 표현되는 가상현실의 세계를 의도적으로 나눔으로써 두 세계의 이질성을 부각시키지만, 영화가 진행됨에 따라 점차 가상 세계의 다툼이 현실 세계의 다툼으로 전이되도록 연출하고 있다. 영화에서 최후의 과제를 수행한 웨이드가 할리데이의 초대에 따라 그의 어린 시절 방으로 들어간다. 우리는 그 장면에서 8비트 게임기에 몰두했던 소년 할리데이이자 히키코모리적인 할리데이, 그리고 사랑을 건네는 말에 무지했던 할리데이의 이야기를 듣는다. 그는 가상의 세계에서 살았던 이유를 이야기하다가 현실의 의미에 대해 다음과 같이 전하다. "현실은 무섭고 고통스러운 곳인 동시에 따스한 밥을 먹을 수 있는 유일한 장소"이고 그 이유는 "Reality is real"이기 때문이라고 말한다. 이 순간 현실과 가상현실게임으로 구분되고 가로막혀 있던 세계는 화해한다. 할리데이는 비록 현실보다 게임의 세계 속에 탐닉한 사람이었지만, 그렇다고 해서 게임을 현실로부터의 도피처로 삼은 건 아니다. 할리데이의 입을 빌려 스필버그는 자신의 영화적 세계와 현대의 게임 세계와의 연속성을 부정하지 않는다. 분명 세계는 이제 현실과 가상현실, 양쪽의 시간 모두를 수락해야 하는 시대가 되었고 이 현실을 부정한다는 것은 시대착오적인 세계가 되었다. 다만 스필버그는 아주 단순하게 이 두 세계 사이를 조화롭게 긍정해야 한다는 단순하지만 명확한 생각을 이 영화에서 전하고 있다. 〈미지와의 조우〉에서 외계인들의 우주선에 홀리듯이 빨려 들어가는 아이의 모습처럼, 스필버그에게 이 타자(외계인)는 우선은 매혹의 대상이지 두려움과 공포의 대상이 아니다. 〈레디 플레이어 원〉 역시 필름으로부터 디지털, 3D, 증강현실 등 끊임없이 변화하는 영화적 세계에 대한 스필버그 특유의 수용적 태도가 돋보이는 영화이다. 이제는 기성세대의 일원이 된 스필버그의 이러한 태도는 충분히 경청할 필요가 있는 전언이기도 하다. 여하튼 스필버그에게 있어서 신체적 자극에 기반한 이 감각적 경험은 그의 영화미학의 핵심이다. 로빈 우드Robin Wood는 이 경험이 관객을 수동적이고 무반성적인 상태에서 유아적인 동화적 판타지의 이데올로기로 기능하고 있음을 비판한 바 있다. 하지만 적어도 2000년대 이후 그의 SF영화에는 이 감각적 경험의 이상한 전이가 발생하고 있다.

| 〈A. I.〉: 인간과 비인간의 경계 |

기계인간에 대한 동화?: 스탠리 큐브릭과의 관계

영화 〈A. I.〉의 비평에 있어서 지속적으로 논쟁이 되어 왔던 부분은, 이 영화에서 스탠리 큐브릭Stanley Kubrick과 스필버그의 작가적 지분이다. 〈A. I.〉는 큐브릭이 브라이언 올디스Brian Aldiss의 SF 단편소설《Super Toys Last All Summer Long》에 매혹되어 판권을 산 미완성 기획 작품이다. 이 작품은 큐브릭이 사망한 이후 그에게 자문 의뢰를 받았던 스필버그에 의해 영화화된다. 인간에 대해 다소 냉소적인 시각을 지녔던 큐브릭의 작품 세계와 달리 따스한 휴머니즘의 세계관을 지닌 스필버그의 세계가 이 영화에서 다소 변모된 방식으로 나타났다는 점에서

이러한 논쟁이 힘을 얻었던 것으로 보인다.[20]

〈A. I.〉의 이야기는 크게 세 개의 장으로 분리될 수 있다. 영화는 첫 번째의 장에서 지구온난화로 해변 도시들이 모두 바다에 잠긴 미래의 모습을 보여 준다. 이 미래 세계는 자원 활용을 위해 대규모의 산아제한이 이루어지고, 기존 인간인 '오가'를 대신하는 인조인간 '메카'들이 대량생산되어 노동력을 제공하는 세계이다. 어린이 '메카' 데이비드는 불치병에 걸려 냉동인간 상태에 있는 아들 마틴 때문에 고통 속에 있는 모니카와 헨리 스윈턴 부부에게 입양된다. 처음에 데이비드를 거부하던 모니카는 서서히 그를 사랑하게 되지만 기적적으로 깨어난 마틴이 돌아오면서 이들의 관계는 서서히 변화를 겪게 된다. 마틴의 질투, 일련의 오해를 거쳐 데이비드는 공장으로 돌아가 폐기될 처지에 놓이고, 이를 괴로워하던 모니카는 데이비드를 숲속에 풀어 주어 데이비드의 생명을 연장시킨다. 두 번째 장은 데이비드가 자신이 인간이 아니기에 모니카의 사랑을 받지 못했다는 피노키오의 이야기를 모티브로 해서 전개된다. 이 과정은 푸른 요정을 찾아서 자신의 정체성을 변경하려는 데이비드의 모험 과정이기도 하다. 모니카가 동반자로 건넨 곰 인형 메카 테디, 지골로 조와 함께 그들을 학대하고 위협하는 인간들의 세계를 여행하고 난 후 데이비드는 마침내 그를 디자인한 창조주 호비 교수를 만나지만, 그가 인간이 될 가능성은 존재하지 않음을 확인하게 된다. 그리고 데이비드는 피노키오의 동화처럼 깊은 바다로 빨려 들어간다.

20 조너선 로젠바움Jonathan Rosenbaum은 〈A. I.〉를 두 명의 감독의 대립된 시선이 묘하게 결합된 영화로 평가하고 있다. Jonathan Rosenbaum, "A Matter of Life and Death: A.I.", in *Film Quarterly* 65, no.4. 2012.

그리고 2000년이 흐른 뒤, 데이비드의 부활과 모니카와의 하루 동안의 만남이 이 영화의 마지막 장을 구성하고 있다.

⟨미지와의 조우⟩와 ⟨E. T.⟩ 이후 SF영화로 돌아온 스필버그는 표면적으로 기계인간이 주인공인 동화 같은 영화를 구성하고 있다. 하지만 사족처럼 보이는 결말의 환상성과 메카 데이비드의 정체성에 놓인 불확실성은 이 영화를 소망 충족의 동화적 판타지로 바라보는 데 주저하게 한다. 스필버그의 영화 ⟨E. T.⟩와 ⟨태양의 제국Empire of the Sun⟩(1987)처럼 ⟨A. I.⟩는 아이가 영화의 주인공으로 등장한다. 그런데 유년의 상처를 지닌 외롭고 소외된 ⟨E. T.⟩에서의 엘리엇과 ⟨태양의 제국⟩에서의 짐은 잘 연출된 스필버그의 정서적 소용돌이의 통과제의를 거쳐 마침내 구원되는 인물들이다. 고통에서 안전한 세계로의 이행이라는 스필버그식 연출법은 ⟨A. I.⟩ 이전까지 전 세계 많은 대중의 지지를 받는 방식이었다. 하지만 데이비드에게서 관객의 시선은 미묘한 장벽에서 가로막힌다. ⟨E. T.⟩와 ⟨태양의 제국⟩과 달리 ⟨A. I.⟩가 상대적으로 흥행에 실패한 원인은 이러한 데이비드 캐릭터에 놓여 있는 인간적 형상과 자동기계automaton 라는 이중적 형상이 야기하는 '언캐니uncanny'한 효과 때문이다.

동일시와 언캐니uncanny

지그문트 프로이트Sigmund Freud는 우리에게 친숙하고 익숙한 사물이나 사람이 어느 순간 이상한 낯섬 혹은 공포감의 유형으로 나타날 때, 이러한 사물 혹은 사람의 형상을 '언캐니'로 표현한 바 있다.[21] 친근한 사물

---

21 지그문트 프로이트, 《예술, 문학, 정신분석》, 정장진 옮김, 열린책들, 2012. 405쪽.

이나 사람이 시각적 왜곡이나 시점의 변화를 통해 불안의 형상으로 변형되어 나타나는 초현실주의적 전통과 연관된 환상영화들에서 그 예를 쉽게 발견할 수 있다.[22] 〈A. I.〉에서 관객이 경험하는 데이비드의 모습은 공포나 환상으로 진행되기보다는 어떤 낯섦과 불편함과 연관되면서 인간과 비인간의 묘한 조합물로 표상되며, 이를 통해 스필버그는 기계와 인간의 경계에 대한 질문을 던진다. 스필버그가 데이비드를 관객에게 제시하는 시각적 전략은 크게 동일시identification와 소격효과estrangement effect에 기반해 있다. 동일시의 방식을 통해 데이비드는 순수하고 허약하며 돌봄을 필요로 하는 아이로서 나타나며, 소격효과를 통해 데이비드는 언캐니한 기계적인 존재로서 보인다. 분석의 편의를 위해 다음의 표로 첫 번째 장의 두 가지 시각적 전략이 나타나는 장면을 요약해 보았다.

〈표 1〉 동일시의 방식

1	데이비드가 최초로 'Mommy'라고 엄마 모니카를 부르는 장면(사랑)
2	엄마 모니카가 외출하기 직전 엄마에게 매달리는 장면(사랑)
3	엄마 모니카가 마틴에게 책을 읽어 주는 장면을 바라보는 데이비드(질투)
4	엄마의 머리카락을 자르는 장면 후 아버지에게 어머니의 사랑을 구하는 장면(불안)
5	마틴과 수영장에 빠지기 직전 데이비드가 도와달라는 장면(공포)
6	숲에서 버려지기 전 엄마에게 매달리는 데이비드의 장면(연민)

[22] 김민오, 〈〈블루벨벳〉 재방문하기: 언캐니한 시공간, 불안과 고통의 노스탤지어〉, 《인문과학연구》 제59집, 강원대학교 인문과학연구소, 2018. 김민오의 논문이 보여 주듯이, 데이비드 린치 영화는 이러한 언캐니한 효과를 체계적으로 활용한다.

〈표 2〉 소격효과의 방식

1	처음으로 엄마에게 소개되는 장면
2	메카 아이의 모습으로 엄마에게 대응하는 일련의 장면들
3	엄마의 행동을 기계적으로 관찰하는 장면
4	자신의 침대에서 눈을 뜬 채 잠드는 장면
5	프로그램이 입력되기 전 멍한 시선으로 엄마를 바라보는 장면
6	엄마에게 엄마 친구와 아버지의 목소리로 장난하는 목소리
7	시금치를 먹다 괴물처럼 얼굴이 변하는 데이비드의 모습

이 영화 초반부에 모니카가 데이비드를 처음 보고 "그는 너무 진짜 같지만, 아니야.He's so real, but he's not"라고 한 대사는 모니카의 끌림과 죄의식(누워 있는 아들을 망각한다는 데에 따르는 죄의식)을 표현하고 있다. 동시에 관객적 응시gaze의 불안 지점을 대리하는 대사이기도 하다. 우리는 이러한 응시 아래 시종일관 포획되어 있다. 〈표 1〉의 동일시의 방식이 보여 주듯이 관객은 아이의 모습에서 사랑, 질투, 불안, 공포, 연민과 같은 인간적 정서들을 느끼게 된다. 한편 〈표 2〉의 소격효과 방식을 통해 데이비드는 인간적 외양을 지닌 기계로서 나타난다. 데이비드의 언캐니함은 〈표 2〉 1의 장면[23]과 걸음걸이들에서 확인되며 다면거울, 반사 물체에의 반영, 사선 앵글oblique angle등 익히 알려져 있는 이화적異化的인 영화적 표현 방식에 의해서 나타난다. 결정적으로 특수효과를 통해 표현된 〈표 2〉 7의 장면과 같이 시금치를 먹으면서 괴물처럼 변해 가는 데이비드의 모습은 인간과 다른 메카 소년의 이질성이 결정

---

[23] 이 장면에서 초점이 흐린 상태에서 보여지는 데이비드의 모습은 마지막 장면 심해에서 깨어난 데이비드를 엄마 모니카로 이끄는 미래의 외계인과 닮았다.

〈표 2〉의 7의 장면을 가장 잘 보여 주는 장면. 한 순간, 사랑스러운 인간의 아이에서 괴물같은 메카 아이로 변형되는 데이비드의 모습

적으로 드러나는 장면이다.

　〈표 1〉과 〈표 2〉의 표현 방식을 통해서 데이비드는 동물, 사물 그리고 인간 사이의 존재로 나타난다. 그는 마틴이 돌아온 뒤 다시 행복을 찾은 가정에서 소외된 존재로 그려지듯이 인간이 공유하는 세계의 주변부에 속하며 입력된 프로그램에 의해 기동한다는 점에서 사물적인 기계이지만 엄마의 사랑을 요구한다는 점에서 자기 규칙을 지닌 유기체적 기계이다.[24] 그에게 세계는 오직 엄마 모니카의 관심의 범위 안에서만 존재한다. 평론가 듀나는 흥미롭게도 데이비드가 관객이 공감하는 주인공이기보다는 아름다운 괴물로서 느껴짐을 주목하면서, 결론적으로 〈A. I.〉를 좋은 공포영화로 평가하고 있다.[25] 듀나의 표현처럼

24　김동규는 아래의 논문에서 하이데거 철학의 동물론을 논하면서, 하이데거에게서 인간이 사물과 동물과 구별되는 차이를 다음과 같이 정의하고 있다면서 이에 주목한다. 인간에게 세계가 형성weltbilden적 과정이라면 사물은 세계의 부재로, 동물은 세계의 부족weltarm 속에 존재한다. 김동규, 〈후기 하이데거 철학의 동물론〉.

25　(http://www.djuna.kr/movies/a_i_artificial_intelligence.html) 공포영화의 시각적 표현 방식이 동일시와 소격효과의 교차적 표현 방식에 의해 특징지어진다는 점에서 듀나

데이비드는 공감과 거리감 사이에서 위치하며 이는 엄마 모니카의 시선의 방식이기도 하다.

데이비드를 어떻게 바라볼 것인가에 대한 스필버그의 응답은 엄마 모니카의 어쩔 수 없는 선택과 연관되어 있다. 스필버그는 데이비드를 명확히 인간적 존재로 그려 내지 않으면서 인간과 비인간의 경계 사이에 그를 위치시킨다. 새의 춤을 아름답게 묘사하는 동물학자가 그 춤 너머의 감추어진 본능의 작동 방식을 설명하듯이, 동물이 아름다운 형태로 변하기 위해서는 인간적 정서의 투사라는 수고의 작업이 요구된다. 소격효과의 방식을 통해 이전 스필버그 영화에 빈번히 나타났던 따스한 유아적 동일화는 차단된다. 이것은 〈E.T.〉와 〈A. I.〉를 비교하면 더 쉽게 이해될 수 있다. 〈E. T.〉의 외계인이 우리에게 친근하고 사랑스런 외계인으로 변화된다면, 시금치를 먹고 고장나는 데이비드의 왜상歪象과 수영장 바닥에 눈뜬 채 버려지는 데이비드의 모습은 기계적 타자성otherness이자 그 타자성의 알수 없음unknownness으로 우리에게 나타난다.

기계인간과 윤리

여기서 잠시 김동규의 논의를 살펴보자. 김동규는 포스트휴먼 논의에서 하이데거 철학의 중요성을 언급하고 있다. 김동규는 하이데거가 전통적인 휴머니즘에 회귀하고 있다는 데리다Jacques Derrida와 아감벤 Giorgio Agamben의 서로 결을 달리하는 비판을 검토한다. 데리다가 동물을 섭생하는 인간의 잔인성을 포스트휴먼의 쟁점으로 제기한다면, 아

의 언급은 적절하다고 할 수 있다.

감벤은 동물성과 인간성의 구분 자체의 논리를 폐기하는 철학적 기획을 제안한다. 이러한 철학적 성찰 속에서 김동규는 인간이 타 생명체를 먹어야 하는 한, 데리다와 아감벤의 논리에는 난제가 존재함을 주목한다. 그리고 포스트휴먼의 논의는 바로 이러한 난제를 어떻게 바라볼 것인가의 문제와 연관되어 있음을 주장하고 있다.[26] 영화로 돌아가 보자. 데이비드는 식물인간 상태에 있던 마틴을 대체해 등장한다. 엄마 모니카가 데이비드를 수락하는 과정은 자식의 상실로부터 벗어나기 위한 가능한 선택이다. 하지만 마틴의 귀소 후 데이비드를 버리는 엄마 모니카의 선택은 잔인하다. 그런데 이 잔인성은 귀소 이후 마틴이 데이비드를 향해 행하는 가학적 놀이의 유아적 잔인성과 아버지의 냉담한 잔인성과 결을 달리한다. 그녀의 선택은 인간성 속에 놓여 있는 잔인성이자 파괴성이고 유한한 존재로서 인간의 부정할 수 없는 속성이다. 이러한 의미에서 스필버그는 이 영화에서 차갑고 냉담한 큐브릭적 세계관을 수용하고 있다고 말할 수 있다. 숲에서 유기된 이후 데이비드의 여행은, 데이비드에 대한 스필버그의 따스한 휴머니즘이 잘 드러나는 장면이다. 큐브릭의 차가운 휴머니즘과 스필버그의 따스한 휴머니즘에는 어쩔 수 없는 깊은 인간중심주의가 있다. 그 안에 잔인성을 머금고 있는 인간과 순진한 사랑을 머금고 있는 인간이 모순적으로 존재한다. 심지어 인간의 깊은 무의식 속에 자기애적 이기심이 존재한다는 프로이트의 인간에 대한 진단에도 깊은 인간중심주의가 있다. 스필버그는 이 영화에서 이 둘을 봉합하고 있다. 이 봉합 속에 놓인 상처의 자국, 상처 속에 놓인 어떤 허물, 그것에 대해 우리는 생각해야 하지만 도덕적

---

26 김동규, 〈후기 하이데거 철학의 동물론〉, 193쪽.

우월성의 자리에서 심판할 수 없다.[27] 봉합 속에 놓인 이 난제에 대해 스필버그의 영화는 포스트휴먼에서 새로운 휴머니즘은 어떻게 가능할까라는 질문을 던지고 있다고 할 수 있다.

트랜스휴먼의 비판

이 영화에서 데이비드를 창조하는 호비 교수는 '상호텍스트성'이라는 맥락에서 보면, 메리 셸리Mary Shelley의 소설 《프랑켄슈타인》의 프랑켄슈타인 박사와 〈블레이드 러너〉의 '리플리컨트'를 창조한 타이렐 회장이 오묘하게 뒤섞여진 인물이다. 영화 초반부에 호비 교수가 연구실에서 많은 사람과 메카에 관해 대화하는 장면이 나온다. 호비 교수는 감정을 가진 메카 쉴라에게 손을 칼로 찌르고 옷을 벗게 하다가 중지시킨다. 여기서 메카 쉴라는 남성적 욕구에 따라 프로그램화된 사물로서의 성기계로 전형화되어 나타난다. 이러한 호비 교수의 태도는 〈마이너리티 리포트〉 초반에 나타나는 존 앤더튼(톰 크루즈)의 태도에서도 발견할 수 있다. 앤더튼은 프리크라임이라 불리는 진공실에서 도파민 약물의 지속적인 주입으로 연명하는 반半가사 상태의 예언자들과 일하고 있다. 그는 그들과 일하려면 인간이 아닌 존재로서 그들을 생각하는 것이 좋다고 말하고 있다.

　호비 교수가 메카 쉴라를 시연하여 보여 주는 회견 중에 한 여기자는 섹스가 아닌 사랑의 기계, 부모를 사랑하는 메카를 창조하면 훨씬 더

27　채식주의자의 입장에서 우리는 동물을 먹는 사람을 비난할 수 있다. 다만 어떤 도덕적 우월성에 입각해서 그럴 수 없다는 사실이 존재한다. 이러한 의미에서의 난제가 존재한다.

복잡한 여러 문제가 있을 수 있음을 질문한다. 즉, 여기자는 사랑하는 로봇에게 그 대답으로서의 사랑이 존재한다는 점을 말한다. 그런데 호비 교수는 신이 아담을 창조할 때 그를 사랑하기 위해 창조한 것이 아니라고 대답한다. 그에게 기술은 더 이상 인간의 목적에 복무하는 것이 아니다. 기술은 이제 자체의 고유 목적을 지닌 신적 지위로 격상된다. 기술은 인간의 요구에 의해 탄생한 것이지만, 이 기술에 의해 창출된 새로운 세계에서 제2의 인간이 니체의 초인이 될지 방구석 폐인이 될지의 여부는 그에게 중요하지 않다. 따라서 기술에 의해 창조된 새로운 세계에서 야기되는 결과들은 자신의 손을 벗어난 것이며, 이 창조로부터의 새로운 세계의 문제는 새로운 인간의 몫임을 성서의 비유를 들어 답변하고 있다. 호비 박사의 이러한 입장은 우리가 서론에서 언급한 트랜스-휴먼 과학자의 입장임을 확인할 수 있다.

인간의 유한성

3장이 시작되기 직전 데이비드가 모든 것을 아는 일종의 운영체계인 박사 노우Know에게 푸른 요정의 행방에 대해 물어보는 마지막 장면을 살펴보자.[28] 계속 제대로 된 답변을 받지 못한 데이비드는 마지막 질문을 던진다. "푸른 요정이 어떻게 로봇을 진짜 인간으로 만드느냐?"는 질문이다. 이 질문은 사실flat fact과 동화fairly tale라는 서로 모순되는 범주를 합해서 데이비드가 던지는 질문이기도 하다. 이 질문은 서로 다른 자연

---

28 이 장면의 철학적 문제에 대해서는 다음의 글에서 자세히 논의되고 있다. Timothy Dunn, "A.I.: Artificial Intelligence and the Tragin Sense of Life", in *Steven Spielberg and philosophy*, edit., Dean A. Kowalski, The University Press of Kentucky, 2008.

의 원리인 객관의 법칙과 감정, 아름다움, 상상(환상) 그리고 윤리의 원리인 주관의 법칙이 함께 어우러진 질문이다. (칸트Emmanuel Kant는 그의 세 비판서인《순수이성 비판》,《판단력 비판》,《실천이성 비판》을 저술한 바있다. 칸트의 비판철학은 과학적 지식의 객관성을 따질 때의 기준, 윤리적 행동을 문제 삼을 때의 근거, 심미적 가치를 판정할 때의 원리가 서로 다른 기준에 따르고 있음을 보여 준다. 닥터 노우가 등장하는 장면은 이러한 칸트가 현대 철학에 던진 딜레마를 잘 예시하는 장면이라고 할 수 있다.)

이 질문이 던져지는 순간 박사 노우의 스크린은 점멸되고 화면에서 호비 교수의 목소리가 들린다. 그리고 데이비드는 호비 교수를 드디어 만나게 된다. 아버지 같은 부드럽고 따스한 목소리로 데이비드를 맞이한 호비 교수는, 너는 꿈을 꾸고 스스로 욕망할 줄 아는 유일한 메카 아이였다고 말한다. 메카의 원리가 작동하는 사실의 세계와 꿈과 욕망이 작동하는 동화의 세계를 함께 사유할 수 있는 메카 인간으로서 데이비드의 실험이 성공적이었음을 호비 교수는 말하고 있는 것이다. 데이비드의 꿈과 사랑에의 욕망은 호비 교수에 따르면 존재하지 않는 것을 원하는 것이자, 이것이 바로 인간의 가장 위대한 점이자 가장 커다란 약점이다. 호비 교수는 데이비드의 고통의 여행을 전혀 이해하지 못하며 자신의 이야기만 하고 사라진다. 호비 교수는 사실의 세계에는 정통한 인간이지만 동화의 세계가 작동하는 복잡한 원리들에 대해서는 무지한 인간임을 우리는 확인하게 된다.

엄마인 모니카가 특별하고 유일한 존재라고 말한 순간,[29] 이 사랑을

---

[29] 멜라니 클라인은 어머니로부터 받은 이 최초의 만족의 상태를 사랑의 근원으로 설명하고 있다.

되찾으려는 데이비드가 자신의 이름을 지닌 수많은 기계 분신들을 마주할 때(호비 교수의 무책임한 인도에 의해) 그의 절망과 분노를 그의 시선을 통해서 그리고 마치 정육점의 고기처럼 매달려 있는 또 다른 데이비드의 모습들에서 우리는 목도하게 된다. 자신이 복제 가능한 인간임을 발견하고 자신이 유일한 존재라는 믿음이 붕괴되자 데이비드는 바다 속으로 투신한다. 이 행위는 영원한 고통의 삶에 대한 자발적 자살 시도이기도 하다. 영화에서 어머니 모니카만이 데이비드의 이 영원한 고통을 이해하고 있다. 왜냐하면 데이비드가 자신은 영원히 아이로 머물고 어머니는 결국 죽는 유한적 존재라고 말하는 대사가 둘 사이에 있었으며, 어머니가 영원히 살며 함께하기를 소망하는 데이비드에게 모니카는 메카-곰 인형 테디를 그의 동반자로 건네주고 있기 때문이다. 이 영화는 이와 같이 미래의 포스트휴먼 상황에서 인간의 유한성finitude과 사랑의 문제를 제기하고 있다. (많은 SF영화는 기계적 존재를 빌려 인간의 유한성의 의미를 질문해 왔다. SF영화의 고전인 큐브릭의 〈2001 스페이스 오디세이2001: A Space Odyssey〉(1968)와 리들리 스콧의 〈블레이드 러너〉는 바로 그러한 영화의 예들이다. 〈2001 스페이스 오디세이〉에서 자신의 생명을 연장시키기 위하여 인간들을 죽여 나가던 슈퍼컴퓨터 'HAL 9000'이 자신의 죽음 앞에서 주인공 데이브에게 '나는 두려워요'라며 죽음의 공포에 대해 말할 때, 그리고 〈블레이드 러너〉에서 불안과 고통 속에 살아가는 리플리컨트들이 예정된 죽음에 반기를 두는 설정은, 기계적 존재를 빌려 죽음의 두려움과 불멸의 삶에 대한 소망이 가장 집요한 문제로 제기될 수 있음을 보여 주고 있다.)

기계인간과의 사랑

바닷속의 마지막 3장은 2천 년이 흐른 뒤 모니카와 함께하는 하루 동안의 시간을 이야기하고 있다. 이 마지막 장면은 한편으로는 데이비드의 꿈의 실현이라는 점에서 해피엔딩으로 보이지만, 다른 한편으로 단 하룻밤이라는 이유와 이 마지막 장면이 지니는 너무 노골적인 환상성 때문에 비극적으로 다가온다. 스필버그의 이러한 이중적 불협화음의 엔딩 방식은 〈마이너리티 리포트〉에서도 확인된다. 행복한 결말임에도 그 속에 안정감보다는 불안과 쓰디씀이 느껴지는 것은 2000년대 스필버그 영화들의 특징이기도 하다.[30] 인간은 사라지고 미래에 생존한 외계인 혹은 슈퍼메카들은 데이비드를 발견하고 그를 푸른 요정에게 이끌어 준다. 이 세계는 마치 전자적 영성체의 세계와 같으며 신체가 사라진 기억의 데이터들의 세계처럼 묘사되고 있다. 엄마의 부활은 기억의 자료들에 의해 불러낸 동화적 환상이기도 하다. 하지만 데이비드의 시점에 동일시한다면 모니카와의 하루는 그의 오래된 사랑의 실제적 실현이기도 하다. 어머니와 진정한 사랑을 하고자 하는 그의 소망으로부터 그의 꿈은 현실화된다. 티모시 던Timothy Dunn이 지적하듯이 여기에는 "완벽한 사랑의 시뮬레이션은 진정한 사랑과 어떤 차이가 있고, 시뮬레이션이 현실적인 위력을 가진다면 적어도 충분히 현실적이라고 할 수 있지 않는가?"라는 질문이 놓여 있다.[31]

　데이비드는 영원히 사는 완전한 아이, 항상 사랑만이 존재하는 아이, 아프지 않고 결코 변하지 않는 아이 그리고 어머니의 죽음 이후에도 사

30　2000년대 스필버그의 영화에는 9 · 11 테러의 악몽이 존재한다.

31　Ibid, p. 93.

는 아이이다. 그런데 이 사랑은 그 완강함과 순수함 때문에 관객의 동일시를 이끌어 내고 있지만 다른 한편으로 생각해 보면 그 일방성과 집요함 때문에 이상한 사랑이다. 호비 교수에 의해 최초로 만들어진 이 사랑은, 엄마 모니카에 의해 가동되는 프로그램화된 사랑이다. 이 영화에 감초처럼 등장하는 지골로 조는 메카라는 자신의 정체성의 '사실'을 잘 알고 있다. "내 고객들이 사랑하는 것은 내가 그들을 위해 하는 것을 사랑하듯이, 너의 엄마가 사랑하는 것은 네가 그녀를 위해 하는 것을 사랑하는 것이야. 하지만 그녀는 너를 사랑하지 않아. 데이비드, 그녀는 너를 사랑할 수 없어."[32] 지골로 조는 이와 같이 프로그램화된 사랑의 의미를 가장 냉정하게 파악하고 있는 메카 인간이다. 하지만 맹목성은 사랑의 또 다른 이면이기도 하다. 이 맹목적 사랑을 프로이트는 전능성의 환상으로 표현한 바 있다.[33] 이러한 근원적 사랑의 집요한 환상으로부터 어머니와의 분리의 고통이라는 상실을 수락해 내고, 상실로부터 새로운 사랑의 대상을 창조해 내는 것이 정신분석학적 의미의 성숙한 인간의 성장 과정이다. 그런데 티모시 던의 사랑에 대한 질문으로 돌아가 보면, 데이비드의 인공의 사랑 역시 사랑이 근본적으로 환상이라는 점에서 가상세계의 사랑도 원칙적으로 자신의 사랑의 존재를 주장할 수 있다는 주장은 일견 설득이 가지만 의문이 존재한다.[34] 셰리 터클Sherry Turkle은 로봇과의 사랑의 문제에 대해 비판적이다. 기계와의

---

32 그녀의 대사는 다음과 같다. "She loves what you do for her, as my customers love what it is I do for them. But she does not love you, David. She cannot love you."

33 지그문트 프로이트, 《문명속의 불만》, 성해영 옮김, 서울대학교 출판문화원, 2014.

34 Ibid, p. 93.

사랑에 관한 터클의 입장에 분개하면서 한 과학지 기자는 그녀의 입장이 동성애자들의 결혼을 반대하는 이성애 중심의 오랜 이데올로기에 기초하고 있다고 비판하고 있다. 이에 대해 셰리 터클은 사랑의 의미를 공유의 의미로서 해석하면서 반론을 제기한다. 미래 로봇과의 사랑과 성의 관계를 다루고 있는 데이비드 레비David Levy의《로봇과의 사랑과 섹스》의 사랑관을 비판하면서 그녀는 "로봇과 사랑을 한다는 것은 어떤 의미를 지니는 것일까?'라는 질문을 던지고,[35] 사랑의 관계란 내 마음대로 되지 않는 타자로부터 놀람을 맛보는 것이고 고통, 기쁨, 질투 등으로 이루어진 거친 여정의 공유임을 밝히고 있다. 이 관계란 프로그램 속에서 진행되는 것이 아니라 인간이라는 알 수 없는 타자로부터 삶의 형식을 공유하는 것임을 명확히 하고 있다. 어떤 의미에서 프로그램화된 사랑에는 사랑의 상처에 대한 두려움에서 비롯된 인간의 유한성의 문제가 자리 잡고 있다. 이 영화에서 상실감으로부터 마틴의 대체물을 찾고자 하는 모니카의 욕심과 잃어버린 자식의 대체물로 데이비드를 창조한 박사 호비의 욕심은 이기적인 자기애지만 인간성의 부정할 수 없는 이면이기도 하다. 〈A. I.〉는 데이비드를 통해 유한적 인간이 지닌 이 사랑의 모순에 대한 질문을 던지고 있다.

| 몰입의 욕망과 그 이면 |

스필버그의 영화에는 '장관壯觀의 스펙터클'이 존재한다. 〈미지와의 조

---

35   Sherry Turkle, *Alone Together*, Basic Books, 2011, pp. 5-7.

우)에서 하늘에 떠 있는 외계인의 우주선에 빨려 들어가는 아이처럼, 혹은 마지막 장면에 외계인의 왕림枉臨 앞에서 넋 놓고 바라보는 관중들처럼 절대적인 스펙터클에 매혹된 대중들이 존재한다. 70년대 스필버그 그의 SF영화에서 영화적 허구의 공간에서의 군중들은 미지의 존재의 매혹에 절대적으로 복종하는 존재들로 등장한다. 하지만 2000년대 SF 영화들 특히 〈A. I.〉의 '플레쉬 페어Flesh Fair'에서의 군중들 그리고 〈우주 전쟁〉에서의 피난민들은 절대적인 스펙터클 앞에서 공포와 불안 속에 놓인 무기력한 존재들로 등장한다.[36] 압도적인 힘을 가진 외계의 적 앞에 놓인 군중들이 존재한다. 〈우주 전쟁〉에서 허드슨강의 배를 타기 위해 탈출하는 많은 피난민들 사이에서 마치 거대한 경기장에서 공연하는 아이돌 스타의 등장과 같이 세 개의 다리를 지닌 거대한 외계인이 화면 끝에 출몰한다. 이 장면은 ILM 스튜디오의 디지털 리얼리즘의 성과가 압축적으로 재현된 장면이다. 후반작업을 통해 완성된 외계인의 등장 모습과 미리 촬영된 군중들의 장면이 합성된 이 장면은, 일차적으로는 어떤 공포의 장관 앞에 마비된 무기력한 군중들의 모습을 보여 준다. 그리고 이 군중들은 일종의 액자효과(미장아빔mise en abyme)에 의해 영화를 보는 극장의 관객들로 전이된다. 무언가에 압도된 관객으로서 우리는 이상한 반성reflection의 상태 속으로 들어간다. 스필버그는 이 장면을 전쟁의 공포 자체의 체험 공간으로 구성하고 있는 동시에, 영화 속 군중의 시선이 향하는 방향을 통해 다시 영화를 보는 관객이 보아야 할 무엇으로서, 즉 이 세 개의 다리를 지닌 외계인의 정체는 무엇인가

---

36 〈우주 전쟁〉이 미국의 9 · 11 테러 경험들을 드러내는 것이라고 많은 비평가들이 주목한 바 있다.

라는 질문을 던지고 있다.

　스테판 헤스Stephen Heath는 할리우드 스펙터클의 이러한 마비적인 힘을 역설적으로 '비전의 드라마drams of vision'로 정의한 바 있는데, 헤스를 인용하면서 댄 노스Dan North는 스필버그의 이미지 전략이 강렬한 감각적 매혹에 그치지 않고 이 매혹으로부터 역설적으로 사유의 효과가 발생하고 있다고 분석한다.[37] 스필버그의 영화가 건네주는 이 매혹의 힘은 현대사회를 포박하고 있는 기술문화적 감각이다. 매혹의 힘이 느껴지는 순간은 신체와 정신의 분리가 소멸되는 순간이자 인간이 충만성의 가상으로 빠져들 때이다. 이 충만성이라는 가상은 인간의 현실에서 단순히 환영으로서 거부될 수 없는 것이기도 하다. 50년 동안 현대 테크놀로지의 힘을 적극적으로 자신의 영화 세계에 편입시킨 스필버그에게 이 가상은 신체적인 감각과 연관되어 있다. 〈레디 플레이어 원〉의 주인공 웨이드 와츠와 가상게임의 유저들은 현실에서 도저히 찾을 수 없는 이 충만성의 감각을 보상받으려 게임의 세계에 빠져든다. 신체로서 존재하는 현실의 나와 컴퓨터로 연출되는 가상의 나라는 분열된 이 상황에는 여하튼 이 둘의 접촉이 요구된다. 이 접촉을 70년대 이후 스필버그는 신나는 행위 위주의 상상적 모험의 시나리오로 구현해 왔다. 스필버그에게는 이러한 가상의 천진난만함이 존재한다. 영화의 세계에서 스필버그의 이 천진난만함이 심각한 악몽으로 전환되는 예는 아마도 데이비드 크로넨버그David Cronenberg의 영화들일 것이다. 신체로부터 이탈한 가상의 세계로 몰입되려면, 그 '가상현실'의 세계는 신체적 현존의 가장 구체적인 감각인 촉각을 피와 살로서 필요로 한다. 즉, 가

37　Dan North, op. cit. p. 406.

상현실이라는 미래의 성패가 육체의 전면적인 기투를 요구하는 촉각의 세계임을 크로넨버그는 〈비디오드롬Videodrome〉, 〈크래쉬Crash〉 그리고 〈엑시스텐즈eXistenZ〉에서 그려 내고 있다.

"현실은 무섭고 고통스러운 곳인 동시에 따스한 밥을 먹을 수 있는 유일한 장소"임을 스필버그는 〈레디 플레이어 원〉에서 할리데이를 빌려 말하고 있다. 이 현실은 심심하고, 지루하며 또한 견뎌야 하는 시간이기도 하다. 일상이 모두 즐겁고 신나는 몰입적인 특권적 시간으로 구성될 수는 없기 때문이다.

지금까지 스필버그의 SF영화를 중심으로 포스트휴먼의 새로운 문제들을 살펴보았다. 이 글은 포스트휴먼의 논의에서 중요한 신체와 가상의 관계에 대한 논의가 충분히 해명되지 않고 있다는 약점이 있다. 이 과제는 추후에 보충할 것을 약속하면서 이 글을 갈음하고자 한다.

참고문헌

김동규, 〈후기 하이데거 철학의 동물론〉, 《철학탐구》 제52집, 2018.

김민오, 〈〈블루벨벳〉 재방문하기: 언캐니한 시공간, 불안과 고통의 노스탤지어〉, 《인문과학연구》 제59집, 강원대학교 인문과학연구소, 2018

로빈 우드, 《베트남에서 레이건까지》, 이순진 옮김, 시각과 언어, 1995.

마이클 프리드, 《예술이 사랑한 사진》, 구보경 · 조성지 옮김, 월간사진, 2008.

지그문트 프로이트, 《문명속의 불만》, 성혜영 옮김, 서울대학교 출판문화원, 2014.

_____, 《예술, 문학, 정신분석》, 정장진 옮김, 열린책들, 2012.

한나 아렌트, 《인간의 조건》, 이진우 옮김, 한길사, 2017.

N. 캐서린 헤일스, 《우리는 어떻게 포스트휴먼이 되었는가》, 허진 옮김, 플리닛, 2013.

Andrew Britton, "Blissing Out: The Politics of Reaganite Entertainment", in *Movie*, Winter 1986.

Clélia Cohen, *Steven Spielberg : collection Grands Cinéastes*, Cahiers du Cinéma, 2007.

Fredrick Wasser, *Steven Spielberg's America*, Cambridge, Polity Press, 2010.

Gilles Deleuze, *L'image-mouvement*, Editions de Minuit, 1983.

Jonathan Rosenbaum, "A Matter of Life and Death: A.I.", in *Film Quarterly* 65, no.4. 2012.

Joseph McBride, *Steven Spielberg: A Biography*, New York, Simom & Schuster, 1997.

Lester D. Friedman, *Citizen Spielberg*, University of Illinois Press, 2006.

Melanie Klein, *Deuil et dépression*, Payot, 1947.

Morris Niegel, (edit.) *A companion to Steven Spielberg*, John Wiley & Sons, 2017.

Raymond Bellour, *The Analysis of Film*, ed. by Constance Penley. Bloomington:

Indiana University Press, 2000.

Roberto Marchesini, *Over the Human-Post-humanism and the Concept of Animal Epiphany*, Springer, 2017

Timothy Dunn, "A.I.: Artificial Intelligence and the Tragin Sense of Life", in *Steven Spielberg and philosophy*, edit., Dean A. Kowalski, The University Press of Kentucky, 2008.

Vivian Sobchack, *Screening Space: The American Science Fiction Film.* Piscataway, NJ: Rutgers University Press, 1987.

인터넷 자료

http://www.djuna.kr/movies/a_i_artificial_intelligence.html

초연결시대 인간-미디어-문화

2021년 1월 30일 초판 1쇄 발행
2021년 12월 25일　　2쇄 발행

지은이 | 곽영빈 신정원 유영성 이민용 이상범
　　　　정락길 조병철 한상기 홍단비
펴낸이 | 노경인 · 김주영

펴낸곳 | 도서출판 앨피
출판등록 | 2004년 11월 23일 제2011-000087호
주소 | 우)07275 서울시 영등포구 영등포로 5길 19(양평동 2가, 동아프라임밸리) 1202-1호
전화 | 02-336-2776　팩스 | 0505-115-0525
블로그 | bolg.naver.com/lpbook12
전자우편 | lpbook12@naver.com

ISBN 979-11-90901-11-6　93100